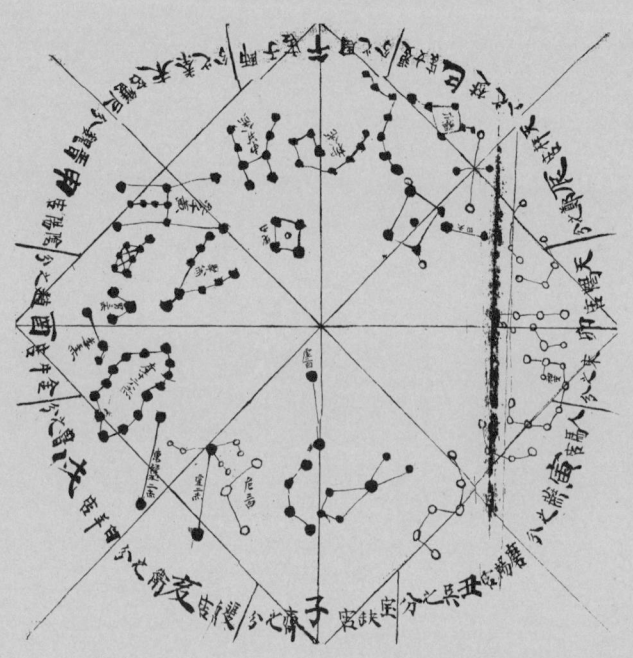

이순지, 1419, 『천문류초』, 「전천도」

사주×MBTI 성격 사전

사주×MBTI
성격 사전
명리로 살펴보는 나의 성격과 기질

초판 1쇄 발행 2025년 12월 18일

지은이	허은경
펴낸이	조미현

책임편집	김솔지
디자인	엄윤영
마케팅	이예원 공태희
제작	이현

펴낸곳	(주)현암사
등록	1951년 12월 24일 (제 10-126호)
주소	04029 서울시 마포구 동교로12안길 35
전화	02-365-5051
팩스	02-313-2729
전자우편	editor@hyeonamsa.com
홈페이지	www.hyeonamsa.com

ISBN 978-89-323-2472-2 (03180)

책값은 뒤표지에 있습니다. 잘못된 책은 바꾸어 드립니다.

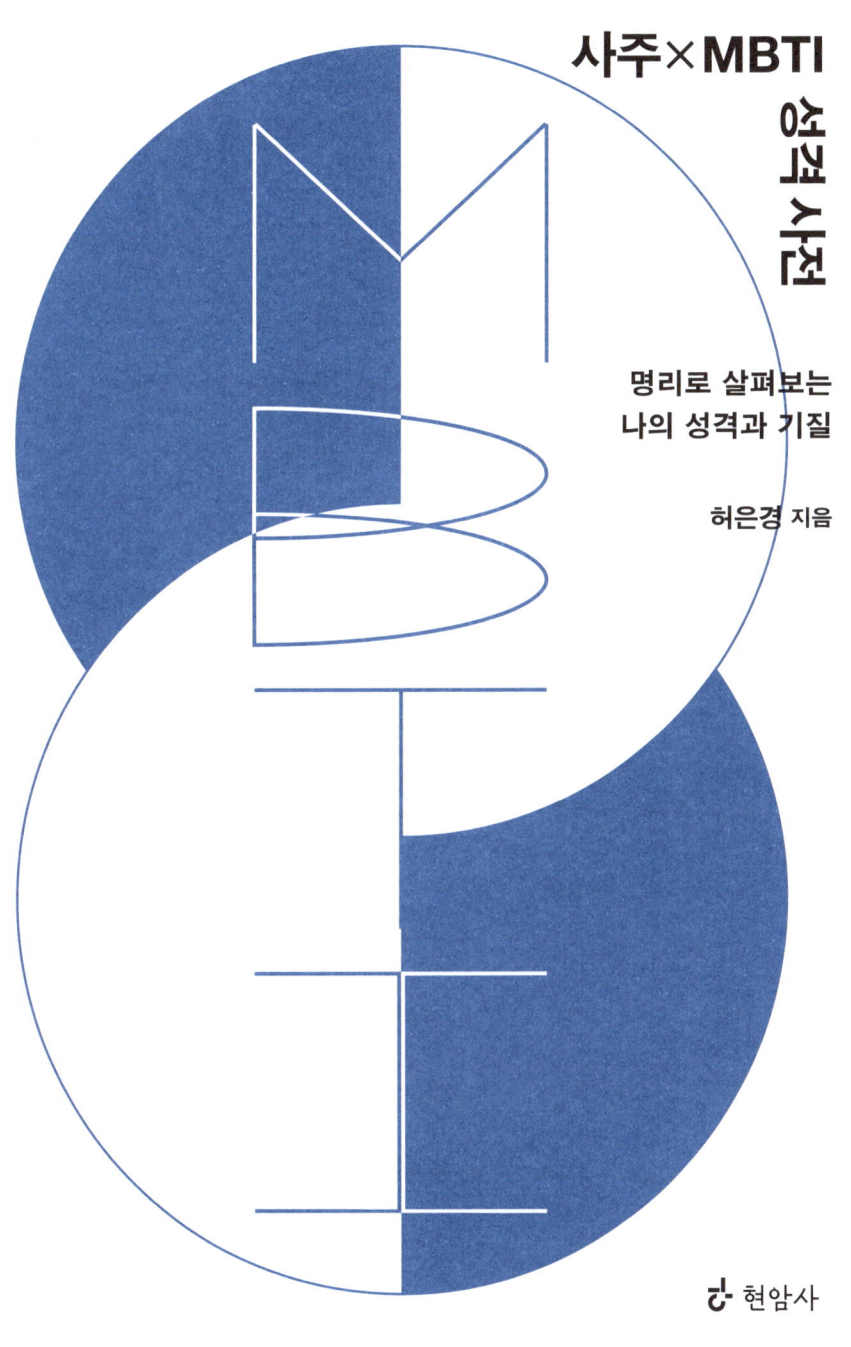

사주×MBTI 성격사전

명리로 살펴보는
나의 성격과 기질

허은경 지음

현암사

차례

들어가는 글 – 나에게 새겨진 하늘의 움직임 —— 8

일러두기 – 사주의 구조와 명칭 —— 18

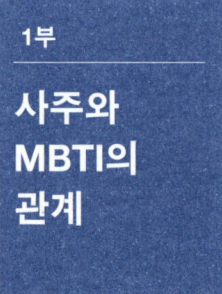

1부

사주와 MBTI의 관계

I. 60개의 갑자 —— 23

II. 열 개의 천간 —— 29

    1. 천간의 탄생 이야기 —— 30

    2. 나의 자아, 일간 —— 34

III. 열두 개의 지지 —— 43

    1. 지지의 탄생 이야기 —— 44

    2. 나의 정서, 월지 —— 48

    3. 월지와 절기 —— 50

    4. 월지별 정서 —— 56

    5. 월지와 MBTI —— 71

IV. 나의 기질 —— 79

    1. 기질의 다섯 나라 이야기 —— 80

    2. 기질, 일간과 월지의 관계 —— 83

    3. 기질의 MBTI —— 98

V. 나의 성격 – 타고난 기질의 제어와 확장 —— 105

2부
일간과 월지로 보는 나의 성격

내 성격 찾는 법 — 112

I. 갑甲 일간 — 115
   1. 인寅월생 — 116
   2. 묘卯월생 — 118
   3. 진辰월생 — 120
   4. 사巳월생 — 122
   5. 오午월생 — 124
   6. 미未월생 — 126
   7. 신申월생 — 128
   8. 유酉월생 — 130
   9. 술戌월생 — 132
   10. 해亥월생 — 134
   11. 자子월생 — 136
   12. 축丑월생 — 138

II. 을乙 일간 — 141
   1. 인寅월생 — 142
   2. 묘卯월생 — 144
   3. 진辰월생 — 146
   4. 사巳월생 — 148
   5. 오午월생 — 150
   6. 미未월생 — 152
   7. 신申월생 — 154
   8. 유酉월생 — 156
   9. 술戌월생 — 158
   10. 해亥월생 — 160
   11. 자子월생 — 162
   12. 축丑월생 — 164

III. 병丙 일간 — 167
   1. 인寅월생 — 168
   2. 묘卯월생 — 170
   3. 진辰월생 — 172
   4. 사巳월생 — 174
   5. 오午월생 — 176
   6. 미未월생 — 178
   7. 신申월생 — 180
   8. 유酉월생 — 182
   9. 술戌월생 — 184
   10. 해亥월생 — 186
   11. 자子월생 — 188
   12. 축丑월생 — 190

IV. 정丁 일간 — 193
   1. 인寅월생 — 194
   2. 묘卯월생 — 196
   3. 진辰월생 — 198
   4. 사巳월생 — 200
   5. 오午월생 — 202
   6. 미未월생 — 204
   7. 신申월생 — 206
   8. 유酉월생 — 208
   9. 술戌월생 — 210
   10. 해亥월생 — 212
   11. 자子월생 — 214
   12. 축丑월생 — 216

V. 무戊 일간 — 219

1. 인寅월생 — 220
2. 묘卯월생 — 222
3. 진辰월생 — 224
4. 사巳월생 — 226
5. 오午월생 — 228
6. 미未월생 — 230
7. 신申월생 — 232
8. 유酉월생 — 234
9. 술戌월생 — 236
10. 해亥월생 — 238
11. 자子월생 — 240
12. 축표월생 — 242

VI. 기己 일간 — 245

1. 인寅월생 — 246
2. 묘卯월생 — 248
3. 진辰월생 — 250
4. 사巳월생 — 252
5. 오午월생 — 254
6. 미未월생 — 256
7. 신申월생 — 258
8. 유酉월생 — 260
9. 술戌월생 — 262
10. 해亥월생 — 264
11. 자子월생 — 266
12. 축표월생 — 268

VII. 경庚 일간 — 271

1. 인寅월생 — 272
2. 묘卯월생 — 274
3. 진辰월생 — 276
4. 사巳월생 — 278
5. 오午월생 — 280
6. 미未월생 — 282
7. 신申월생 — 284
8. 유酉월생 — 286
9. 술戌월생 — 288
10. 해亥월생 — 290
11. 자子월생 — 292
12. 축표월생 — 294

VIII. 신辛 일간 — 297

1. 인寅월생 — 298
2. 묘卯월생 — 300
3. 진辰월생 — 302
4. 사巳월생 — 304
5. 오午월생 — 306
6. 미未월생 — 308
7. 신申월생 — 310
8. 유酉월생 — 312
9. 술戌월생 — 314
10. 해亥월생 — 316
11. 자子월생 — 318
12. 축표월생 — 320

IX. 임壬 일간 — 323

   1. 인寅월생 — 324
   2. 묘卯월생 — 326
   3. 진辰월생 — 328
   4. 사巳월생 — 330
   5. 오午월생 — 332
   6. 미未월생 — 334
   7. 신申월생 — 336
   8. 유酉월생 — 338
   9. 술戌월생 — 340
   10. 해亥월생 — 342
   11. 자子월생 — 344
   12. 축丑월생 — 346

X. 계癸 일간 — 349

   1. 인寅월생 — 350
   2. 묘卯월생 — 352
   3. 진辰월생 — 354
   4. 사巳월생 — 356
   5. 오午월생 — 358
   6. 미未월생 — 360
   7. 신申월생 — 362
   8. 유酉월생 — 364
   9. 술戌월생 — 366
   10. 해亥월생 — 368
   11. 자子월생 — 370
   12. 축丑월생 — 372

나가는 글 — 374

들어가는 글
— 나에게 새겨진 하늘의 움직임

1789년 대혁명이 일어날 무렵, 프랑스에서 거리, 부피, 무게 등을 재는 단위는 천차만별이었다. 계량 단위가 복잡하고 번잡한 데다 매번 달라진다면 속임수가 스며들기 십상이다. 프랑스는 자유, 평등, 박애의 기치 아래 왕정에서 공화정으로 전환하는 김에 도량형도 10진법인 미터, 리터, 그램으로 통일했다. 단위의 혁명이었다. 10진법 도량형은 단순함과 편리함으로 광범위하게 퍼져 나갔다. 도량형 개혁의 성공에 고무된 혁명가들은 내친 김에 시간에도 10진법을 적용했다. 다른 단위는 모두 99 다음에 100이 오는데, 시간만 59 다음에 1:00인 것은 평등하지 않다고 생각했던 모양이다. 1시간은 100분, 1분은 100초가 되었다. 그런데 미터, 리터, 그램이 지금도 널리 사용되고 있는 것과 달리 시간의 10진법은 12년 만에 폐지되었다. 1시간은 60분, 1분은 60초로 돌아갔다.

　18세기의 생활을 상상해 보자. '백 리', '쌀 한 되', '금 한 돈쭝' 등 거리, 부피, 무게를 나타내는 단위는 일상에서 자주 사용했지만 시간의 분초는 잘 사용되지 않았다. 할머니에게 몇 시에 태어났는지 물어보라. '새벽 첫 닭이 울 때', '중참 내갈 때', '저녁밥 안칠 때'라는 답이 태반일 것이다. 20세기에도 그랬는데 그보다 200년을 더 거슬러 올라간 시대는 말해 무엇 하랴. 일상에서 늘 사용하던 단위는 바뀌었는데, 잘 사용하지도 않던 시간은 왜 바꾸지 못했을까?

　법을 따라야 한다고는 해도, 그 법이 생명권이나 양심의 자유 같은 기본권과 인간의 본성을 침해한다면 따를 수 없다. 1시간이 60분이고, 1분은 60초라는 것도 그랬던 것이 아닐까? 시간의 60진법이 인간의 본성에 부합하기에 도저히 따를 수가 없었던 것은 아닐까? 여하튼 시간의 10진법 시대는 12년 만에 막을 내렸다.

*

분과 초 개념은 13세기 중반에 정밀한 기계식 시계가 만들어지면서 등장했다. 13세기 중반이면 프랑스 대혁명이 일어나기 400년 전이므로 더욱 분, 초가 필요 없었을 때다. 생활에 필요하다기보다는 시계를 정확하게 만들기 위해 필요한 개념이었을 테다. 초를 쌓아 분을 만들고, 분을 쌓아 시간을 만들고, 시간을 쌓아 정확히 하루를 만드는 시계는 당시로서는 첨단 기술을 요구했다. 최초의 시계를 발명한 과학자와 기술자는, 시계는 남겼지만 1시간을 60분으로, 1분을 60초로 설정한 근거는 남겨놓지 않았다. 1시간이 60분인 이유를 알 수 없으니 추론만 난무할 뿐이다.

　여러 가설 중 프톨레마이오스설이 가장 그럴 듯하다. 프톨레마이오스는 기원후 1세기경부터 코페르니쿠스가 등장한 15세기까지 약 1500년 동안 서양 천문학을 지배한 대학자이다. 프톨레마이오스는 『천문학 집대성Megalé Syntaxis tés Astoronomias』에서 지구 경도를 60개로 나누고, 이것을 '첫 번째 작은 부분들'이라는 의미로 '파르스 미누타 프리마pars minuta prima'라고 불렀다. 그는 '첫 번째 작은 부분'을 다시 60개로 나누고 이것을 '두 번째 작은 부분들'이라는 의미로 '파르테스 미누타이 세쿤다이partes minutae secundae'라고 불렀다. 이 말들이 영어, 프랑스어, 독일어 등에서 분과 초를 가리키는 단어 미니트minute와 세컨드second의 어원이다. 분은 '작은'이라는 뜻의 미누타minuta에서, 초는 '두번째'라는 뜻의 세쿤다이secundae에서 가져왔다.

분과 초의 어원으로 볼 때, 최초로 정밀한 시계를 만든 과학자는 프톨레마이오스가 경도를 60개로 나누고, 다시 또 60개로 분할한 데서 착안했을 것 같다. 지구 경도는 지구가 스스로 돌며 태양과 마주하게 되는 지점을 세로로 연결한 가상의 선이다. 지금도 시차나 날짜변경선에 이용되는 등 시간과 관련이 있다. 그러니까 경도에 이용된 60진법이 시간에도 적용된 셈이다. 그러나 시간의 60진법을 최초로 만든 사람은 프톨레마이오스가 아니다. 히파르코스도 있고 에라토스테네스도 있다. 이런 식으로 계속 기원을 찾아가다 보면 인류 최초의 문명, 수메르와 만난다.

수메르인들은 60진법을 사용했다. 수메르인들은 왜 간단하고 편리한 10진법을 두고 복잡하고 번잡한 60진법을 사용했을까? 우리가 처음으로 숫자를 세었을 때를 떠올려보자. '몇 살?' 하고 물으면 손가락을 펴고 오므리며 '3살'하고 대답한다. 10개의 손가락을 펴고 오므리며 처음으로 숫자를 접한다. 인류는 등장할 때부터 손가락이 10개였으니 숫자는 10진법이 가장 편리하다. 수메르인에게도 10진법이 있었다. 60진법을 구성하는 쐐기문자가 1과 10으로 되어 있다는 것이 이를 증명한다. 10진법을 쓰고 있었음에도 불구하고 복잡한 60진법을 썼던 이유를 지금 명확히 알 수는 없다.

수메르인들이 60진법을 처음 사용했던 건지도 불명확하다. 현생 인류인 호모 사피엔스는 20만 년 전에 지구에 등장했다. 칼 세이건의 『코스모스Cosmos』식으로 표현해 보자. 호모 사피엔스가 지구에 등장한 날이 1월 1일이면 수메르 문명이 등장한 날은 12월 21일쯤 된다. 수메르인 이전에도 인류가 있었다. 그것도 어마어마하게 오랜 기간 동안. 수메르인의 60진법도 그 이전의 인류가 그들에게 전했다고 보는 게 합리적이다.

*

그렇다면 1월 1일부터 12월 21일까지의 인류는 어떠했을까? 지금은 사방이 꽉 막힌 병원에서 태어나, 사방이 꽉 막힌 집에서 자라고, 집 밖으로 나가봐야 또 높은 건물과 휘황찬란한 조명에 가려, 평소 하늘 한 번을 쳐다보기도 힘들다. 하지만 인류는 대부분의 시간을 하늘과, 해와 달과 별과 함께했다. 지금 하늘을 보려면 위로 올려다봐야 하지만, 옛날에는 앞을 봐도 하늘, 옆을 봐도 하늘, 사방이 온통 하늘이었다.

어디를 가도 하늘 한가운데 있던 그때의 인류는 사방으로 펼쳐진 하늘의 움직임을 관찰할 수밖에 없었을 것이다. 해가 뜨고 졌다가 다시 뜨는 데 얼마나 걸리는지, 어떤 별이 어떤 방향에 오면 계절이 바뀌는지, 봄이 오고 여름이 되고 가을이 오고 겨울이 지나면 언제 다시 봄이 오는지, 해가 움직일 때 별과 달과 행성은 어떻게 움직이는지 자연스럽게 알았을 것이다. 지구가 자전한다는 사실은 몰라도, 지구가 자전하면서 만나는 별과 해와 달과 행성의 움직임은 눈으로 보았을 것이고, 하늘이 60진법의 규칙으로 움직이고 있다는 사실을 알게 되었을 것이다. 조상들은 그 정보를 20만 년 동안 유전자에 새겨 우리에게 전했던 것이 아닐까?

그러니 시간을 자세히 알 필요가 없던 시대에도 하늘의 법칙인 60진법을 따를 수밖에 없었던 것이 아닐까?

*

출생 순간에 해당하는 천문天文, 즉 하늘의 모양이 그 사람의 정서와 욕망, 기질과 성격을 부여하고 운명을 결정한다는 이야기도 마찬가지다. 이것도 1시간은 60분, 1분은 60초처럼, 근원을 찾다 보면 결국 인류가 20만 년 동안 수집한 '하늘과 별과 자연과 사람의 관계에 관한 거대한 데이터베이스'와 마주친다.

프톨레마이오스는 당대까지 전해오는 천문학을 정리해서 『천문학 집대성Megale Syntaxis tes Astoronomias』을 펴낸 후, 곧 이어 『테트라 비블로스Tetra Biblos』를 집필하며 '개인의 출생 순간에 해당하는 천궁도의 해석'을 논했다. 『천문학 집대성』은 지구에서 육안으로 관찰한 하늘과 별, 해와 달과 행성의 이야기다. 복잡해서 그렇지 아주 정확하다. 갈릴레오가 '지구가 태양을 돈다'고 주장하다 처벌을 받은 이유도, 초기 지동설이 프톨레마이오스의 천동설만큼 완벽하지 못해, 천체의 다양한 현상을 설명하지 못했기 때문이다. 지금도 과학 교과서에서는 20만 년 동안 인류가 보았던 하늘과 같이, 천구라는 가상의 공간을 만들어 천체의 운동을 설명한다. 그리고 『테트라 비블로스』는 육안으로 관찰한 하늘과 별과 해와 달과 행성의 정확한 움직임과, 그것에 영향을 받을 수밖에 없는 사람의 이야기다.

인체를 구성하는 물질은 모두 우주로부터 왔다. 그렇다면 우리의 정서와 욕망, 기질과 성격은 어디에서 왔을까? 인류는 아주 오래전부터 정서와 욕망, 기질과 성격도 우주로부터 왔다고 생각했다. 날 때부터 타고난, 정해진 운명을 뜻하는 '숙명宿命'이라는 단어를 보아도 알 수 있다. 숙宿은 별자리를 뜻한다. '태어날 때 해당하는 하늘의 모양, 즉 별들의 배치가 그 사람의 운명을 결정한다'는 테제는 많은 문화에서 다양한 전설로 존재한다. 프톨레마이오스의 『테트라 비블로스』도 이 중 하나이다.

그 많은 전설 중, 황하 지역에서 전해오는 육십갑자六十甲子를 근간으로 하는 명리학이 있다. 육십갑자란 60진법으로 움직이는 별들의 배치, 즉 시간의 흐름을 문자로 나타낸 것을 말한다. 총 60개가 있고, 갑자에서 시작하므로 육십갑자라 부른다. 내가 태어난 순간의 연, 월, 일, 시에 해당하는 육십갑자 4개가 내 사주다. 사주는 내가 태어난 순간 마주하는 별자리 배치도다. 전설은 '내가 태어난 순간 마주하는 별들의 모양이 나에게 정서와 욕망, 기질과 성격을 부여하고 운명을 결정한다'고 말한다.

*

대항해시대에 호주를 다녀간 유럽 탐험가들이 있었다. 탐험 도중에 동료와 떨어진 한 탐험가가 길을 헤매다 어떤 원주민을 만났다. 원주민과 생활하면서 이끼로 빵을 만드는 방법을 배우고, 다시 동료들과 합류하기 위해 길을 나섰다. 이 탐험가는 자신이 만든 이끼 빵으로 연명하다 서서히 진행된 복통으로 괴로워하며 사망했다. 원주민이 만들어준 이끼 빵으로는 멀쩡했는데 무슨 일이 일어난 것일까?

 요리법대로라면 이끼를 적어도 24시간 이상 충분한 양의 물에 우려야 했는데 그는 이 과정을 생략했다. 탐험가는 이끼를 물에 부풀리기 위한 과정으로 이해했기 때문에 이끼가 불어 부드러워지자마자 빵을 만들었다. 하지만 사실 이는 이끼에 있는 독성을 제거하는 과정이었다. 독성이 빠질 수 있는 충분한 시간과 독성이 녹아 나올 수 있는 충분한 물이 필요했던 것이다. 원주민도 이 과정의 의미를 몰랐기 때문에 알려주지 못했고, 당대의 첨단 과학으로 무장한 유럽의 탐험가도 알 수 없었다.

 이처럼 전통 문화에는 지금으로서는 알 수 없는, 인과가 불투명한 요소가 많다. 태어나는 순간 마주하는 별자리로 사람의 정서나 기질, 성격이 정해진다는 명리학도 마찬가지다. 너무나 오래 전에 만들어져 이유는커녕 기원도 알 수 없지만, 지금까지 우리 곁에 남아 살아 숨 쉬고 있다는 것만으로도, 지금 이 시대 살아가고 있는 우리에게 주는 의미가 있다.

*

이 책은 MBTI(Myers-Briggs Type Indicator)가 유행하기 시작했을 때 구상되었다. 나는 MBTI를 보자마자 MBTI가 보급형 명리학이라 생각했다. 세상에 대한 나의 관심 방향과 적응 태도의 경향과, 내가 세상을 어떻게 인식하고, 어떻게 판단과 결정을 내리는지에 대한 경향을 대립되고 상반된 요소로 설명하는 것이 명리학의 음양 사상과 많이 닮아 있기 때문이다.

그도 그럴 것이, MBTI는 칼 구스타프 융Carl Gustav Jung의 『심리적 유형Psychological Typology』에서 시작되었는데, 융은 동양 사상에 심취했던 것으로도 알려져 있다. 대립되고 상반된 기운인 음양으로 세상의 모든 변화를 설명한다는 유교의 경전 『역경易經』이 독일에 처음 번역 출간되었을 때, 융은 장장 19페이지에 걸친 서문을 썼다. 의식과 무의식, 아니마와 아니무스 등 융이 정립한 인간 정신의 개념은 음양사상의 요소이다.

이 책은 사주로 보는 MBTI이다. 세상을 나와 외부로 나누고, 나의 관심 방향이 나인지 외부인지, 나는 외부에 어떤 태도로 적응하는지, 나는 외부를 어떤 방식으로 인식하는지, 나는 외부를 어떤 방식으로 판단하는지를 살펴본다.

  이 책의 전반부에서는 MBTI와 관련한 정서와 기질을 명리학으로 풀어보는 과정을 소개한다. MBTI에서 관심 방향과 태도에 관련한 외향형(Extroversion)-내향형(Introversion) 지표와 인식형(Perception)-판단형(Judgement) 지표는 정서와 관련이 있다. MBTI에서 심리 기능적 요소인 감각형(Sensation)-직관형(iNtuition) 지표와 사고형(Thinking)-감정형(Feeling) 지표는 기질과 관련이 있다. 사주에서 말하는 정서와 기질을 MBTI의 지표로 살펴볼 것이다. 후반부에서는 사주에 따른 기질의 특징과 장점, 단점, 강점, 약점을 사전식으로 구성했다.

*

내 딸은 사주에 따르면 위와 장의 기능이 약하게 태어났다. 다섯 살에 처음으로 유치원을 갔는데, 많은 친구들을 만나 신나게 놀던 처음과는 다르게 점점 유치원을 다니기 싫어했다. 모두 함께 일정한 양의 점심을 비슷한 시간 내에 남김없이 다 먹어야 한다는 점심시간 규칙을 힘들어했던 것이다. 영양을 골고루 섭취하고 단체 생활 시간을 지켜야 한다는 규칙이 딸에게는 몹시 버거운 일이었다. 선생님께 딸의 위장 상태를 말씀드려 식사량을 절반으로 줄이자 즐겁게 유치원을 다녔다. 이후 학년이 올라갈 때마다 선생님께 미리 아이의 위장 상태를 전달해 식사량을 줄였다.

  타고난 신체를 잘 파악해서 체질에 맞추어 식습관을 관리하듯, 정서와 기질도 마찬가지다. 타고난 정서와 기질과 성격을 잘 파악해서, 자신의 장점과 강점을 잘 살려 개성을 실현하고, 단점과 약점을 잘 알고 보완하고 관리할 필요가 있다. MBTI의 원조인 분석 심리의 지평을 열었던 구스타프 칼 융은 '진정한 치유는 자기 자신이 되는 것'라 했다. 이 책으로 옛 사람들이 전한 '별이 준 나의 정서와 기질과 성격'을 알고, 진정한 자기 자신을 발견해 자신을 사랑하고 치유하는 데 조그마한 도움이 되었으면 한다.

일러두기
— 사주의 구조와 명칭

2024년 4월 21일 오후 7시 9분에 태어난 사람의 사주는 다음과 같다.

'만세력' 앱이나 사이트에서 자기가 태어난 생년월일시를 입력하면 누구나 위와 같은 사주를 얻을 수 있다.

위에서 아래로, 오른쪽에서 왼쪽으로 읽는다. 종이나 모니터가 없던 시절, 대나무를 쪼개 마디마디 잘라, 하얗고 얇은 속피에 세로로 글자를 써 내려간 데서 유래한다. 글이 쓰인 순서대로, 대나무를 몸 쪽에서 바깥으로 엮어 나가고, 다시 세워서 읽으므로 위에서 아래로, 오른쪽에서 왼쪽으로 읽게 되었다. 위 사주는 갑진甲辰(년), 무진戊辰(월), 을묘乙卯(일), 을유乙酉(시)라 읽는다.

사주는 연, 월, 일, 시에 각각 육십갑자 중 하나가 배치된다. 육십갑자는 위쪽의 글자인 천간天干과 아래쪽 글자인 지지地支로 구성되어 있다. 천간에는 **갑甲, 을乙, 병丙, 정丁, 무戊, 기己, 경庚, 신辛, 임壬, 계癸** 10개의 글자 중 하나가 오고, 지지에는 **자子, 축丑, 인寅, 묘卯, 진辰, 사巳, 오午, 미未, 신申, 유酉, 술戌, 해亥** 12개의 글자 중 하나가 온다. 이들 22자의 천간과 지지는 유심히 봐둘 필요가 있다. 천간과 지지는 글자 자체가 많은 의미를 담고 있는 상징으로 '나'라는 세계로 들어갈 수 있는 비밀 코드다. 특히 내 사주에 있는 천간과 지지는 꼭 외워두어야 한다.

천간과 지지가 위아래로 배치되어 하나의 기둥柱 모양을 하고 있고, 연, 월, 일, 시 각각 네四 개의 기둥柱이 있으므로 사주四柱라 부른다. 총 여덟八 글자字가 있어 팔자八字라 부르기도 한다.

태어난 년의 기둥을 연주, 월의 기둥을 월주, 일의 기둥을 일주, 시의 기둥을 시주라 부른다. 위 사주의 경우, 연주는 갑진甲辰, 월주는 무진戊辰, 을묘乙卯는 일주, 을유乙酉는 시주가 된다.

연, 월, 일, 시 각각의 기둥은 위쪽 천간과 아래쪽 지지로 다시 구분해 부를 수 있는데, 위 사주의 경우, 연간은 갑甲, 월간은 무戊, 일간은 을乙, 시간은 을乙이 되고, 연지는 진辰, 월지는 진辰, 일지는 묘卯, 시지는 유酉가 된다.

1부 사주와 MBTI의 관계

I

60개의 갑자

최초에 점 하나가 있었다.

  150억 년 전 이 점이 갑자기 펑! 하고 폭발했다. 이 점은 지금 우주에 존재하는 모든 물질과 에너지를 담고 있었다. 대폭발Big-Bang로 점이 담고 있던 물질과 에너지가 퍼져 우주를 만들기 시작했고, 지금도 계속 퍼져 나가고 있다.

  50억 년 전 '우리 은하'의 한 귀퉁이에 태양이 등장했다. 우주에는 은하가 일조 개 있고, 우리 은하에는 태양과 같은 별이 천억 개 있다 하니, 우주 전체에서 보면 태양은 지구 어느 나라 시골 구석 이름도 없는 길가에 놓인 흙 알갱이 하나보다 더 작은 존재일 것이다. 그러나 태양이 등장하자마자 인근 우주는 아수라장이 되었다. 태양은 어마어마한 온도와 에너지로 스스로 폭발하며 타올랐고, 태양에서 어쩌다 튀어나온 부스러기 조각으로 태양계 행성이 만들어졌다. 지구도 그렇게 탄생했다.

  지구 탄생에 관한 다큐멘터리를 보면 경이감에 눈물이 흐른다. 우주에서 날아 다니는 소행성, 유성, 운석, 우주 먼지들이 어마어마한 속도로 날아와 어린 지구와 부딪치고 폭발하고 합체하고 또 합체하기를 40억 년 동안 반복했다. 지구가 온갖 수난을 겪으며 커나가는 동안 바다도 생기고 땅도 생겨났다. 이때 지구는 잦은 충돌과 폭발로 기온이 매우 높았고, 바다도 지글지글 끓었다고 한다. 40억 년 동안 지구에 떨어진 우주의 어떤 유성들은 각종 미네랄과 탄소를 가지고 있었는데, 그것들이 끓는 바다에 녹아 원시 단백질과 아미노산을 만들었다. 150억 년 전에 출발해 100억 년 이상 우주에서 떠돌다 지구의 끓는 바다 속에 녹아든 우주의 각종 물질과 에너지가 원시 생명체의 기원이 되었고, 인류도 이 아미노산 국물에서 태어났다.

600만 년 전 지구에 최초의 인류가 등장했다. 300만 년 전 인류의 먼 조상인 오스트랄로 피테쿠스가 나타났다. 150만 년 전에 호모 에렉투스 등 예닐곱 종류의 형제 인류가 나타났다. 20만 년 전에 드디어 지금 우리와 같은 종의 인류인 호모 사피엔스가 등장했다.

최초의 호모 사피엔스는 아프리카 남부 지역에서 등장했다. 이들은 무슨 이유에서인지 계속 북으로 동으로 이동했다. 이들 중 아프리카 북동쪽 끝, 지금의 이집트 시나이반도를 지나, 이라크도 지나, 인도 서북부도 지나, 히말라야 산자락을 둘러 아시아 북동쪽 황하 유역까지 걸어온 호모 사피엔스가 있었다. 나일강 유역, 티그리스 유프라테스강 유역, 인더스강 유역의 비옥한 토지에 정착할 만도 했을 텐데, 이들은 무엇을 얻고자 대륙의 북동쪽 끝까지 걸어 왔을까? 다른 건 몰라도 20만 년 동안 이곳까지 걸어서 도착한 최초의 호모 사피엔스는 아주 지독했음에 틀림이 없다.

I. 60개의 갑자

5000년 전쯤 이들은 농업혁명에 성공하고 문명을 일으켰다. 황제黃帝가 이 문명을 주도했다고 전해진다. 황제가 문명을 일으킬 수 있었던 이유는 대요大撓라는 천문학자가 있었기 때문이다. 대요는 20만 년 동안 전해오던 천문의 이치를 깊이 연구해, 하늘의 변화가 자연과 사람에 미치는 영향을 정리해 '육십갑자'를 만들었다. 유감스럽게도 대요의 『천문학 집대성』은 내용이 전해지지 않지만, 진나라 여불위의 『여씨춘추呂氏春秋』, 한나라 사마천의 『사기史記』, 송나라 고승의 『사물기원事物紀原』 등 백과사전식 저서나 역사서에 몇 가지 사실이 기록되어 있다.

> 대요가 다섯 행성의 이치를 깊이 연구해, 북두칠성의 자루가 세워지는 바를 살폈는데, 이에 처음으로 갑을甲乙을 만들고 해에 이름을 붙여 간干이라 하고, 자축子丑을 만들고 달에 이름을 붙여 지支라고 했으며, 간지干支를 배합해 60가지를 만들었다.
> 大撓探五行之情, 占斗綱所建, 于是始作甲乙, 以名日謂之幹, 作子丑, 以名月謂之支, 支幹相配以成六旬.
>
> ―『사물기원』, 고승.

대요는 하늘에 붙박이처럼 붙어 천정이 돌면 함께 움직이는 별들과는 달리, 자신만의 독자적인 길로 다니는 수성, 금성, 화성, 목성, 토성에 주목했다. 자신의 길로 다니는行 별星이라 해서 행성行星이라 부른다. 태양계의 전부라 해도 지나치지 않을 만큼 지구에 미치는 영향력이 어마어마한 태양과, 태양과 비교도 되지 않을 만큼 작지만 지구와 너무 가까이 있어 지구에 미치는 영향이 태양 못지 않은 달과, 다섯 행성들이 이루는 모양을 연구해, 해와 관련해서는 갑甲, 을乙, 병丙, 정丁, 무戊, 기己, 경庚, 신辛, 임壬, 계癸, 10개의 천간을 만들고, 달과 관련해서는 자子, 축丑, 인寅, 묘卯, 진辰, 사巳, 오午, 미未, 신申, 유酉, 술戌, 해亥, 12개의 지지를 만들었다.

오행성의 배치를 해와 관련해서는 갑甲이라 하고, 달과 관련해서는 자子라고 하자. 해가 움직이면 달도 움직이므로 갑甲 다음 천간은 을乙이 되고, 자子 다음 지지는 축丑이 된다. 이런 식으로 간과 지를 서로 배합하면 다음과 같은 총 60가지의 배합을 얻을 수 있다.

갑甲	을乙	병丙	정丁	무戊	기己	경庚	신辛	임壬	계癸
자子	축丑	인寅	묘卯	진辰	사巳	오午	미未	신申	유酉
갑甲	을乙	병丙	정丁	무戊	기己	경庚	신辛	임壬	계癸
술戌	해亥	자子	축丑	인寅	묘卯	진辰	사巳	오午	미未
갑甲	을乙	병丙	정丁	무戊	기己	경庚	신辛	임壬	계癸
신申	유酉	술戌	해亥	자子	축丑	인寅	묘卯	진辰	사巳
갑甲	을乙	병丙	정丁	무戊	기己	경庚	신辛	임壬	계癸
오午	미未	신申	유酉	술戌	해亥	자子	축丑	인寅	묘卯
갑甲	을乙	병丙	정丁	무戊	기己	경庚	신辛	임壬	계癸
진辰	사巳	오午	미未	신申	유酉	술戌	해亥	자子	축丑
갑甲	을乙	병丙	정丁	무戊	기己	경庚	신辛	임壬	계癸
인寅	묘卯	진辰	사巳	오午	미未	신申	유酉	술戌	해亥

갑자^{甲子}에서 계해^{癸亥}까지 총 60가지가 있고, 갑자^{甲子}에서 시작하므로 육십갑자라 부른다. 계해^{癸亥} 다음은 다시 갑자^{甲子}로 돌아가며, 연, 월, 일, 시라는 다른 층위에서 60진법으로 순환한다.

연, 월, 일, 시, 네 개의 육십갑자로 구성된 사주는 내가 태어난 순간 오행성과 태양과 달의 위치를 알려주는 천문도다. 인류는 20만 년 동안 '우리는 모두 별에서 왔으며, 별이 주는 운명을 타고났다'고 믿어왔다.

그렇다면, 갑^{甲}, 을^{乙}, 병^{丙}, 정^{丁}, 무^{戊}, 기^{己}, 경^{庚}, 신^{辛}, 임^{壬}, 계^{癸}라는 10개 천간과 자^{子}, 축^{丑}, 인^{寅}, 묘^{卯}, 진^{辰}, 사^{巳}, 오^{午}, 미^{未}, 신^{申}, 유^{酉}, 술^{戌}, 해^{亥}라는 12개 지지는 무엇을 의미할까?

II 열 개의 천간

1. 천간의 탄생 이야기

한 치 앞도 보이지 않는 어둠과 텅 빈 공허만이 가득한 세상이었다. 어느 날 어둠과 공허 속에서 한 줄기 빛이 보이기 시작하더니 엄청난 에너지로 타오르며 열을 만들었다. 어둠과 공허에서는 보이지 않던 온갖 물질이 나타나기 시작했다. 빛과 열이 절정에 이르자 온갖 물질은 우글우글 들끓어 혼돈의 도가니가 되었다. 절정에 달하면 늘 그렇듯 빛과 열은 수그러들었다. 혼돈의 도가니에 어둠과 공허가 슬슬 스며들었다. 얽히고설킨 혼돈이 식으니 뭉칠 것은 뭉치고 흩어질 것은 흩어져 각자의 모양대로 굳어 제자리를 잡았다. 만물이 가만히 자리 잡자 고요와 적막이 퍼지며 어둠과 공허가 절정으로 치달았다. 절정에 달하면 늘 그렇듯 어둠과 공허도 옅어지기 시작했다. 다시 한 줄기 빛이 나타났다. 빛과 열이 나타났다 절정에 이르면 어둠과 공허가 찾아오고, 어둠과 공허가 절정에 이르면 빛과 열이 나타나는 과정이 계속되었다. 물질은 점점 다양해지고 세상은 더욱 흥미진진하게 변했다.

어둠과 빛이 서로 겨루고 화해하며 만들어내는 변화무쌍한 세상을, 뿌듯하게 미소 지으며 바라보는 존재가 있었다. 이 모든 것은 그분의 설계였다. 어느 날 문득 그분은 너무 심심했다. 항구불변한 우주의 질서를 유지하는 것이 그분의 임무이기는 해도 가끔 하품이 나는 건 어쩔 수 없었다. 우주 한 귀퉁이에 변화하는 세상을 하나쯤 만들어도 괜찮지 않을까? 변화하지만 우주의 질서를 벗어나지 않고, 필멸이지만 영속할 운명을 지닌 존재가 하나쯤은 있어도 되지 않을까? 그분은 사람을 창조하기로 결심했다. 그 전에 이들이 살아갈 세상을 먼저 만들어야 했다. 지금까지도 없었고, 앞으로도 없을 일이라 몹시 공을 들였다.

이미 존재하고 있던 어둠에 빛을 보냈다. 빛은 어둠과 완벽히 맞서는 반대의 것이다. 완벽히 맞서지 않으면 강한 쪽이 약한 쪽을 이길 것이고, 그렇게 되면 강한 쪽만 남을 것이고, 하나만 남으면 더 이상 변화를 기대할 수 없다. 또한 완벽히 반대가 되지 않으면 언젠가는 서로 섞이고, 섞이면 또 하나가 되고, 하나가 되면 변화할 수 없다. 변화의 원동력은 다양성이고, 다양성의 기본은 완벽하게 맞서는 대립항의 공존이다.

그렇게 어둠과 빛이 서로 쫓고 쫓기며, 몰고 물러나기를 거듭하니 온갖 물질이 나타나 자리 잡았다. 빛이 나타날 때 만물이 생겨나고, 빛이 가득하면 만물이 혼돈의 도가니에 이르며, 어둠이 나타날 때 만물이 단단하게 자리 잡고, 어둠이 가득하면 만물이 사라졌다. 이와 같은 과정을 수십억 년 반복하니, 이윽고 다양하고 흥미진진한 세상이 되었다.

그분은 이제 '변화하지만 우주의 질서를 따르고, 필멸이지만

II. 열 개의 천간

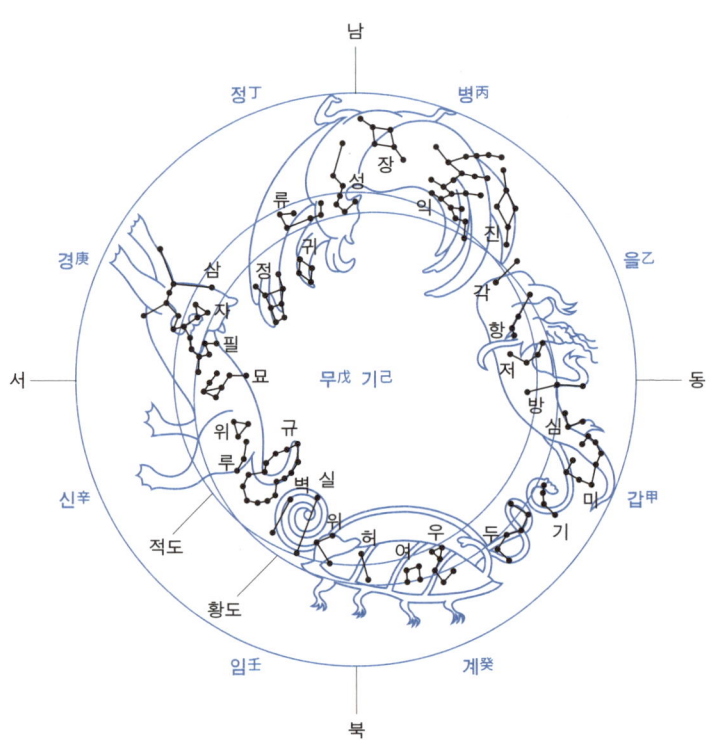

(그림1) 동양 28수에서 천간의 배치

우주의 영원을 닮은 존재'를 창조할 때라 생각했다. 그분은 이 세상을 만들어 낸 어둠과 빛, 확산과 응집, 그리고 혼돈에게 공을 치하하며 이렇게 말했다.

"어둠은 둘로 나누어 각각 '임壬'과 '계癸'라 부르고, 거북이(현무) 모양으로 세상의 북쪽을 두르는 별자리, 두, 우, 여, 허, 위,

실, 벽 쪽으로 들어가, 세상의 어둠과 공허를 다스려라.

　빛은 둘로 나뉘어 각각 '병丙'과 '정丁'이라 부르고, 새(주작) 모양으로 세상의 남쪽을 두르는 별자리, 정, 귀, 류, 성, 장, 익, 진 쪽으로 들어가, 세상의 빛과 열을 다스려라.

　확산은 둘로 나뉘어 각각 '갑甲'과 '을乙'이라 부르고, 용(청룡) 모양으로 세상의 동쪽을 두르는 별자리, 각, 항, 저, 방, 심, 미, 기 쪽으로 들어가, 세상의 생명과 성장을 다스려라.

　응집은 둘로 나뉘어 각각 '경庚'과 '신辛'이라 부르고, 호랑이(백호) 모양으로 세상의 서쪽을 두르는 별자리, 규, 루, 위, 묘, 필, 자, 삼 쪽으로 들어가, 세상의 굳셈과 예리함을 다스려라.

　혼돈은 둘로 나뉘어 '무戊'와 '기己'라 부르고, 네 방향 별자리의 중심에서 네 방향을 모두 아우르며, 세상의 풍요와 기강을 다스려라."

　이리하여 갑甲은 생명을, 을乙은 성장을, 병丙은 빛을, 정丁은 열을, 무戊는 풍요를, 기己는 기강을, 경庚은 굳셈을, 신辛은 예리함을, 임壬은 어둠을, 계癸는 공허를 담당하게 되었다.

2. 나의 자아, 일간

사주에서 나를 뜻하는 글자는 일간이다.

시	일	월	연
乙	乙	戊	甲
酉	卯	辰	辰

위 사주의 경우 을乙이 나를 뜻한다. 나는 하늘의 동쪽을 두르는 용 모양의 별자리 중 남쪽에 자리 잡은 을乙의 기상을 타고났다. 각자 일간이 어떤 글자인지 확인해 보기를 바란다. 그 글자가 내가 타고난 기운의 형상이다.

    사람들은 저마다 독특한 기운을 타고났으며, 그 정체성을 기반으로 세상을 이해하고, 세상과 관계하는 방식을 정한다. 타고난 정체성은 사주의 구성에 따라 드러나거나 숨거나, 뚜렷하거나 흐려질 수는 있지만, 어떠한 경우에도 사라지지 않는 그 사람의 본질적 특성이다.

일간별로 자세히 알아보자.

1) 갑甲

아득한 어둠과 공허에서 처음으로 불꽃을 일으키는 기운이 갑甲이다. 갑甲이라는 글자는 딱딱한 껍데기가 갈라지는 모습에서 온 글자다. 일간이 갑甲인 사람은 주어진 환경에 안주하지 않고 언제나 현재를 뛰어넘는, 새로운 일에 도전하는 갑甲의 개척 정신을 타고났다. 누구든지 태어나려고 하는 자는 하나의 세계를 깨뜨리지 않으면 안 된다. 일간이 갑甲인 사람은 어둠을 깨고, 껍데기를 깨고, 새로운 길을 힘차게 내딛는 기상을 타고났다. 용감하고 담대하며 거침이 없다.

게임 내에서 주어진 자신의 포지션을 새롭게 정립하고 발전시켜 새로운 기록을 쓰고 있는 〈리그 오브 레전드〉 프로게이머 페이커 이상혁의 일간이 갑甲이다.

2) 을乙

불꽃이 활활 타오를 수 있도록 길을 내는 기운이 을乙이다. 을乙이라는 글자는 풀이나 나무가 땅에서 나올 때 구불구불 굽어서 나오는 모습에서 온 글자다. 일간이 을乙인 사람은 어떠한 장애나 난관을 만나도 굴하지 않고 유연하게 대처하며, 한 발 두 발 나아가는 을乙의 불굴의 의지를 타고났다. 일간이 을乙인 사람은 꺾일 것 같아도 다시 타오르고, 휘어질 때도 있지만 꺾이지는 않으며, 한 발 두 발 전진하는 사람이다. 눈치가 빠르고 친화력이 좋으며 사고방식이나 행동이 유연하다.

고난과 역경에도 유머와 여유를 잃지 않고 뜻하는 바를 이루고 있는 대한민국 제21대 대통령 이재명의 일간이 을乙이다.

3) 병丙

어둠을 몰아내고 세상을 밝고 환하게 비추는 기운이 병丙이다. 병丙이라는 글자는 저 높은 곳에서 분명하고 강렬하게 빛을 보내는 모습에서 온 글자다. 일간이 병丙인 사람은 언제나 앞장서서 일이나 사람을 선도하는 병丙의 리더십을 타고났다. 꽃과 나무가 태양을 따르는 것처럼 사람들은 병丙의 리더십을 우러르고 따른다. 일간이 병丙인 사람은 어디서든 이목을 집중시키며, 항상 주도적인 위치에서 어떤 목적이나 방향으로 사람을 이끌어 간다. 능동적이고 적극적이며 위엄이 있다.

다양한 종교와 교류하며 인류의 화합을 위해 평생을 바친 교황 요한 바오로 2세의 일간이 병丙이다.

4) 정丁

빛으로 밝힌 환한 세상을 열로 번창하게 하는 기운이 정丁이다. 정丁이라는 글자는 다 자라 늠름하게 우뚝 선 모습이다. 일간이 정丁인 사람은 다채롭고 화려한 세상을 탐닉하는 정丁의 열정을 타고났다. 축구 경기에서 힘과 테크닉이 절정에 오른 20대 중후반 탑

플레이어의 모습이 정丁이다. 선수들이 볼을 가지고 놀며 경기를 즐기듯, 일간이 정丁인 사람은 삶을 가지고 놀며 현재를 즐긴다. 현실을 벗어난 이상이나 공상이 없다. 지극한 현실주의자다. 사교적이고 유희적이며 당당하다.

생활을 풍요롭게 하는 기술과 경제 발전을 추구한 조선 후기 대표적인 실학자 정약용의 일간이 정丁이다.

5) 무戊

빛과 열로 왕성해진 세상을 모두 감싸, 품어 안는 기운이 무戊이다. 무戊라는 글자는 나무와 새와 꽃과 벌레와 바위와 이끼와 냇물과 조약돌 모두를 감싸안은 무성한 숲의 모습이다. 일간이 무戊인 사람은 마음이 넓고 커서 어지간하면 덮어주고 품어주고 너그럽게 감싸 받아들이는 무戊의 포용력을 타고났다. 매사 어느 한쪽으로 치우치지 않고 공평하다. 균형감과 안정감이 뛰어나며, 감정에 기복이 없고, 행동이 느리고 중후하다.

한족과 만주족이 공존할 수 있는 정치 시스템을 마련해 태평성대를 주도한 청나라 4대 황제 강희제의 일간이 무戊이다.

6) 기己

빛과 열이 절정에 달하면 어둠이 스며든다. 빛과 열로 어수선하고 복잡한 세상에서 문득 만물이 각자 정해진 모양, 그 바탕을 드러내는 기운이 기己이다. 기己라는 글자는 만물이 돌아들어 모이며 굽은 모습이다. 바다에서 놀던 연어가 산란을 위해 고향인 강으로 돌아올 때, 거슬러 되돌아 오르는 길의 굽은 모습이 기己이다. 일간이 기己인 사람은, 변주나 장식의 일상에서 어떠한 요령으로도 흐트러지지 않는 본질을 찾아 나서는 기己의 본질 회기 정신을 타고났다. 이념적이고 추상적이며 고집이 세다.

인간의 정신, 특히 무의식을 학문적으로 논한 정신분석학의 선구자 지그문트 프로이트의 일간이 기己이다.

7) 경庚

빛이 점점 수그러들고 어둠이 자욱하게 밀려올 때 만물이 속으로부터 여물고 단단하게 차오르는 기운이 경庚이다. 경庚이라는 글자는 꽃이 변해 열매가 된 모습이다. 일간이 경庚인 사람은 더 이상 쓸모없는 페이지를 없애고 다시 불러들여 새로운 작업을 하는 경庚의 새로 고침, 즉 혁명의 정신을 타고났다. 허울과 다양에 가려져 있는 온갖 모순과 불합리를 없애고, 정의롭고 합리적인 세상으로 단호하게 개혁하려 한다. 생각이나 견해가 확실하고 견고하며 비타협적이고 행동에 절도가 있다.

단순한 단어와 절제된 묘사로 깊고 강한 울림을 주는 하드보일드 문학의 거두 어니스트 헤밍웨이의 일간이 경庚이다.

8) 신辛

어둠이 냉기를 몰고 올 때 만물이 예민하고 날카로워지는 기운이 신辛이다. 신辛이라는 글자는 연필처럼 손으로 쥐고 쓸 수 있는 작고 날카로운 칼의 모습이다. 일간이 신辛인 사람은 큰 칼로 대충

내려치는 것이 아니라 작은 칼로 정교하게 발라내는 신辛의 예리함을 타고났다. 엉킨 실타래처럼 복잡해 보이는 상황에서도 실마리를 예리하게 짚어 정교하게 풀어낸다. 섬세하고 예민하고 심미적이며, 실수에 절망하므로 행동이 조심스럽다.

    섬세하고 철저하고 빈틈없는 요리사 고든 램지의 일간이 신辛이다.

9) 임壬

빛이 완전히 사라지고 어둠만이 가득할 때 깊고 아득한 곳에서 세상을 바라보는 기운이 임壬이다. 임壬이라는 글자는 땅을 하늘과 연결한 모습이다. 변화하는 세상에서 처음으로 하늘의 이치를 알고자 하는 모습이다. 일간이 임壬인 사람은 탐구와 사유를 통해 사물의 본질을 깨닫는 임壬의 지성을 타고났다. 항상 '왜?'라는 질문을 달고 다니며, 드러나는 현상보다 그 속을 관통하는 본질에 접근하려 한다. 이성적이고 논리적이며, 사고방식이나 행동의 스케일이 크다.

    한때 세계 최고의 거부였고 현재 세계 최대 규모의 자선단체를 운영하는 빌 게이츠의 일간이 임壬이다.

10) 계癸

어둠이 짙어 공허에 이르면, 완전히 비었으므로 모두 꿰뚫어 볼 수 있는 기운이 계癸이다. 계癸라는 글자는 촉을 사방팔방으로 뻗어 헤아리는 모습이다. 일간이 계癸인 사람은 영감이 뛰어나다. 아무런 이유 없이, 복잡한 분석 없이, 단번에 본질을 꿰뚫어 보는 계癸의 통찰력을 타고났다. '내가 꿈에 나비가 된 것인가, 나비가 (꿈의 꿈인) 현실의 내가 된 것인가' 하는 다소 비현실적이고 몽환적인 분위기가 있다. 욕심이 없고 직관력이 강하며, 성정이 차고 무심하다.

가난하고 외롭고 병든 이들의 어머니, 노벨평화상 수상자인 성녀 마더 테레사의 일간이 계癸이다.

갑甲의 개척 정신, 을乙의 불굴의 의지, 병丙의 리더십, 정丁의 열정, 무戊의 포용력, 기己의 본질 회귀 정신, 경庚의 혁명 정신, 신辛의 예리함, 임壬의 지성, 계癸의 통찰력이 일간 외 연간, 월간, 시간에 있더라도 그러한 의미를 가진다. 다만 일간이 나를 뜻하므로, 일간만이 내 정체성의 본질이다. 나머지 자리에 있는 천간은 천간이 의미하는 정신을 내가 다소 갖추고 있다는 뜻이다.

시	일	월	연
乙	(乙)	戊	甲
酉	卯	辰	辰

위 사주를 가진 인물은 연간의 갑甲으로 새로운 길로 힘차게 내딛을 줄 아는 개척 정신도 있고, 월간의 무戊로 가리지 않고 모두 품어 안는 포용력도 있지만, 자아의 본질적 정체성은 불굴의 의지

다. 부처님 같은 포용력으로 가여운 영혼이 품에 안겨 안정을 얻을 때보다, 새로운 가능성에 도전해 성취를 얻을 때보다, 어려움을 뚫고 한 발 한 발 나아가는 데서 진정한 만족감과 효용감을 느낀다.

III

열두 개의 지지

1. 지지의 탄생 이야기

어둠, 빛, 확산, 응집, 혼돈이 10개의 천간으로 자리 잡은 후로 많은 시간이 흘렀다. 세상이 더욱 다양해지고 복잡해지는 가운데 지구와 인류가 등장했다. 인류는 등장하자마자 해와 달과 행성과 수많은 별들과 함께했다. 산천은 항상 그대로인데, 해와 달과 행성과 수많은 별들은 늘 움직인다. 움직이는 것에 눈이 가기 마련이다. 게다가 하늘이 돌면 같이 돌아가는 수많은 별들과, 독자적인 길을 만들어 움직이는 해와 달과 행성이 빚어내는 하늘의 변화가 곧 세상의 변화를 가져온다는 사실을 알았다. 별과 해와 달과 행성의 규칙을 발견하는 것은 어렵지 않았다. 문명이 등장하기 전 인류는 항상 멀리 보고 느리게 움직였으므로 시력도 좋았다. 하늘은 훌륭한 시계였다. 언제 어디서나 눈에 잘 띄는 북두칠성은 머리와 자루가 있어 방향을 말하기 좋았다. 북두칠성의 자루를 바늘 삼고 하늘을 커다란 시계판 삼아 하늘의 변화를 정리하기 시작했다.

우선 다른 별들과는 비교할 수 없을 정도로 커다란 해와 달을 기준 삼기로 했다. 해와 달이 12번을 만나면 별들이 다시 제자리

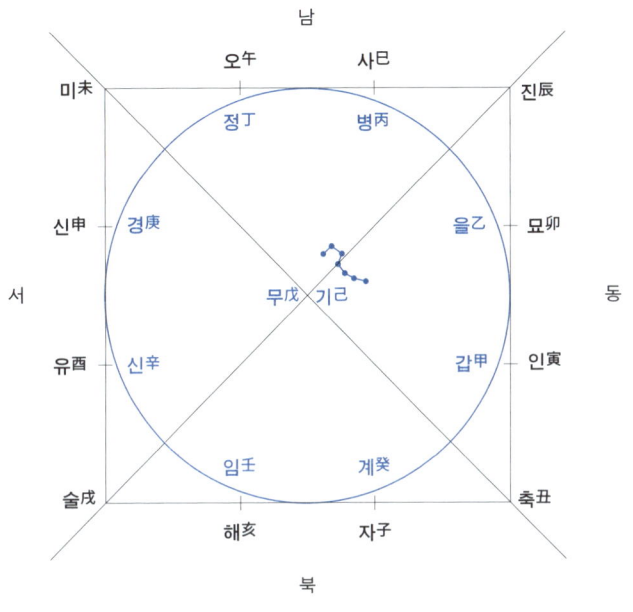

(그림2) 지지의 별자리 배치

로 돌아온다. 해와 달이 만나는 곳을 중심으로 하늘을 12구역으로 나눴다.

북두칠성의 자루가 동쪽 별자리(각角, 항亢, 저氐, 방房, 심心, 미尾, 기箕)를 가리키며 돌기 시작하면 봄이 온다. 해가 지면 떠오르는 북두칠성이, 초봄에 가리키는 별자리를 인寅, 중봄에 가리키는 별자리를 묘卯, 늦봄에 가리키는 별자리를 진辰이라 불렀다. 지지 인寅, 묘卯, 진辰은 천간 갑甲과 을乙이 다스리는 동쪽 별자리이므로 세상에 생명과 확산의 기운을 준다. 북두칠성의 자루가 인寅, 묘卯, 진辰을 가리키며 나타나는 봄은 갑甲과 을乙의 성덕으로 세상에 생명

III. 열두 개의 지지

과 성장을 준다. 세상은 기대감으로 부풀고 경이롭고 신난다.

북두칠성의 자루가 남쪽 별자리(정井, 귀鬼, 류柳, 성星, 장張, 익翼, 진軫)을 가리키며 돌기 시작하면 여름이 온다. 해가 지면 떠오르는 북두칠성이, 초여름에 가리키는 별자리를 사巳, 한여름에 가리키는 별자리를 오午, 늦여름에 가리키는 별자리를 미未라 불렀다. 지지 사巳, 오午, 미未는 천간 병丙과 정丁이 다스리는 남쪽 별자리이므로 세상에 빛과 열의 기운을 준다. 북두칠성의 자루가 사巳, 오午, 미未를 가리키며 나타나는 여름은 병丙과 정丁의 성덕으로 세상이 빛과 열로 가득 찬다. 세상은 자신감 넘치고 기쁘고 기쁨에 따르는 허무가 있다.

북두칠성의 자루가 서쪽 별자리(규奎, 루婁, 위胃, 묘昴, 필畢, 자觜, 삼參)을 가리키며 돌기 시작하면 가을이 온다. 해가 지면 떠오르는 북두칠성이, 초가을에 가리키는 별자리를 신申, 중가을에 가리키는 별자리를 유酉, 늦가을에 가리키는 별자리를 술戌이라 불렀다. 지지 신申, 유酉, 술戌은 천간 경庚과 신辛이 다스리는 서쪽 별자리이므로 세상에 굳셈과 예리의 기운을 준다. 북두칠성의 자루가 신申, 유酉, 술戌을 가리키며 나타나는 가을은 경庚과 신辛의 성덕으로 세상이 굳세고 예리해진다. 세상은 긴장하고 예민하고 쓸쓸하다.

북두칠성의 자루가 북쪽 별자리(두斗, 우牛, 여女, 허虛, 위危, 실室, 벽壁)을 가리키며 돌기 시작하면 겨울이 된다. 해가 지면 떠오르는 북두칠성이, 초겨울에 가리키는 별자리를 해亥, 한겨울에 가리키는 별자리를 자子, 늦겨울에 가리키는 별자리를 축丑이라 불렀다. 지지 해亥, 자子, 축丑은 임壬과 계癸가 다스리는 북쪽 별자리이므로 세상에 어둠과 공허의 기운을 준다. 북두칠성의 자루가 해亥, 자子, 축丑을 가리키며 나타나는 겨울은 임壬과 계癸의 성덕으로 세상이 어둡고 공허하다. 세상은 두렵고 슬프고 언짢음이 가득하다.

인寅은 설렘, 묘卯는 경탄, 진辰은 신남, 사巳는 의기양양, 오午는 기쁨, 미未는 허무, 신申은 긴장, 유酉는 예민함, 술戌은 쓸쓸함, 해亥는 두려움, 자子는 슬픔, 축丑은 언짢음의 정서를 상징한다.

2. 나의 정서, 월지

사주에서 나의 주된 정서를 뜻하는 글자는 월지다.

시	일	월	연
乙	乙	戊	甲
酉	卯	(辰)	辰

위 사주의 경우 진辰이 이 사람의 주된 정서를 말해준다. 이 사람은 하늘의 동쪽을 두르는 용 모양의 별자리 중 남쪽과 이어지는 곳에 자리한 진辰이 주는 정서를 타고났다. 각자 월지가 어떤 글자인지 확인해 보라. 그 글자가 타고난 나의 정서를 뜻한다.

하늘天과 자연地과 사람人이 같다는 천지인天地人 사상이 명리학의 근간이다. 하늘의 변화가 자연의 변화를 낳고, 하늘과 자연의 변화가 사람의 변화를 낳는다. 하늘의 변화는 자연에 계절이라는 변화를 일으킨다. 누구나 알고 있듯 계절은 태양을 공전하는 지구의 위치 변화로 나타난다. 이를 명리학에서는 12개의 월지로 설명한다. 진辰월이 되면 자연 만물이 신나서 쭉쭉 뻗어 올라 생명의 아름다움을 떨치고 펼치듯이, 진辰월에 태어난 사람도 신남의 정서를 갖는다. 프톨레마이오스의 점성학에서 황도 12궁 별자리가 계절과 정서를 가리키는데, 공교롭게도 월지와 원리가 같다.

　북두칠성의 자루가 동쪽 하늘 별자리를 가리키며 돌면 자연에 봄이 찾아온다. 봄이 몰고 온 온기에 세상은 들뜨고 생기가 가득하다. 봄에 태어난 사람은 들뜸과 생기가 있다. 북두칠성의 자루가 남쪽 하늘 별자리를 가리키며 돌면 자연에 여름이 찾아온다. 여름이 가져온 열기에 세상은 화려하고 풍성해진다. 여름에 태어난 사람은 활기와 기쁨이 있다. 북두칠성의 자루가 서쪽 하늘 별자리를 가리키며 돌면 자연에 가을이 찾아온다. 가을이 부른 한기에 세상은 긴장하고 예리해진다. 가을에 태어난 사람은 긴장감과 예리함이 있다. 북두칠성의 자루가 북쪽 하늘 별자리를 가리키며 돌면 자연에 겨울이 찾아온다. 겨울이 가져온 냉기에 세상은 어둡고 공허하다. 겨울에 태어난 사람은 두려움과 슬픔이 있다.

　월지별로 자세히 알아보기 전에 월지의 기준이 되는 24절기를 이해할 필요가 있다. 24절기는 인류가 잘 기억하고 보존해 대대손손 후대에 물려줄 가치가 있는 전통문화로, 유네스코 인류무형문화유산으로 지정되어 있다.

3. 월지와 절기

지금 우리가 사용하고 있는 달력은 그레고리력이다. 그레고리력은 문명의 편의에 따라 1년을 365일로 정했으므로, 실제 공전주기와 미세하게 차이가 난다. 이를 보정하기 위해서 4년에 한 번씩 윤일을 더하고, 100년에 한 번씩은 윤일을 없애고, 또 400년에 한 번씩은 다시 윤일을 더한다. 어떤 때는 윤초를 더하기도 한다. 반면 완벽한 태양력인 절기력은 오로지 지구에서 바라본 태양의 움직임을 관찰해 만든 달력이다. 지구에서 바라본 태양이 다시 같은 위치에 올 때까지를 정확하게 12등분을 하고, 다시 2등분해서 만들었으므로 오차가 없다.

옆의 그림은 과학 교과서에 실리는 천구의 적도와 황도 그림이다. 북반구 중위도 지방에 정착한 인류가 눈으로 본 하늘에 태양이 움직이는 길을 나타냈다. 천구의 적도는 지구의 적도를 하늘로 연장한 가상의 원이다. 황도는 지구에서 볼 때 하늘에서 태양이 움직이는 길을 그린 가상의 원이다. 지구에서 보면 태양은 황도를 따라 움직인다.

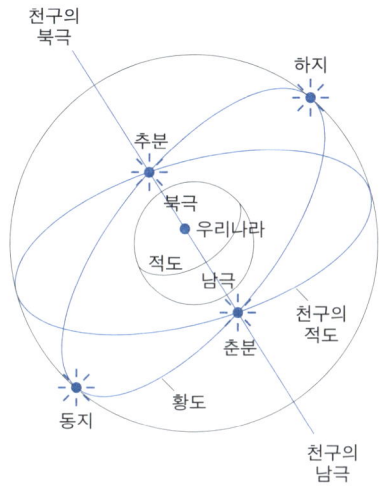

(그림3) 천구의 적도와 황도

　태양이 천구의 적도 아래에 있으면 춥고, 밤이 낮보다 길다. 그중 밤이 가장 긴 날을 겨울의 절정이라 하여 **동지**冬至라 불렀다. 태양이 천구의 적도 위쪽에 있으면 덥고, 낮이 밤보다 길다. 그중 낮이 가장 긴 날을 여름의 절정이라 하여 **하지**夏至라 불렀다. 태양이 동지에서 하지로 가는 중에 천구의 적도와 만나면 추위가 가시고 따뜻해지며, 낮과 밤의 길이가 같아진다. 이날을 동지와 하지를 봄에서 나눈다고 하여 **춘분**春分이라 불렀다. 태양이 하지에서 동지로 가는 중에 천구의 적도와 만나면 더위가 가시고 서늘해지며, 낮과 밤의 길이가 같아진다. 이날을 하지와 동지를 가을에서 나눈다 하여 **추분**秋分이라 불렀다.
　황도에 있는 동지, 하지, 춘분, 추분 사이사이를 정확하게

1/2로 나누어, 봄이 들어온다는 **입춘**立春, 여름이 들어온다는 **입하**立夏, 가을이 들어온다는 **입추**立秋, 겨울이 들어온다는 **입동**立冬을 정한다.

황도에 있는 동지, 입춘, 춘분, 입하, 하지, 입추, 추분, 입동, 동지 사이사이를 다시 정확하게 1/3로 나눈다. 동지와 입춘 사이에 작은 추위라는 **소한**小寒과 큰 추위라는 **대한**大寒을 둔다. 동지에서 입춘은 동지, 소한, 대한, 입춘으로 세분된다. 입춘과 춘분 사이에 눈이 녹는다는 **우수**雨水와 겨울잠에서 깬다는 **경칩**驚蟄을 둔다. 입춘에서 춘분은 입춘, 우수, 경칩, 춘분으로 세분된다. 춘분과 입하 사이에 하늘이 맑고 밝다는 **청명**淸明과 봄비가 곡식을 기름지게 한다는 **곡우**穀雨를 둔다. 춘분에서 입하는 춘분, 청명, 곡우, 입하로 세분된다. 입하와 하지 사이에 볕이 잘 든다는 **소만**小滿과 곡식의 씨앗을 뿌린다는 **망종**芒種을 둔다. 입하에서 하지는 입하, 소만, 망종, 하지로 세분된다. 하지와 입추 사이에 작은 더위라는 **소서**小暑와 큰 더위라는 **대서**大暑를 둔다. 하지에서 입추는 하지, 소서, 대서, 입추로 세분된다. 입추와 추분 사이에 더위가 물러간다는 **처서**處暑와 하얀 이슬이 보인다는 **백로**白露를 둔다. 입추에서 추분은 입추, 처서, 백로, 추분으로 세분된다. 추분과 입동 사이에, 찬 이슬이 보인다는 **한로**寒露와 서리가 내린다는 **상강**霜降을 둔다. 추분에서 입동은 추분, 한로, 상강, 입동으로 세분된다. 입동과 동지사이에 작은 눈이 내린다는 **소설**小雪과 큰 눈이 내린다는 **대설**大雪을 둔다. 입동에서 동지는 입동, 소설, 대설, 동지로 세분된다.

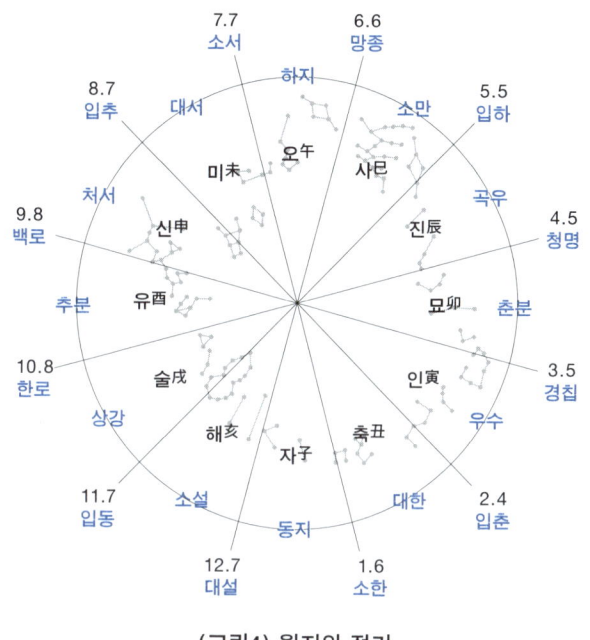

(그림4) 월지와 절기

월지는 인寅월부터 시작한다.

인寅월은 입춘에서 경칩까지, 대략 2월 4일에서 3월 4일까지다.
묘卯월은 경칩에서 청명까지, 대략 3월 5일에서 4월 4일까지다.
진辰월은 청명에서 입하까지, 대략 4월 5일에서 5월 4일까지다.
사巳월은 입하에서 망종까지, 대략 5월 5일에서 6월 5일까지다.
오午월은 망종에서 소서까지, 대략 6월 6일에서 7월 6일까지다.
미未월은 소서에서 입추까지, 대략 7월 7일에서 8월 6일까지다.
신申월은 입추에서 백로까지, 대략 8월 7일에서 9월 7일까지다.
유酉월은 백로에서 한로까지, 대략 9월 8일에서 10월 7일까지다.

술戌월은 한로에서 입동까지, 대략 10월 8일부터 11월 6일까지다.
해亥월은 입동에서 대설까지, 대략 11월 7일부터 12월 6일까지다.
자子월은 대설에서 소한까지, 대략 12월 7일부터 1월 5일까지다.
축丑월은 소한에서 입춘까지, 대략 1월 6일부터 2월 3일까지다.

한 해의 시작은 입춘이다. 2024년 갑진甲辰년은 입춘인 2월 4일 17시 27분부터 시작한다. 2024년 2월 4일 13시에 태어난 사람은 2024년 입춘 전에 태어났으므로, 태어난 해는 갑진甲辰이 아니라 직전 해인 계묘癸卯이고, 월지도 인寅이 아니라 직전 달인 축丑이다.

태양이 절기점을 지나는 시기는 매해 미세하게 조금씩 달라진다. 예를 들어 2024년은 입춘점은 2월 4일 17시 27분이나, 2025년 입춘점은 2025년 2월 4일 11시 42분이다. 한국천문연구원(www.kasi.re.kr)에서는 매년 역서를 발표한다. 대부분의 만세력 사이트나 앱에서는 이를 반영하고 있으니 걱정할 필요가 없으나, 생일이 절기날인 경우에는 확인해 볼 필요가 있다.

자연의 변화가 어느 날 갑자기 확확 바뀌는 것이 아니듯, 정서도 월지가 바뀌었다고 어느 날 갑자기 확확 바뀌지 않는다. 정서에는 흐름이 있다. 인寅월에 태어났다고 해서 인寅의 정서적 특징만 갖는 것이 아니라, 인寅월의 어느 지점에서 태어났는가에 따라 직전 월지인 축丑의 정서적 특징도 함께 가지고, 다음 월지인 묘卯의 특징도 함께 가진다.

여기에 기준이 되는 절기가 매달 중간에 있는 절기다. 인寅월 한 달의 중간, 대략 2월 20일 즈음에 있는 절기 우수를 기준으로,

우수 이전에 태어난 사람은 인寅의 정서뿐만 아니라 직전 월지인 축丑의 정서도 함께 가진다. 우수 이후에 태어난 사람은 인寅월생이지만 다음 월지인 묘卯의 정서도 함께 가진다. 우수 즈음에 태어난 사람은 인寅의 정서를 아주 강력하게 가진다.

    나머지 월지도 같다. 앞으로 전개되는 월지별 정서적 특징을 볼 때, 내가 태어난 날이 태어난 달의 중간 절기에서 어디에 위치하는지를 보고, 전후 월지의 특징을 함께 살펴보기를 바란다.

# 4. 월지별 정서

1) 인寅월

이달에는 북두칠성의 자루가 인寅을 가리키며 나타난다. 해와 달은 실室에서 만나고, 해가 질 무렵에는 삼參이, 해가 뜰 무렵에는 미尾가 남쪽 하늘 한가운데 있다.*

절기로는 입춘에서 우수를 지나 경칩 전까지, 대략 2월 4일에서 3월 4일까지가 인寅월이다. 봄이 시작되고 눈이 비가 된다. 얼어붙은 땅이 조금씩 풀리면서 새싹이 움트기 시작하고, 이른 꽃들도 한두 송이 피어난다. 인寅이라는 글자는 땅아래서 생명이 꿈틀꿈틀 움직이는 모습이다. 땅 위는 변함없이 춥지만 땅 아래서는 온갖 생명이 깨어나 움직이며 딱딱한 땅을 포슬포슬 풀어준다. 아직 추위가 남아 있지만 곧 다가올 따뜻한 세상을 기대하는 설렘으로 가득하다.

---

* 『예기禮記』 「월령편」, 『회남자淮南子』 「시칙훈」 참고, 실室, 삼參, 미尾는 28수 중 하나, (그림1) 참고.

인寅월에 태어난 사람은 인寅이 부르는 초봄의 설렘을 타고났다. 곧 다가올 따뜻한 미래에 대한 확신이 있어 낙관적이고 희망적이다. 아직도 추운데 이른 꽃망울을 터트리듯이 무언가 새롭게 시작할 때 잠재력이 폭발하고 에너지가 넘친다. 처음으로 시작하는 만큼 진취적이고 대담하지만, 긴장감과 섬세함이 부족해 섣부를 수가 있다는 점에 주의해야 한다.

모바일 시대를 개척한 애플의 스티브 잡스가 인寅월생이다.

2) 묘卯월

이달에는 북두칠성의 자루가 묘卯를 가리키며 나타난다. 해와 달은 규奎에서 만나고, 해가 질 무렵에는 귀鬼가, 해가 뜰 무렵에는 두斗가 남쪽 하늘 한가운데 있다.*

절기로는 경칩에서 춘분을 지나 청명 전까지, 대략 3월 5일에서 4월 4일까지가 묘卯월이다. 만물이 겨울잠에서 깨어나고, 바야흐로 봄이 한창인 때다. 들판에는 초록이 잔잔하게 번져가고, 개나리와 진달래가 흐드러지게 피어난다. 묘卯라는 글자는 무릅쓰고 땅을 뚫고 나오는 모습이다. 아직도 추위가 가시지 않은 공기를 뚫고 생명이 수북하게 튀어나온다. 단조롭던 무채색 세상이 한순간에 생기 가득한 유채색 세상으로 변하니 경탄이 우러나온다.

묘卯월에 태어난 사람은 묘卯가 부르는 봄의 경탄을 타고났다.

---

* 『예기禮記』「월령편」, 『회남자淮南子』「시칙훈」 참고. 규奎, 귀鬼, 두斗는 28수 중 하나, (그림1) 참고

여기저기서 튀어나오는 생명의 준동을 즐겁게 바라보고, 항상 처음 대하듯 놀라며 감탄한다. 새싹이 차가운 공기를 헤치고 일어나듯이 어려움이 있어도 용감하고 꿋꿋하게 이겨낸다. 명랑하고 생기발랄해 주변을 화사하게 물들인다. 한시도 가만히 있지 못하고 부지런하지만, 생각보다 행동이 앞서 두서가 없고 산만하다는 점은 주의할 필요가 있다.

아름다운 밤하늘에 '신은 이토록 아름다운 세상을 만들고도 서명하지 않는데……' 하고 경탄해 피에타 이후 다시는 자신의 작품에 서명하지 않았다는 르네상스 시대의 미켈란젤로가 묘卯월생이다.

3) 진辰월

이달에는 북두칠성의 자루가 진辰을 가리키며 나타난다. 해와 달은 위胃에서 만나고, 해가 질 무렵에는 성星이, 해가 떠오를 무렵에는 우牛가 남쪽 하늘 한가운데 있다.*

절기로는 청명에서 곡우를 지나 입하 전까지, 대략 4월 5일에서 5월 4일까지가 진辰월이다. 하늘은 맑고 햇살은 밝고, 부드럽고 잔잔한 봄비가 자주 내려 땅을 기름지게 한다. 오색 만발한 꽃들이 활짝 피어나고, 새 옷으로 갈아입은 나무들이 산과 들을 싱그러운 초록으로 물들인다. 진辰이라는 글자는 떨치고 펼치는 모습

---

* 『예기禮記』「월령편」, 『회남자淮南子』「시칙훈」 참고. 위胃, 성星, 우牛는 28수 중 하나, (그림1) 참고.

이다. 만물이 생명의 아름다움을 한껏 떨치고 펼친다. 밝고 활기찬 세상에 너도나도 신난다.

진辰월에 태어난 사람은 진辰이 부르는 늦봄의 신남을 타고났다. 매사에 적극적이며 활기차고 유쾌하다. 생기 넘치는 자연처럼 주변에 긍정적인 에너지를 주고, 밝고 활기찬 기운을 펼친다. 끝 모르고 자라는 나무처럼 항상 더 높아지고 더 나아지려 하는 마음이 강하다. 마음뿐만 아니라 실행력도 강해서 목표가 생기면 뒤돌아보지 않고 전투적으로 돌진한다. 목표나 목적에만 돌진하다 보면 사소하지만 필요한 것들을 놓칠 수 있다는 점에 주의해야 한다.

작은 모자, 꽉 끼는 윗도리, 헐렁한 바지, 큼직한 구두, 콧수염으로 무성영화 시대를 풍미했던 코미디언 찰리 채플린이 진辰월생이다.

4) 사巳월

이달에는 북두칠성의 자루가 사巳를 가리키며 나타난다. 해와 달은 필畢에서 만나고, 해가 질 무렵에는 익翼이, 해가 떠오를 무렵에는 여女가 남쪽 하늘 한가운데 있다.*

절기로는 입하에서 소만을 지나 망종 전까지, 대략 5월 5일에서 6월 5일까지가 사巳월이다. 여름이 시작되고, 풍부한 햇볕에 만물이 빽빽이 들어서서 시야에 가득 찬다. 색과 향이 짙은 꽃들이

---

* 『예기禮記』「월령편」,『회남자淮南子』「시칙훈」 참고. 필畢, 익翼, 여女는 28수 중 하나, (그림1) 참고.

활짝 피어 눈과 코가 즐거워지는 다채로운 세상이 된다. 사巳라는 글자는 이미 속을 크게 채워 한창 왕성한 모습이다. 따뜻한 공기와 촉촉한 초여름 비에 초록은 더욱 짙어지고, 나무에도 들에도 꽃들이 빼곡히 들어서 고개를 들고 마주한다. 생명력이 절정에 달한 만물이 의기양양하게 자신감을 뽐낸다.

사巳월에 태어난 사람은 사巳가 부르는 초여름의 의기양양함, 자신감을 타고났다. 가진 것 하나 없어도, 세상 어디에 데려다 놔도 주눅 들지 않는다. 쏟아지는 햇살에 왕성하게 자라나는 자연처럼 에너지와 의욕이 넘친다. 열린 마음과 개방적인 태도가 있어 사교적이고 활동적이다. 이미 절정에 이르러 왕성한 현재에 집중하므로, 지나간 과거나 다가올 미래에 대한 성찰과 대비가 부족해 주의할 필요가 있다.

백성들의 복지에 힘쓰며 국방에서 음악까지 두루 능통한 세종대왕이 사巳월생이다.

5) 오午월

이달에는 북두칠성의 자루가 오午를 가리키며 나타난다. 해와 달은 정井에서 만나고, 해가 질 무렵에는 항亢이, 해가 뜰 무렵에는 위危가 남쪽 하늘 한가운데 있다.*

절기로는 망종에서 하지를 지나 소서 전까지, 대략 6월 6일에

---

* 『예기禮記』「월령편」, 『회남자淮南子』「시칙훈」 참고. 정井, 항亢, 위危는 28수 중 하나, (그림1) 참고

서 7월 6일까지가 오午월이다. 보리를 베고 벼를 심으며, 바야흐로 여름이 한창이다. 1년 중 해가 가장 높이 떠서, 세상을 가장 길게 비춘다. 만물은 위로 향하는 성장을 끝내고 옆으로 퍼지기 시작한다. 오午라는 글자는 왕성한 세력과 기운이 시끌벅적하게 널리 퍼지는 모습이다. 만물은 저마다의 세력과 기운을 나누고 받으며 서로서로 기뻐한다.

오午월에 태어난 사람은 오午가 부르는 한여름의 기쁨을 타고났다. 페스티벌이나 케이팝 콘서트처럼 시끌벅적하고 흥겨운 분위기가 가득하다. 작렬하는 햇빛에 만물이 교류하며 서로를 주고받듯, 다른 사람과의 소통과 사교에 아주 능하다. 전쟁 중에도 흥을 일으키는 사람이 있다면, 오午월에 태어난 사람일 것이다. 시끌벅적하고 활기찬 분위기를 좋아하며, 재미없고 심심한 것을 유달리 견디기 힘들어한다. 투기나 향락을 좋아하는데, 지나쳐서 몸과 마음이 힘들고 경제적 곤란을 겪을 수 있으니 주의해야 한다.

칼 마르크스, 빅토르 위고, 투르게네프, 리스트, 쇼팽 등 당대의 유명 인사와 교분을 나누며 19세기 후반 프랑스 사교계를 주도했던 작가 조르주 상드가 오午월생이다.

6) 미未월

이달에는 북두칠성의 자루가 미未를 가리키며 나타난다. 해와 달은 류柳에서 만나고, 해가 질 무렵에는 심心이, 해가 떠오를 무렵에는 규奎가 남쪽 하늘 한가운데 있다.*

절기로는 소서에서 대서를 지나 입추 전까지, 대략 7월 7일에서 8월 6일까지가 미未월이다. 한 달 내내 본격적인 더위와 장마가 계속된다. 높은 온도와 습도는 만물에 농염함을 더한다. 미未라는 글자는 만물이 모두 성장해 울창하고 무성한 세상에서, 어둑어둑 짙은 그늘을 드리운 모습이다. 앞만 보고 달려온 성취의 그림자가 허무하다. 태어나 일어나서 자라고 가득차서 시끌벅적 맹위를 떨쳤던 모든 순간이 덧없다.

미未월에 태어난 사람은 미未가 부르는 늦여름의 허무를 타고 났다. 아무 일이 없어도, 아니 일이 잘 풀리고 좋은 결과가 예견되어도 문득 허전하고 아쉽다. 바위에 매달려 오르는 것에만 집중하는데, 갑자기 바위가 신기루처럼 사라지고 허공에 손을 내밀고 있는 것 같은 아찔한 현기증을 느낀다. 균형 감각이 있어 쉽게 휩쓸리지 않고 행동이 조심스러워 품위가 있지만, 평온한 표정과 행동과는 달리 마음은 갈팡질팡해 갈피를 잡지 못한다. 지나치면 불안과 염려가 정신을 위태롭게 할 수 있음을 알고 주의해야 한다.

콤플렉스 심리학, 분석 심리학의 창시자인 칼 구스타프 융이 미未월생이다.

7) 신申월

이달에는 북두칠성의 자루가 신申을 가리키며 나타난다. 해와 달은 익翼에서 만나고, 해가 질 무렵에는 두斗가, 해가 떠오를 무렵에

---

* 『예기禮記』 「월령편」, 『회남자淮南子』 「시칙훈」 참고. 류柳, 심心, 규奎는 28수 중 하나, (그림1) 참고

는 필畢이 남쪽 하늘 한가운데 있다.*

절기로는 입추에서 처서를 지나 백로 전까지, 대략 8월 7일에서 9월 7일까지가 신申월이다. 가을이 시작되고 더위가 점점 사라진다. 햇볕이 내리쬐는 시간도 줄어들고, 장마도 물러나 습도도 많이 낮아진다. 만물은 점점 수축하고 단단해진다. 신申이라는 글자는 거듭 되풀이해 단단해지는 모습이다. 이 시기는 꽃보다 열매다. 외연을 넓히는 것보다 내실을 다지는 데 집중한다. 악기를 연주하기 위해 줄을 팽팽하게 당길 때처럼 만물에 긴장감이 돈다.

신申월에 태어난 사람은 신申이 부르는 초가을의 긴장을 타고났다. 다가올 미래에 대해 회의적이고 비관적이다. 아직도 더운 세상인데 서늘함을 느끼며, 미래를 준비하고 대비한다. 겉보다 속을 알차게 다지는 실속파이고, 거듭 되풀이해 계속할 수 있는 끈기와 집요함이 있어 한번 시작하면 끝을 맺는다. 생각이 확고해 신념이 강하지만, 지나치면 유연함이 모자라 고집불통이 될 수 있음을 주의해야 한다.

어두운 충동에 시달리면서도 끊임없이 고뇌하며 끝내 구원받는 『파우스트』의 대문호 요한 볼프강 폰 괴테가 신申월생이다.

8) 유酉월

이달에는 북두칠성의 자루가 유酉를 가리키며 나타난다. 해와 달

---

* 『예기禮記』「월령편」, 『회남자淮南子』「시칙훈」 참고. 익翼, 두斗, 필畢은 28수 중 하나, (그림1) 참고.

은 각角에서 만나고, 해가 질 무렵에는 우牛가, 해가 뜰 무렵에는 자觜가 남쪽 하늘 한가운데 있다.*

절기로는 백로에서 추분을 지나 한로 전까지, 대략 9월 8일에서 10월 7일까지가 유酉월이다. 아침이면 풀잎에 맺힌 하얀 이슬이 보이고, 바야흐로 가을이 한창이다. 벼가 고개를 숙이고 과일이 익어간다. 유酉라는 글자는 매달려 가만히 머무르며 익어가는 모습이다. 숙성에는 적정 온도와 습도가 중요하다. 온도가 적절해야 부패하지 않고, 습도가 적절해야 세균 침입과 수분 손실을 막을 수 있다. 적정 온도와 습도를 유지하려 신경이 곤두서고 예민해진다.

유酉월에 태어난 사람은 유酉가 부르는 가을의 예민함을 타고났다. 숙성이 완성되어 완벽한 상태가 될 때까지 가만히 매달려 있기 위해 안간힘을 쓴다. 저 바람에 세균이 날아오지 않을까, 이 비에 떨어져 망가지지 않을까, 늘 경계하고 꺼려한다. 완벽에 오점을 허용하지 않으며, 완성도 높은 아름다움을 추구한다. 깨진 유리를 붙여 놓은 항아리처럼 민감하고 섬세하다. 오염에 취약해 청결에 집착하는 경향이 있다. 지나친 결벽과 강박을 주의할 필요가 있다.

거창한 배경이나 충격적인 환경보다는 일상을 배경으로, 장소와 인물에 대한 예리한 감각으로, 빈틈 없는 완벽한 설정과 전개로 아직까지 추리소설의 거장으로 인정받고 있는 애거사 크리스티가 유酉월생이다.

---

* 『예기禮記』「월령편」, 『회남자淮南子』「시칙훈」 참고. 각角, 우牛, 자觜는 28수 중 하나, (그림1) 참고.

9) 술戌월

이달에는 북두칠성의 자루가 술戌을 가리키며 나타난다. 해와 달은 방房에서 만나고, 해가 질 무렵에는 허虛가, 해가 떠오를 무렵에는 류柳가 남쪽 하늘 한가운데 있다.*

절기로는 한로에서 상강을 지나 입동 전까지, 대략 10월 8일에서 11월 6일까지가 술戌월이다. 밤의 기온이 매우 낮아져 아침에 찬 이슬이 보이기 시작하더니 점점 서리가 낀다. 추수를 끝낸 논밭이 휑하고, 부족한 햇살과 찬 공기에 물 마른 나뭇잎들이 후드득 떨어진다. 술戌이라는 글자는 만물이 겉을 벗고, 모두 땅으로 떨구어 없어지는 모습이다. 점점 횡해져 가는 세상이 고독하고 쓸쓸하다.

술戌월에 태어난 사람은 술戌이 부르는 늦가을의 쓸쓸함을 타고났다. 황금빛 들판을 보내고 오색 단풍도 보낸 후, 홀로 남은 마른 나뭇가지처럼 고독하고 처연하다. 높고 투명한 하늘처럼, 시원하게 불어오는 바람처럼, 마음이 맑고 청량하다. 더 이상 잃을 것이 없기에 머뭇거림이나 주저함이 없고 과단성이 있다. 지나치게 염세적이고 냉소적이 되지 않도록 주의할 필요가 있다.

무소유 정신을 평생 실천한 법정스님이 술戌월생이다.

10) 해亥월

이달에는 북두칠성의 자루가 해亥를 가리키며 나타난다. 해와 달

---

* 『예기禮記』「월령편」,『회남자淮南子』「시칙훈」참고. 방房, 허虛, 류柳는 28수 중 하나, (그림1) 참고.

은 미尾에서 만나고, 해가 질 무렵에는 위危가, 해가 떠오를 무렵에는 성星이 남쪽 하늘 한가운데 있다.*

절기로는 입동에서 소설을 지나 대설 전까지, 대략 11월 7일에서 12월 6일까지가 해亥월이다. 겨울이 시작되고 눈이 내리기 시작한다. 햇볕이 귀하고 먹을 것이 없어진다. 에너지 소모를 최소로 줄이기 위해 동면하는 동물들은 땅굴로 숨고, 나무는 마지막 잎새를 떨어뜨린다. 움직이는 모든 것이 땅으로 들어가 시야에서 사라진다. 해亥라는 글자는 땅 위로 뚫린 문을 닫고 땅속에서 핵심을 보존하는 모습이다. 처음으로 맞이하는 어둡고 냉랭한 땅속 세상이 막막하고 두렵다.

해亥월에 태어난 사람은 해亥가 부르는 초겨울의 두려움을 타고났다. 이유를 알 수 없는 막연한 공포심이 있다. 핵심 에너지를 보존하기 위해 어떠한 침입도 허용하지 않는 초겨울의 자연처럼 폐쇄적이고 비밀스럽다. 안전을 우선시하고, 조용하고 차분하며, 있는 그대로를 지키려는 보수적 성향이 강하다. 사교에 서툴러 대인관계에 어려움이 있으나, 어떠한 현실로도 흐려지지 않는 순수함을 간직하고 있다.

처절하지만 눈부시게 아름다운 생명과 인간을 찬미한 소설가 박경리가 해亥월생이다.

---

* 『예기禮記』「월령편」, 『회남자淮南子』「시칙훈」 참고. 미尾, 위危, 성星은 28수 중 하나, (그림1) 참고.

11) 자子월

이달에는 북두칠성의 자루가 자子를 가리키며 나타난다. 해와 달은 두斗에서 만나고, 해가 질 무렵에는 벽壁이, 해가 뜰 무렵에는 진軫이 남쪽 하늘 한가운데 있다.*

절기로는 대설에서 동지를 지나 소한 전까지, 대략 12월 7일에서 1월 5일까지가 자子월이다. 큰 눈이 내리고, 바야흐로 겨울이 한창이다. 1년 중 해가 가장 낮게 떠서, 세상을 가장 짧게 비춘다. 어둡고 냉랭한 세상에 차고 매서운 바람만 몰아친다. 고요하고 적막한 땅 위 세상과는 달리 땅속에서는 생명의 씨앗이 나타나 점점 불어나기 시작한다. 자子라는 글자는 땅 아래에서 처음 싹터서 점점 불어나는 모습이다. 한겨울의 혹독한 시련 속에서 서로에게 공감하고 슬픔을 나누며 하나씩 둘씩 불려 나간다.

자子월에 태어난 사람은 자子가 부르는 한겨울의 슬픔을 타고났다. 얼어붙은 호수와 눈 덮인 언덕처럼 고요하고 적막하다. 에이는 칼바람처럼 매서운 면도 있다. 하지만 마음으로는 다른 사람들과 가장 정서적으로 공감할 수 있는 깊은 슬픔이 있다. 혹독한 세상에서 생명의 씨앗을 불리고 있는 만큼 야망과 포부도 크다. 가장 근원적인 정서인 슬픔과 가장 아래에서 일어나는 야망은 선이 굵은 인물이 될 가능성을 높여준다.

평화와 슬픔을 웅장하게 노래하는 애니메이션의 거장 미야자

---

* 『예기禮記』「월령편」, 『회남자淮南子』「시칙훈」 참고. 두斗, 벽壁, 진軫은 28수 중 하나, (그림1) 참고

키 하야오가 자子월생이다.

12) 축丑월

이달에는 북두칠성의 자루가 축丑을 가리키며 나타난다. 해와 달은 여女에서 만나고, 해가 질 무렵에는 루婁가, 해가 떠오를 무렵에는 저氐가 남쪽 하늘 한가운데 있다.*

절기로는 소한에서 대한을 지나 입춘 전까지, 대략 1월 6일에서 2월 3일까지가 축丑월이다. 한 달 내내 본격적인 추위가 계속된다. 어둠 속에서 빛이 싹트고 상처에서 새살이 돋듯, 가장 혹독한 자연 속에서 생명이 나타난다. 축丑이라는 글자는 이빨을 끈으로 묶어 입을 벌리지 못하게 하는 모습이다. 땅속에는 이미 생명이 드글드글하지만 땅 위 세상은 너무 추우니 섣불리 나가지 못하도록 얽어맨다. 엄동설한에 때를 기다리며 참고 견디는 언짢음이 있다.

축丑월에 태어난 사람은 축丑이 부르는 늦겨울의 기다림과 언짢음을 타고났다. 언 땅에 묻혀 있는 메마른 풀뿌리처럼, 찬바람에 흔들리면서도 꿋꿋이 서 있는 푸석한 나무처럼, 힘겹게 때를 기다린다. 겨울 추위 속에서도 꿋꿋이 피어 있는 설화 속의 인동초처럼 강한 인내심이 있지만, 인내에 수반되는 어쩔 수 없는 언짢음이 있다. 평소에는 겁이 많은 편이고, 말이나 행동에 주저함이 많다. 너무 속으로 다지다 가끔씩 폭발할 때도 있으니, 주의할 필요가 있다.

---

* 『예기禮記』「월령편」,『회남자淮南子』「시칙훈」 참고. 여女, 루婁, 저氐는 28수 중 하나, (그림1) 참고

조선 말기 세도가의 핍박을 견디며 준비하다 끝내 정권을 장악한 흥선대원군이 축丑월생이다.

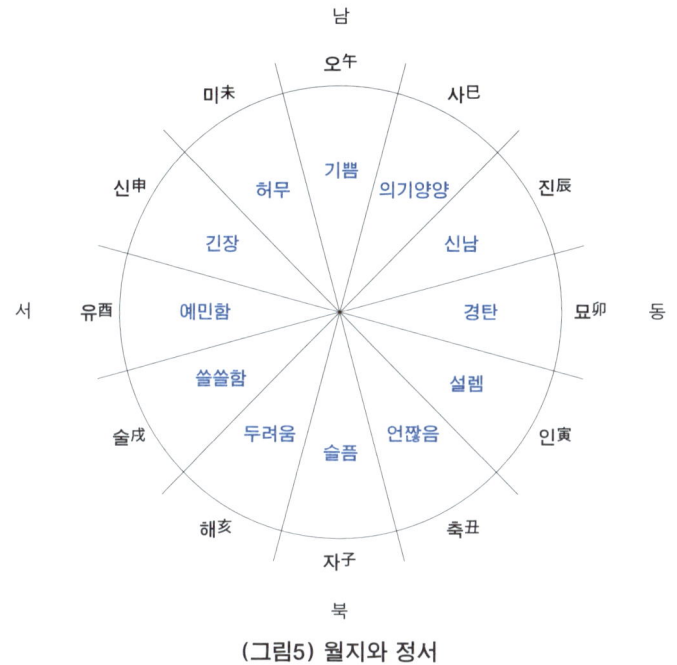

(그림5) 월지와 정서

인寅의 설렘, 묘卯의 감탄, 진辰의 신남, 사巳의 의기양양, 오午의 기쁨, 미未의 허무, 신申의 긴장, 유酉의 예민함, 술戌의 쓸쓸함, 해亥의 두려움, 자子의 슬픔, 축丑의 언짢음의 정서는 연지, 일지, 시지에 있어도 같은 의미를 가진다. 다만 월지의 기운이 가장 강하므로 월지의 정서가 나의 주된 정서다. 나머지 자리에 있는 지지는 월지와 같은 방향에 있으면 월지의 정서를 확장하고, 월지와 반대 방향에 있으면 월지의 정서를 제어한다.

III. 열두 개의 지지

　이 사주의 경우 연지 진辰과 일지 묘卯는 같은 동쪽 별자리 정서로, 월지 진辰의 신남의 정서를 더욱 강화한다. 감탄과 신남이 시너지를 일으켜, 누구를 대하더라도 상대방의 말과 행동에 신나하며 감탄한다. 소위 리액션이 아주 좋다. 반면 시지 유酉는 동쪽과 반대편에 있는 서쪽 별자리 정서다. 동쪽 별자리 월지인 사람에게는 찾아볼 수 없는 예민함도 어느 정도 갖추고 있다. 진辰월생의 신남은 흥분의 정서라 실수가 잦은데, 유酉의 차분함과 예민함이 흥분을 적절히 제어해 큰 실수를 막아준다.

5. 월지와 MBTI

MBTI의 모태가 된 융의 『심리유형론』에서는 세상을 '나'와 '외부'로 나눈다. 가족, 친구, 사회, 국가, 뿐만 아니라 정치, 경제, 사회, 문화 등 세상에서 나를 제외한 모든 것이 '외부'다. 나는 외부에 비하면 보잘것없이 작고 미미하지만 내가 없으면 외부도 없으므로, 세상의 거의 전부라고 할 수 있는 외부와 나는 대등하게 대립하고 상반된 존재다. 외부라는 말은 학문적으로 엄격한 용어라 별로 와닿지 않으므로, 앞으로 외부를 세상이라 표현하겠다. 외부는 나를 제외한 세상 모두를 말하므로 이해하는 데 별 무리가 없을 것이다.

'나의 관심이 세상으로 향하는가, 나에게로 향하는가'라는 관심 방향 지표로, 융은 외향형(Extroversion, 이하 'E'로 표기)과 내향형(Introversion, 이하 'I'로 표기)을 제시한다. 나의 관심이 주로 외부 대상, 사람, 사건 등 객관적 대상을 향해 있으면 외향형(E)이다. 나의 관심이 주로 자신의 내적 사유, 상상, 감정 등 주관적 주체를 향해 있으면 내향형(I)이다. 이러한 구분은 단순히 '사람을 좋아하느냐, 혼자 있기를 좋아하느냐' 같은 행동적 특징이 아니라, 인식과 판단의 근거가 '외부의 객관적 대상에 있느냐, 나의 내적 표상에 있느냐'는 심리적 태도를 말한다. 여기에 MBTI를 창시한 마이어스Isabel B. Myers와 브릭스Katharine C. Briggs는 내가 세상과 상호작용할 때 어떤 태도로 적응하는가에 따라 인식형(Perceiving, 이하 'P'로 표기)과 판단형(Judging, 이하 'J'로 표기)을 추가했다. 세상에 대한 정보를 수집하고, 개방적이고 융통성 있게 가능성을 탐색하려는 태도가 강하면 인식형(P)이다. 세상에 대해 결정을 내리고 구조화해 계획적이고 체계적으로 통제하려는 태도가 강하면 판단형(J)이다. 이러한 구분 또한 심리적 태도에 달린 것이지 계획성이나 즉흥성과 같은 행동적 특징을 직접적으로 의미하지는 않는다.

사주에서 세상에 대한 나의 태도 지표는 월지가 정한다. 월지는 '나'라는 자연이 가지고 있는 고유의 정서를 말한다. 세상으로 발산하는 정서를 타고 나면 외향형(E), 나에게로 수렴하는 정서를 타고 나면 내향형(I)이다. 빠르게 변화하고 발전하는 세상을 탐색하려는 정서가 강하면 인식형(P), 천천히 변화하고 사그라지는 세상을 일정한 논리나 기준에 따라 판단하려는 정서가 강하면 판단형(J)이다.

MBTI에서는 51퍼센트 외향형(E)과 100퍼센트 외향형(E)을 구별하지 않지만, 사주에서는 지표마다 스펙트럼으로 구별한다. 또한 완전한 51퍼센트 외향형(E)이나 100퍼센트 외향형(E)은 없다. 잠시도 멈추지 않고 움직이는 우주나 자연처럼 사람의 정서도 고정적이 아니라 움직이기 때문이다. 51퍼센트 외향형(E)인 사람은 자신이 내향형(I)인지 외향형(E)인지 혼란스러울 가능성이 있으며, 100퍼센트 외향형(E)인 사람은 어쩌다 자신이 내향형(I) 같을 때 당황할 수도 있다.

내가 세상을 어떻게 인식하고 판단하는가에 따른 나의 내부 심리 기능을 분류한 감각형(Sensing)과 직관형(iNtuition), 사고형(Thinking)과 감정형(Feeling) 지표는 뒷장에서 볼 일간과 월지의 관계인 '기질'과 관련되어 있으므로 다음 장에서 설명하기로 한다.

1) 외향형(E)과 내향형(I) - 관심 방향 스펙트럼

경탄의 묘卯, 신남의 진辰, 의기양양의 사巳, 기쁨의 오午, 허무의 미未, 긴장의 신申월에 태어난 사람은 외향형(E)이다. 만물이 겨울잠에서 깨어나는 경칩驚蟄(3월 5일경)에서 하얀 이슬이 보인다는 백로白露(9월 8일경) 전까지의 자연처럼, 이들은 화려하고 다채로운 세상과 함께하느라 자신에게 관심을 돌릴 겨를이 없다. 관심 방향이 세상으로 향한다. 이들 중에서도 태양이 가장 높이 떠서 널리 비추고 만물이 한껏 성장해 우거지기 시작하는 하지夏至(6월 22일경)가 속한 오午월생이 극외향형이다. 묘卯월생부터 외향형(E)에 속하며, 진辰, 사巳 순으로 외향성(E)이 커지고, 오午에서 외향형(E)의 절정을 이루며, 미未, 신申 순으로 외향성(E)이 급격히 작아진다.

예민함의 유酉, 쓸쓸함의 술戌, 두려움의 해亥, 슬픔의 자子, 언짢음의 축丑, 설렘의 인寅월에 태어난 사람은 내향형(I)이다. 찬 이슬이 보이기 시작하는 백로白露(9월 8일경)에서 만물이 겨울잠에서 깨어나는 경칩驚蟄(3월 5일경) 전까지의 자연처럼, 겉은 고요하고 적막

III. 열두 개의 지지

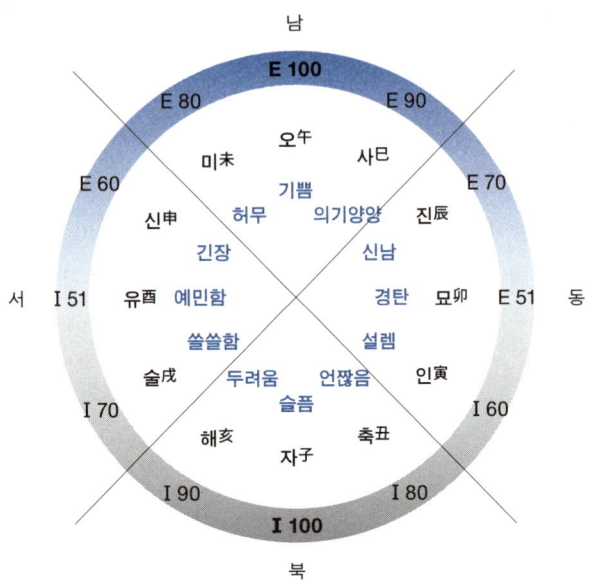

(그림6) 월지별 외향형(E)-내향형(I) 스펙트럼

하지만 속은 씨앗을 보존해 다음 세상을 기약하는 자연처럼, 이들은 내실을 다지는 자신에게 관심이 있다. 관심 방향이 나에게로 향한다. 이들 중에서도 태양이 가장 낮게 떠서 짧게 비추고 모든 것이 땅으로 떨어져 만물이 땅속에서 웅크리고 있는 동지冬至(12월 22일경)가 속한 자子월생이 극내향형이다. 유酉월생부터 내향형(I)에 속하며, 술戌, 해亥 순으로 내향성(I)이 커지다가, 자子에서 내향형(I)의 절정을 이루며, 축丑, 인寅 순으로 내향성(I)이 급격히 작아진다.

2) 인식형(P)과 판단형(J) - 적응 태도 스펙트럼

슬픔의 자子, 언짢음의 축丑, 설렘의 인寅, 경탄의 묘卯, 신남의 진辰, 의기양양의 사巳월에 태어난 사람은 인식형(P)이다. 땅속에서 만물의 맹아가 움트기 시작하는 대설大雪(12월 8일경)에서 다 자라 곡식의 씨앗을 뿌리는 망종芒種(6월 6일경) 전까지의 자연처럼, 이들은 성장을 위해 세상을 스펀지처럼 흡수한다. 성장할 때는 가지런하고 반듯하게 자라기 힘들 듯 체계나 질서가 없고, 삶이 개방적이고 융통성 있다. 이들 중에서 봄에 밤낮의 길이가 같아지는 춘분春分(3월 22일경)이 속한 묘卯월생이 극인식형이다. 자子월생부터 인식형(P)에 속하며, 축丑, 인寅 순으로 인식성이 커지고, 묘卯에서 인식

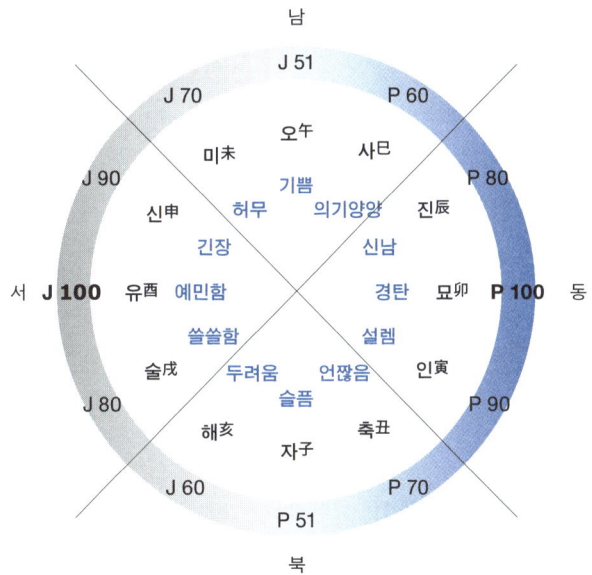

(그림7) 월지별 인식형(P)-판단형(J) 스펙트럼

형(P)의 절정을 이루다가 진辰, 사巳 순으로 인식성(P)이 급격히 작아진다.

기쁨의 오午, 허무의 미未, 긴장의 신申, 예민함의 유酉, 쓸쓸함의 술戌, 두려움의 해亥월에 태어난 사람은 판단형(J)이다. 곡식의 씨앗을 뿌리기 시작하는 망종芒種(6월 6일경)에서 큰 눈이 내린다는 대설大雪(12월 7일경) 전까지의 자연처럼, 이들은 성장보다는 먼 훗날의 새로운 생명(가치)을 위해 자신을 준비하는 데 힘쓴다. 성장할 때는 마구 자라지만, 준비할 때는 계획적이고 체계적이다. 삶이 계획적이고 통제적이다. 이들 중에서 가을에 밤낮의 길이가 같아지는 추분秋分(9월 23일경)이 속한 유酉월생이 극판단형이다. 오午월생부터 판단형(J)에 속하며, 미未, 신申 순으로 판단성(J)이 커지고, 유酉에서 판단형(J)의 절정을 이루다가 술戌, 해亥순으로 판단성(J)이 급격히 작아진다.

3) 월지별 관심 방향 - 적응 태도의 MBTI

월지별 관심 방향-태도 MBTI

월지	인寅	묘卯	진辰	사巳	오午	미未	신申	유酉	술戌	해亥	자子	축丑
태도	IP	EP	EP	EP	EJ	EJ	EJ	IJ	IJ	IJ	IP	IP

기본적으로 인寅월생은 IP, 묘卯월생은 EP, 진辰월생은 EP, 사巳월생은 EP, 오午월생은 EJ, 미未월생은 EJ, 신申월생은 EJ, 유酉월생은 IJ, 술戌월생은 IJ, 해亥월생은 IJ, 자子월생은 IP, 축丑월생은 IP다.

관심 방향(I-E)의 경계선에 있는 묘卯월생, 유酉월생과 적응 태도 (P-J)의 경계선에 있는 자子월생, 오午월생은 옆에 있는 지지에 영향을 받는다. 묘卯월생인데 옆에 있는 연지나 일지가 남쪽 방향에 있는 지지면 외향성(E)이 강화되고, 북쪽 방향에 있는 지지면 내향성(I)이 강화된다. 오午월생인데 옆에 있는 연지나 일지가 서쪽 방향에 있는 지지면 판단성(J)이 강화되고, 동쪽 방향에 있는 지지면 인식성(P)이 강화된다. 또한 동북쪽 방향에 있는 인寅월생이라 하더라도 나머지 지지가 모두 남서쪽 방향에 있다면 외향형(E)과 판단형(J)의 성향도 무시하지 못할 정도로 가지고 있다. 다만 나머지 지지의 성향을 모두 합쳐도 월지의 성향을 능가하지는 못한다.

IV

나의 기질

1. 기질의 다섯 나라 이야기

아주 오랜 옛날, 비比라는 나라가 있었다. 비比나라는 인印나라와 식食나라와 이웃한다. 비比나라와 이웃하지 않는 건너편에는 재財나라와 관官나라가 있다.

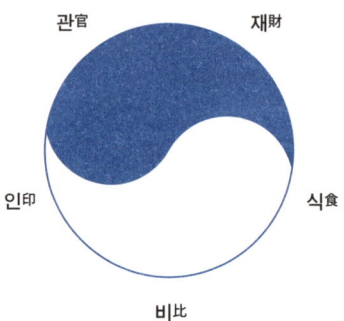

(그림8) 비식재관인, 다섯 나라 배치도

비比와 이웃하는 식食나라와 인印나라는 기후나 자연환경, 풍습이나 규범이 비比와 비슷하지만, 비比와 이웃하지 않는 재財나라와 관官나라는 모든 것이 비比나라와 다르다. 비比나라가 여름이 계속되는 곳이라면, 재財나라와 관官나라는 겨울이 계속되는 곳이다. 비比나라가 광활한 평야와 끝없는 바다가 있는 곳이라면, 재財나라와 관官나라는 산맥과 강물이 얽히고설켜 한 발자국도 쉽게 내딛을 수 없는 곳이다. 비比나라가 짧은 낮잠을 권장하는 곳이라면, 재財나라와 관官나라에서 나태는 허용되지 않는다. 재財나라와 관官나라는 모든 것이 비比나라와 상반된다.

비比나라 왕에게는 다섯 아들이 있었다.

비比나라 왕의 첫째 아들은 강대국이면서 적국인 관官나라에 볼모로 가 있다. 비比나라는 최근 관官나라 옆에 있는 적국 재財나라와의 전쟁에서 승리했다. 관官나라는, 비比나라가 바로 옆에 있는 재財나라를 정복했으므로 관官나라를 귀찮게 하지 않을까 하는 염려에 화친의 증표로 첫째 아들을 요구했다. 관官나라의 요구를 거절하면 기껏 정벌한 재財나라까지 잃을 수 있기에, 비比나라는 할 수 없이 첫째 아들을 관官나라에 볼모로 보냈다.

비比나라 왕은 속국인 재財나라에는 야심이 큰 셋째 아들을 보냈다. 비比나라가 재財나라를 정복하기는 했지만, 재財나라의 토착 기득권이 만만치 않고, 민심도 어수선해서 해야 할 일이 많다.

비比나라와 이웃하는 식食나라에는 둘째 아들을 보냈다. 식食나라는 국경에 금은 그어 놓았지만 아직 개척하지 않은 불모지다. 아직 개척되지 않아서인지 거칠지만 신비롭고 몽환적인 분위기가 있다. 조금 튀는 둘째 아들이 관심을 보여 일찌감치 식食나라로 보내 마음껏 개척해 보라 했다.

넷째 아들은 이웃하는 인印나라에 가 있다. 인印나라는 왕비의 고향이다. 인印나라 왕은 비比나라에 왕비로 보낸 딸 외에 후사가 없었기에 왕비 소생 아들 중 한 명을 늘 왕위 후계자로 요청해 왔다. 비比나라 왕은 왕비와 의논 끝에 넷째 아들을 인印나라로 보냈다.

다섯째 아들은 비比나라에서 키워서 비比나라를 물려주기로 했다. 다섯째 아들에게 비比나라는 환경과 풍속에 익숙한 곳이라 크게 어려울 것이 없었다.

2. 기질, 일간과 월지의 관계

철학자 칸트Emmanuel Kant는 '기질은 천성이 인간을 형성하는 것이고 성격은 의도적인 사고와 행동 및 미덕의 적용을 통해 사람이 스스로를 형성하는 것'이라 했다.* '기질은 생애 초기부터 관찰되고 평생을 통해 변하지 않는 정서, 운동, 반응성 및 자기 통제에 대한 안정적인 개인차'라고 심리학 교과서는 말한다. 즉 기질은 타고나는 것이다.

명리학에서도 기질은 타고난다. 내가 태어난 순간 마주하는 별자리 배치도인 사주가 나의 기질을 정한다. 특히 주된 기질은 일간과 월지의 관계로 정해진다. 나의 정체성을 말하는 일간이 어떤 월지에 놓여 있는지에 따라 기질이 달라진다. 일간은 나를 의미하고, 월지는 외부 중 나에게 가장 지배적인 영향을 주는 글자다. 비比나라의 다섯 왕자는 모두 고향이 같지만 각각 다른 환경과 풍습에 놓였다. 이처럼 일간이 고향과 다른 환경의 월지에 놓였을 때,

* 『실용적 관점에서의 인간학Anthropologie in pragmatischer Hinsicht』(1978)

IV. 나의 기질

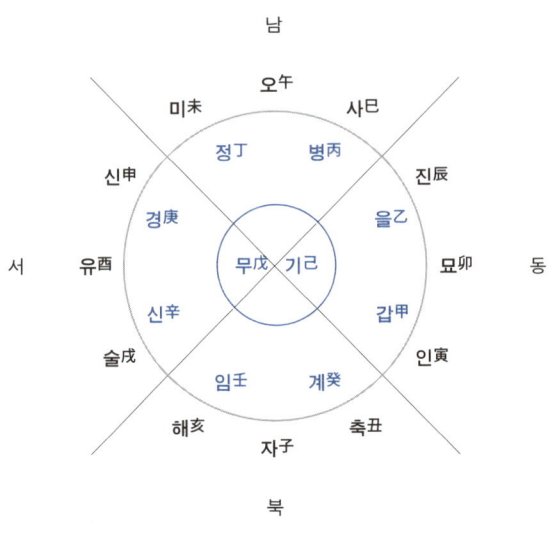

(그림9) 천간과 지지 배치도

일간이 월지를 어떻게 인식하고 판단하느냐에 따라 기질이 정해진다.

위 그림은 하늘의 방위로 본 천간과 지지 배치도다. 천간 갑甲과 을乙은 지지 인寅, 묘卯, 진辰 동쪽 방위가 고향이다. 천간 병丙과 정丁은 지지 사巳, 오午 남쪽 방위가 고향이다. 천간 경庚과 신辛은 지지 신申, 유酉, 술戌 서쪽 방위가 고향이다. 천간 임壬과 계癸는 지지 해亥, 자子, 축丑 북쪽 방위가 고향이다. 무戊와 기근는 중앙에 위치해 출신 방위를 말할 수 없으나, 남쪽에서 서쪽으로 넘어가는 미未에 근거지가 있다.*

---

* 『회남자』「시칙훈」, '…북두칠성의 자루가 미未를 가리키면 …그 방위는 중앙

일간이 경庚인 사람이 사巳월에 태어난 경우를 생각해 보자. 경庚은 서쪽 방위인 신申, 유酉, 술戌이 고향이다. 속으로부터 여물고 단단해 확실하고 다부지게 세상의 변화를 이끄는 경庚 일간은 점점 차고 냉해지는 신申, 유酉, 술戌월에 놓여야 안정적으로 자아를 실현할 수 있다. 쏟아지는 햇살에 빛과 열이 가득 차, 만물이 의기양양 팽창하는 사巳월에 놓인 경庚은 마치 강대국에 볼모로 잡혀간 비比나라 첫째 아들처럼 불안하다. 여물기는커녕 쏟아지는 햇살에 녹아 없어지지 않을까 전전긍긍하며 조심하는 기질이 될 것이다. 반면 일간이 병丙인 사람이 사巳월에 태어난 경우는 다를 것이다. 항상 주도적인 위치에서 능동적이고 적극적으로 이끄는 병丙 일간은 강렬한 햇살에 만물이 모두 일어나 위를 보고 있는 사巳월이 자아를 실현하기에 제격이다. 일간 병丙의 처지는 고향인 비比나라에서 마음껏 뜻을 펼치는 막내 아들의 경우와 같다. 호방하고 오만한 기질이 될 것이다.

이처럼 일간과 월지의 관계에 따라 주된 기질이 만들어진다. 나의 사주에서 일간과 월지에 해당하는 글자를 보고, 나의 일간과 월지가 위 그림에서 각각 어디에 위치하는지 확인하고, 다음 표에서 자신의 주된 기질이 무엇인지 살펴보자.

이고, 그 날은 무기에 해당하고… …超撓指未 …其位中央, 其日戊己'

IV. 나의 기질

일간별 기질 분류표

월지＼일간	갑甲을乙	병丙정丁	무戊기己	경庚신辛	임壬계癸
인寅묘卯진辰	비比기질	인印기질	관官기질	재財기질	식食기질
사巳오午	식食기질	비比기질	인印기질	관官기질	재財기질
미未	재財기질	식食기질	비比기질	인印기질	관官기질
신申유酉술戌	관官기질	재財기질	식食기질	비比기질	인印기질
해亥자子축丑	인印기질	관官기질	재財기질	식食기질	비比기질

1) 관官기질

"아무것도 하지 않으면, 아무 일도 일어나지 않는다."

일간	갑甲을乙	병丙정丁	무戊기己	경庚신辛	임壬계癸
월지	신申유酉술戌	해亥자子축丑	인寅묘卯진辰	사巳오午	미未

이들은 관官나라에 볼모로 잡혀 온 비比나라 첫째 아들처럼, 일간이 대립하고 상반된 기운의 월지에 압도당하고 있다. 관官나라는 고향 비比나라와 자연환경이나 풍습 등 모든 것이 반대다. 마치 대한민국에서 나고 자랐는데 갑자기 아르헨티나에 정보원으로 파견된 경우와 같다. 음식도 입에 맞지 않고 일상생활도 불편하다. 게다가 적국이다. 이부자리도 가시방석이다. 잠을 제대로 잘 수가 없다. 길을 걷다 나뭇잎이 떨어져도 불안하고, 우연히 스치고 지나가는 사람도 의심스럽다. 모든 사람이 나를 감시하는 듯하다. 잠시도 안심할 수 없다.

관官기질은 세상을 위험으로 느낀다. 이들은 요구받는 행동 이외에는 어떠한 행동도 하지 않으려 한다. 아무것도 하지 않으면 아무 일도 일어나지 않기 때문이다. 요구받은 행동을 할 때에도 요구사항을 정확히 이해해 완벽히 수행하려 애쓴다. 잘못된 정보는 나를 더욱 위험하게 할 수 있고, 실수는 나를 재앙에 빠뜨릴 수 있기 때문이다. 행동이 조심스럽고, 긴장감과 두려움이 많으며, 앞날에 대한 걱정에 아무것도 하지 않아도 늘 피로하고 예민하다.

관官은 언덕을 뜻하는 글자 부阜 위에 집을 뜻하는 글자 면宀을 결합한 글자다. 언덕 위의 집이라는 뜻이다. 언덕 위의 집에서는 마을 구석구석을 다 볼 수 있다. 드라마 〈오징어 게임〉을 보면, 모든 공간에서 게임의 주최자는 위에, 참가자는 아래에 있다. 주최자가 있는 곳이 언덕 위의 집, 관官이다. 참가자는 주최자를 올려다보고, 주최자는 참가자를 내려다본다. 주최자는 위에서 모든 참가자를 감시하고 지시하며, 참가자는 주최자의 감시에 순응하고 지시에 따른다.

관官기질이 강한 사람은 세상을 상하 관계로 본다. 세상을 지배하는 가치나 권위, 관습과 규범을 존중하고 따르며, 한 계단 두 계단 지위가 상승하는 데서 삶의 보람을 느낀다. 가시방석에 위험천만한 세상이지만, 마땅히 해야 할 일을 철저히 이해하고 몸에 배도록 연습해, 위험을 줄이고 안전을 지향한다. 이렇게 생존 전략으로 습득된 이해력과 암기력, 그리고 임무 수행 능력은 원래 존재하던 지식을 습득하고 적용하는 데 탁월한 능력을 보인다. 학습 능력이 뛰어나고, 소속 사회가 요구하는 일을 자로 잰 듯 정확하게 이행한다. 조직 사회에 최적화되어 있다. 상하 관계가 뚜렷하고 진급 시스템이 잘 갖춰진 군인, 검찰, 경찰, 공무원, 대기업 임직원 등에 관官기질이 많다.

관官기질은 지나친 긴장과 두려움에서 오는 과도한 스트레스를 잘 다스릴 필요가 있다. 너무 누르면 반드시 터지듯이, 지나친 스트레스로 화가 일어날 때가 많다. 관官기질에게는 '인생 별것 없다,' '지금처럼, 앞으로도 아무 일 없을 거야'라는 마음가짐이 부적이다. 항상 여유롭고 편하게 생각하도록 애써야 한다.

2) 재財기질

"불가능, 그건 아무것도 아니야."

일간	갑甲을乙	병丙정丁	무戊기己	경庚신辛	임壬계癸
월지	미未	신申유酉술戌	해亥자子축丑	인寅묘卯진辰	사巳오午

이들은 정복지 재財나라를 다스리러 간 비比나라 셋째 아들의 경우처럼, 일간이 대립하고 상반된 기운의 월지를 지배한다. 재財나라도 관官나라처럼 자연환경이나 풍습 등 모든 것이 고향 비比나라와 반대지만, 일간이 월지를 지배한다는 점이 관官기질과 다르다. 대한민국에서 나고 자란 사람이 갑자기 브라질의 최고 통치자가 된 경우와 같다. 음식이 입에 안 맞고 일상생활이 불편한 것은 관官나라에 간 첫째 아들의 경우와 같지만, 이부자리가 가시방석은 아니다. 사사건건 부딪히고, 뭐 하나 맞는 게 없는 이 땅에서 인적, 물적

자원을 진정 내 것으로 만들기 위해서 밤낮으로, 아니 꿈에서도 뛰어다닌다. 늘 무언가 하고 있는데도 해야 할 일이 산더미다.

재財기질은 세상을 과제로 여긴다. 전쟁에 이겼으므로 형식적으로 내 나라이기는 하지만, 기존 정치 구조와 경제 체계를 장악한 토착 기득권층의 영향력이 만만치 않다. 실질적인 내 나라로 만들기 위해 하나하나 꼼꼼히 계획을 세워 성실하게 수행하며, 마치 주어진 과제를 해치우듯 차근차근 자신의 영역을 넓혀 나간다. 세상에 불가능은 없다. 한 군데라도 빈틈이 생기면 토호들이 언제 고개를 쳐들지 모르므로, 정보를 정확하게 파악하고 과제를 완벽하게 수행하려 애쓴다. 생각과 행동이 빠르고 끈기와 인내심이 있으며 성취를 위해 몸을 갈아 넣는다.

재財는 조개를 뜻하는 패貝와 재주를 뜻하는 재才가 결합한 글자다. 한자에서 패貝자가 들어가면 화폐와 관련이 있다. 썩지 않고 작아서 휴대하기 편한 조개는 최초의 화폐였다. 재才는 땅을 뚫고 올라오는 새싹의 모양을 본 뜬 글자다. 여리고 가녀린 새싹이 무겁고 딱딱한 땅을 뚫고 올라오는 모습을 보고 '재주가 있다', '재능이 있다'고 했다. 요즘도 재주나 재능이 있는 사람을 '싹수가 보인다', 재주나 재능이 없는 사람을 '싹수가 노랗다'고 말한다. 재財는 경제적 이익을 얻을 수 있는 두 가지 자원, 화폐와 재주를 말한다.

재財기질이 강한 사람은 세상을 땅 따먹기로 본다. 한 수 두 수 둘 때마다 집을 넓혀가는 바둑처럼, 자신의 영역을 확장하면서 삶의 보람을 느낀다. 내가 한 수 두면 상대도 반드시 한 수 두게 되어 있으므로, 그리고 상대는 호시탐탐 내 집을 노리고 있으므로, 한 수 한 수가 신중하다. 이들은 반드시 이기려는 마음이 강하다. 목표를 이루기 위해 계획을 세우고, 꼼꼼하고 집중력 있게 노력한다. 성실하고 부지런하며 끈기가 있다. 완성에 대한 의지가 높아 끝내 해내려 한다. 변호사, 회계사 등 각종 전문직과 금융, 회계 분야 분석가, 서비스업, 마케팅 분야에 재財기질이 많다.

재財기질은 대부분 나르시시스트다. 자신에 대한 긍지가 지나쳐 타인을 무시하고 멸시하는 경향이 있는데 조심해야 한다. 또한 하고자 하는 일에 몸을 갈아 넣으므로 과로도 주의해야 한다. 심지어 놀 때도 열심이고 뭔가 얻어야 한다는 강박이 있다. 재財기질에게는 '삶은 쉼으로 완성된다'는 것이 부적이다. 줄이 팽팽하게 당겨진 악기도 쉬지 않고 연주하면 줄이 끊어진다. 연주를 하지 않을 때는 악기의 줄을 느슨하게 풀어줘야 하듯이, 몸과 마음을 완전히 이완시켜 휴식을 취할 필요가 있다.

3) 인印기질

"수고하고 짐 진 자들, 모두 다 내게 오라."

일간	갑甲을乙	병丙정丁	무戊기己	경庚신辛	임壬계癸
월지	해亥자子축丑	인寅묘卯진辰	사巳오午	미未	신申유酉술戌

이들은 어머니 나라인 인印나라 왕의 후계자로 간 비比나라 넷째 아들의 경우처럼, 일간이 어머니 기운인 월지로부터 도움을 받는다. 자연환경도 거의 비比나라와 비슷하고 풍습도 어머니에게 배

워 와서, 넷째 아들은 인印나라에 익숙하다. 조부모의 따뜻한 보살핌에 음식도 입에 잘 맞고, 일상생활도 편안하다. 할아버지의 전폭적인 지지 아래 이 나라 시스템을 하나하나 배우고 익히며, 착실하게 후계자 수업을 받는다. 할아버지, 할머니 손을 잡고 나서면 백성들이 나에게 열광한다. 지금은 할아버지, 할머니의 권위와 영향력 때문에 나를 지지하지만, 곧 나의 품위와 선행을 따르고 나를 우러르게 될 것이라고 기대한다. 온화한 미소와 먼저 다가서는 친절로 마음을 얻으려 노력한다.

인印기질은 세상을 호의로 느낀다. 세상을 따뜻하고 애정 어린 시선으로 바라보고, 공감과 소통으로 대한다. 수고하고 짐 진 자 모두를 넉넉히 안을 만큼 품도 크다. 이들은 세상의 호의가 삶의 기반이므로, 사람들의 지지와 신망을 잃지 않으려 노력한다. 내가 지지를 받고 있는지 수시로 확인해야 하기 때문에 타인의 표정이나 반응에 민감하다. 타인의 반응에 따라 나의 감정과 행동을 제어한다. 초상화 속의 루이 14세가 존엄함을 더하기 위해 가발과 망토와 하이힐을 착용했듯, 때로는 외양과 허세로 타인에게 인정받으려 한다.

인印은 손톱 조爪와 병부 절卩이 결합한 글자다. 병부란 군사 반란을 막기 위해 왕과 관리가 미리 나눠 가지고 있던 신표를 말한다. 병부가 없으면 군사 이동은 불가능하다. 병부에서 유래해, 관리들이 정사를 집행하기 위해 지니고 다니는 증표를 모두 인印이라 불렀다. 신분이나 명예, 직무를 나타내기 위해 공인기관에서 발급한 각종 자격증, 상, 배지 등이 인印이다. 인印은 최고 존엄이 나

IV. 나의 기질

뉘 준 권위의 상징이며, 내가 일일이 설명하지 않아도 세상이 알아서 인정해 주는 명예를 말한다.

인印기질이 강한 사람은 세상을 호혜관계로 본다. 상대의 필요를 이해하고 돕기 위해 몸과 마음으로 지원하며 존경과 신뢰를 받을 때 삶의 보람을 느낀다. 관官기질, 재財기질이 개인주의 성향이 강하다면, 인印기질은 집단주의 성향이 강하다. 내가 속한 사회의 이익과 목표가 나보다 우선이고 집단의 조화와 연대를 중요하게 생각한다. 공동체 구성원 각자의 임무와 역할을 잘 수행할 수 있도록 뒤치다꺼리를 하며 음으로 양으로 지원한다. 공감 능력과 소통 능력이 뛰어나며, 배려와 헌신이 몸에 배어 있다. 이들은 갈등을 가장 불편하게 생각하며, 문제가 생기면 협력해 해결하고, 조화를 유지하려고 애쓴다. 지식을 전하며 후학을 양성하는 교사나 교수, 코칭이나 조언을 제공하는 멘토나 상담사, 사람들의 정신적 안정을 돕고 삶의 방향을 제시하는 목사, 신부, 스님 등에 인印 기질이 많다.

인印기질은 타인의 이해와 요구에 민감하기 때문에 자신의 견해와 감정을 유지하는 데 어려움이 있다. 타인의 감정에 쉽게 마음이 움직이고, 내게 할 일이 있더라도 기꺼이 남을 도와주므로, 내 삶이 나의 의지가 아니라 타인에 의해 좌지우지되고 있다는 허탈감이 강하다. 인印기질에게는 '거절해도 괜찮아', '내가 없어도 그들이 알아서 할 거야'라는 마음가짐이 부적이다. 다른 사람에 매몰되어 자신을 잃어버리지 않도록 노력할 필요가 있다.

4) 식食기질

"내가 가면 길이 된다."

일간	갑甲을乙	병丙정丁	무戊기己	경庚신辛	임壬계癸
월지	사巳오午	미未	신申유酉술戌	해亥자子축丑	인寅묘卯진辰

이들은 미지의 이웃나라인 식食나라를 개척하러 간 비比나라 둘째 아들처럼, 일간이 미지의 월지에 꽂혀 있다. 식食나라는 불모지이므로 규범이나 도덕이 존재하지 않는다. 자연환경은 비比나라와 비슷해 예측 가능하고 지내기에도 무난하다. 어두컴컴한 숲에는 생김새는 여우 같은데 꼬리가 아홉 개 있다는 구미호가 살고 있을 것만 같고, 바다에는 상체는 사람인데 하체는 물고기인 인어 아저씨가 검은 파도에 밀려올 것 같다. 비比나라에서는 볼 수 없는 거칠고 신비로운 광경에 흥분이 가라앉질 않는다. 미지의 세계를 마음껏 탐험하고, 새로운 길을 닦으러 나선다.

식食기질을 타고난 사람은 세상을 호기심으로 대한다. 낯선 장소나 새로운 상황을 접하면 패닉에 이르는 관官기질과는 달리, 낯설고 새로운 상황에 흥분과 스릴을 느끼며 흥미진진하게 탐구한다. 위험을 무릅쓰는 모험을 즐긴다. 새로움이 주는 다양한 가능성에, 창의적이고 독특한 방법을 생각해내고, 앞장서서 이끈다. 남들이 다 다니는 쉬운 길을 두고 굳이 어렵고 새로운 길을 가려한다. 내가 가면 곧 길이 될 테니까. 이들은 익숙하고 따분한 것을 가장 싫어한다. 익숙해지기 전에 이미 새로운 세계를 발굴해 흥미를 옮겨간다.

식食은 음식을 담은, 뚜껑과 다리가 있는 그릇을 본 떠 만든 글자다. 또는 제사를 지낼 때 앞에 두고 절하는, 음식이 차려져 있는 제사상을 본 떠 만든 글자라고도 한다. 식食은 먹을 것을 말한다. 문자가 처음 만들어질 무렵, 세상에서 가장 귀한 것은 먹을 것이었다. 지금도 귀한 것은 뚜껑과 다리가 있는 그릇에 담아 내지 않는가? 이식위천以食爲天이라는 말이 있다. 먹을 것을 하늘로 여긴다는 뜻인데, 옛날에는 먹을 것을 하늘로 여길 만큼 신성하고 중요하게 생각했다. 식食은 흔하지 않고 귀한 것, 익숙하지 않고 새로운 것, 평범하지 않고 비범한 것을 말한다.

식食기질이 강한 사람은 세상을 새로운 가능성으로 대한다. 정해진 틀이나 법칙에 구속되지 않고, 바람처럼 구름처럼 자유롭게 다니며, 나의 세상을 만들어 나가려고 한다. 익숙하고 쉬운 일보다 도전적인 일을 좋아한다. 새로운 아이디어를 잘 떠올리고 해본 적 없는 일을 시작할 때 흥분한다. 두뇌 회전이 빠르고 상상력과 창의력이 뛰어나다. 새로운 비즈니스 모델을 만들고 새로운 시장을 개척해 나가는 사업가, 독창적 아이디어와 신선한 테크닉으로 사람들에게 영감을 주는 예술가, 그리고 우리나라에는 대통령 중에 식食기질이 많다.

식食기질의 호기심과 자유분방함은 이미 만들어진 일정이나 규칙에 따라야 하는 단체 생활에 몹시 취약하다. 이들은 정해진 규칙을 따라 행동해야 하는 것을 유달리 견디기 힘들어한다. 사회생활을 하려면 그 사회의 규율과 규칙을 어느 정도는 따를 필요가 있다. 이는 반복된 훈련으로 극복 가능하다. 또한 식食기질은 이것을 하면서 저것을 떠올리기 때문에 산만하고, 행동에 두서가 없는 경향이 있다. 즉흥적이고 충동적이어서 쉽게 시작하고 쉽게 그만둔다. 식食기질에게는 '시작하고, 그만둘 때 세 번은 참자'가 부적이다. 즉흥성과 충동성을 잘 제어해 오랫동안 한 가지 일에 집중할 수 있도록 애써야 한다.

5) 비比기질

"그냥 해."

일간	갑甲을乙	병丙정丁	무戊기己	경庚신辛	임壬계癸
월지	인寅묘卯진辰	사巳오午	미未	신申유酉술戌	해亥자子축丑

이들은 갑자기 낯선 나라에 살게 된 다른 형제들과는 달리, 자기가 나고 자란 비比나라에서 계속 사는 막내아들의 경우와 같다. 자연환경이나 풍습 등 모든 것이 익숙하다. 음식도 입에 딱 맞고 일상생활도 쾌적하다. 자고 싶을 때 해가 지고, 일어나고 싶을 때 해가 뜬다. 막내라 그런지 부모님도 관대하고, 만나는 사람들마다 호의적이다. 더 이상 바랄 게 없다.

    비比기질은 세상에 대해 고민이 없다. 세상이 불편하거나 불안하지 않다. 걱정이나 고민이 없으며, 어쩌다 걱정거리가 생기더라도 금방 잊는다. 하면 하고 말면 만다. 아무 생각 없이 그냥 한다. 긍정적이고 자신감이 넘치고 행동에 거리낌이 없다. 낯선 사람을

IV. 나의 기질

만나도 10년 지기 친구를 만난 듯, 낯선 상황에 놓여도 내 집에 있는 것처럼 편하게 행동한다. 세상을 너무 편하고 친숙하게 대해 때로는 오만하고 독선적으로 보이기도 하지만, 항상 타협할 준비가 되어 있는 실용주의자라서 지적이나 비난을 받으면 흔쾌히 받아들이고 수정한다.

비比는 두 사람이 우향우 해서 우측을 향해 나란히 서 있는 모습을 본 뜬 글자다. 나란하다, 같다, 친숙하다는 뜻이다. 관官, 재財, 인印은 타인을 전제한 사회적 욕망에서 비롯된 기질이다. 관官은 권력관계에서 남이 하기 싫어도 나의 의도대로 할 수 있게 하는 힘을 지향하는 욕망, 재財는 재물의 분배관계에서 남을 이겨 내가 더 많이 가지려고 하는 욕망, 인印은 남에게 신망과 존경을 얻기 위한 욕망에서 비롯된 기질이다. 식食은 이미 틀이 잡혀 있는 사회를 통째로 한 단계 또는 한 걸음 더 나아가게 하려는 욕망에서 비롯된 기질이다. 반면 비比기질은 욕망에 있어서는 백지장과 같다. 욕망이 없으므로 기질이라고 할 만한 것이 없다. 옆 사람이 오른쪽으로 돌면 같이 오른쪽으로 돈다.

비比기질이 강한 사람은 세상을 친숙하게 대한다. 다른 사람에게 관심이 많고 다른 사람들과 함께하는 것을 편안하게 생각한다. 지나치면 불필요할 정도로 내 마음을 드러내기도 하지만, 사람을 대할 때 격의와 스스럼이 없다. 이들은 뚜렷한 욕망도 없고 강렬한 의지도 없어, 힘들거나 어려운 일이 없다. 현재에 늘 만족하고 노력이나 도전의 필요성을 느끼지 않는다. 세상 편안한 기질이니 스트레스도 별로 없지만 혹시 있다 하더라도 아주 빠르게 회복한다.

비比기질은 비比기질의 특징에 식食기질의 특징도 함께 가진다. 특히 월지 외의 자리에 식食기질 방위의 글자가 있으면, 즉 일간이 갑을甲乙이면 병정사오丙丁巳午, 일간이 병정丙丁이면 무기미戊己未, 일간이 무기戊己면 경신신유술庚辛申酉戌, 일간이 경신庚辛이면 임계해자축壬癸亥子丑, 일간이 임계壬癸면 갑을인묘진甲乙寅卯辰이 있을 때 식食기질이 강하다. 비比기질은 무색, 무취, 무욕, 무위의 기질이므로 월지와 다른 일정한 방위의 글자가 많으면 그 글자의 방위가 지닌 기질이 두드러진다.

비比기질은 마치 줄이 늘어난 현악기와 같다. 언제 어디서든 편안하고 안락하다. 하지만 줄이 늘어난 악기로는 어떠한 곡도 연주할 수 없다. 혼자 있으면 단사표음簞食瓢飮이나 안빈낙도安貧樂道도 좋지만, 사회적 관계에서는 그렇지 않다. 비比기질 아이를 쳐다보는 엄마는 복장이 터진다. 비比기질에게는 '작은 일에도 목표를 설정하고 성취를 이루어내자'가 부적이다. 성취에 대한 인식과 훈련이 잘된 비比기질은 어느 분야에서나 탁월한 두각을 나타낼 잠재력이 있다.

3. 기질의 MBTI

앞에서 세상을 대하는 나의 심리 태도에 대한 MBTI 지표(외향형 (E)-내향형(I)과 인식형(P)-판단형(J) 스펙트럼)는 타고난 정서를 보여주는 월지가 정한다는 점을 살펴보았다. 나의 내부에서 일어나는 심리 기능에 대한 MBTI 지표인 직관형(iNtuition, 이하 N)-감각형(Sensing, 이하 S)과 사고형(Thinking, 이하 T)-감정형(Feeling, 이하 F)은 일간과 월지와의 관계, 즉 기질로 결정된다. 고유한 특성이 있는 어떤 일간이 고유한 분위기가 있는 어떤 월지에 놓였을 때, 일간이 월지를 어떻게 인식하고 판단하는지에 따라 인식과 판단의 MBTI가 결정된다.

세상을 파악하는 과정에서, 감각을 통해서 실제적이고 구체적인 사실을 파악해 세부적인 정보를 축적해 나가려는 성향이 강하면 감각형(S)이고, 영감과 통찰을 기반으로 흐름과 맥락 속에서 관계와 가능성을 고려해 전체적인 정보를 파악하려는 성향이 강하면 직관형(N)이다.

세상을 판단하고 결정하는 과정에서, 인과와 논리로 판단하고 참과 거짓이나 옳고 그름을 따져 결정을 내리는 성향이 강하면 사고형(T)이고, 사회적 조화와 개인적 가치로 판단하고 좋고 싫음이나 긍정과 부정으로 결정을 내리는 성향이 강하면 감정형(F)이다. 이는 심리적 기능이므로 단지 이성적, 감정적 행동 성향을 의미하지 않는다.

1) 감각형(S)과 직관형(N) - 인식 기능

재財기질과 관官기질은, 일간이 자신의 고향인 비比나라와 대립하고 상반된 세상의 월지에 놓여 있다. 세상 모든 것이 생소하고 낯설다. 낯선 세상에서는 인사만 잘못 해도 뺨을 맞을 수 있다. 낯선 세상에 대한 모호한 정보는 재앙을 부를 수도 있다. 일일이 하나하나 보고, 듣고, 만지고, 냄새도 맡고, 맛보고, 오감을 총동원해 세세하고 구체적으로 낯선 세상에 대한 정보를 수집해야 한다. 실제 경험한 것을 중요하게 생각하고, 뜬구름 같은 추상적 개념보다는

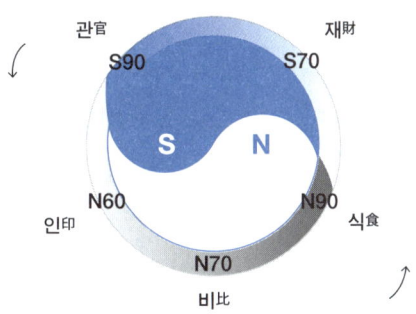

(그림10) 기질별 감각형(S)-직관형(N)

손에 잡히는 구체적 사실에 집중하며, 과거나 미래보다는 지금 현재 필요한 정보에 충실하다. 재財기질과 관官기질은 감각형(S)이다.

인印기질, 비比기질과 식食기질은, 일간이 자신의 고향인 비比나라와 이웃하거나 고향인 세상의 월지에 놓여 있다. 인印나라는 익숙하고 식食나라는 알 만하다. 비比나라는 말할 것도 없이 편안하다. 익숙하거나 알 만하므로, 구체적이고 세세한 사실보다는 전체를 스케치하고 관계와 가능성을 파악하려 한다. 실제로 경험한 것보다는 직관이나 영감을 중요하게 생각하고, 구체적인 사실보다는 그것들을 종합해 아우를 수 있는 전체적인 맥락에 집중하며, 현재보다는 미래의 가능성에 의미를 둔다. 인印기질과 식食기질, 비比기질은 직관형(N)이다.

예를 들어 보자. A씨가 직장에서 퇴근해 집으로 돌아왔다. 소파에 옷을 두고 물을 먹으러 냉장고로 가는데, 식탁 의자 하나가 평소와 조금 다르게 놓여 있다. 제법 신선한 집안 공기도 평소와 다르다. 누가 다녀갔다는 찜찜한 기분에 냉장고를 열어보니 어제까지 없었던 엄마표 밑반찬이 놓여 있다. 엄마에게 연락한다. A씨는 관官기질이나 재財기질이며, 감각형(S)이다.

B씨가 직장에서 퇴근해 집으로 돌아왔다. 신발을 벗고 거실로 들어서는데 느낌이 평소와 다르다. 식탁 의자 중 하나가 평소와 조금 다르게 놓여 있고, 낮에 유리창을 열고 통풍을 시켜 공기가 달라졌기 때문인데, B씨는 평소 사소한 것에 신경을 쓰지 않아서 알아차리지 못한다. 다만 엄마가 다녀갔다는 느낌이 확실히 든다. 바로 냉장고로 달려간다. 어제까지 없었던 엄마표 밑반찬이 놓

여 있다. 엄마에게 연락한다. B씨는 인印기질, 비比기질이나 식食기질이며, 직관형(N)이다.

2) 사고형(T)과 감정형(F) - 판단 기능

세상을 도전의 대상으로 대하는 식食기질, 비교적 식食기질이 다분한 비比기질, 그리고 세상을 영역 확장으로 대하는 재財기질은 세상에 능동적이다. 내가 도전하고 영역을 확장하려는 세상 자체의 인과와 논리에 관심이 많다. 세상이 인과와 논리에 적합하면 참이고, 그렇지 않으면 거짓이라 판단해서 나의 행동을 결정한다. 논리적 일관성과 객관적 법칙으로 판단하고, 분석적이고 합리적으로 결정한다. 예를 들어 스타트업 투자자는 스타트업의 성공에 가장 중요한 요소는 대표의 자질과 능력이므로, 대표의 학력, 경력, 업적을 중심으로 스타트업을 이끄는 데 적합한지 판단하고, 그와 함께 기업의 전망이 창창한지 논리적으로 추론해 투자가 옳을

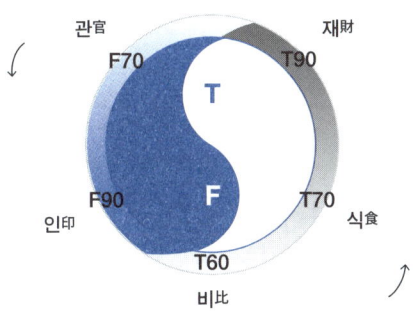

(그림11) 기질별 사고형(T)-감정형(F)

지 그를지 판단한다. 스타트업 대표가 투자자의 친척이라든가, 대표의 스타일이 별로라든가 하는 요소는 고려되지 않는다. 이와 같은 식食기질, 비比기질, 그리고 재財기질은 사고형(T)이다.

세상을 위험으로 보는 관官기질과 세상을 호의로 보는 인印기질은 세상에 수동적이다. 세상에 영향을 많이 받으므로, 세상을 나와 분리해 판단하고 결정하지 않는다. 수긍할 만한지, 받아들일 만한지, 즉 세상과의 조화와 나의 주관적인 가치로 세상을 판단하고, 조화적 공감으로 결정을 내린다. 내가 동의할 만한지가 객관적 사실이나 논리적 추론에 앞선다. 예를 들어 아버지와 아들의 관계에서 아버지의 영향을 많이 받는 어린 아들은 아버지의 말이 참인지 거짓인지 생각하지 않는다. 아버지의 말이 들을 만한지, 그렇지 않은지만을 고려한다. 좋고 싫음에는 논리와 추론이 필요 없다. 받아들이고 수긍할 만하면 인정하고 그렇지 않으면 거부한다. 이와 같은 관官기질과 인印기질은 감정형(F)이다.

예를 들어 보자. 아버지 장례식의 모든 절차가 끝났다. 조문객들이 십시일반 가져온 부의금으로 장례의 모든 비용을 치르고도 상당액이 남았다. 자녀 A, B, C는 남은 부의금을 어떻게 나눌지 의논한다. 각자 앞으로 들어온 부의금의 비율은 50:45:5이다. A는 각자 앞으로 들어온 부의금은 다시 각자에게서 나가야 할 부의금이므로, 각자 앞으로 들어온 부의금의 비율대로 나누자고 주장한다. A는 식食기질이나 비比기질, 재財기질 또는 사고형(T)이다. B는 A의 주장이 논리적이고 합리적인 건 알지만 거부감이 든다. C가 가장 형편이 어려운데, 5의 지분만 가져간다는 것이 영 못마땅하다. 마음 같아서는 모두 C에게 주면서 '아버지가 다시 한번 일어나 보라 하신다' 하며 격려하고 싶다. 하지만 그랬다가는 A가 난리를 칠 것 같아서, 부의금은 아버지의 것이고 C는 그동안 바쁜 A와 B를 대신해 아버지를 모시는 데 품과 시간을 많이 쏟았으므로, 아버지가 생전에 나눠 주셨을 것처럼 똑같이 나누자고 주장한다. B는 조금 손해를 보더라도 모두의 관계를 생각해 수긍할 만하고 받아들일 수 있는 주장을 한다. B는 관官기질이나 인印기질 또는 감정형(F)이다.

3) 일간별 인식과 판단의 MBTI

일간별 심리 기능 MBTI

월지 \ 일간	갑甲을乙	병丙정丁	무戊기己	경庚신辛	임壬계癸
인寅묘卯진辰	NT	NF	SF	ST	NT
사巳오午	NT	NT	NF	SF	ST
미未	ST	NT	NT	NF	SF
신申유酉술戌	SF	ST	NT	NT	NF
해亥자子축丑	NF	SF	ST	NT	NT

기질별 심리 기능 MBTI는 관官기질은 SF, 재財기질은 ST, 인印기질은 NF, 식食기질은 NT, 비比기질은 NT다.

 비比기질은 비교적 식食기질이 다분하므로 식食기질의 MBTI와 같지만, 앞서 설명한 것처럼 비比기질은 기질에 있어 백지와 같아서 월지 외의 다른 글자들에 영향을 많이 받는다. 비比기질은 월지 외의 다른 글자가 재財기질, 관官기질, 인印기질, 식食기질 각각에 해당하는 글자가 아주 많으면 해당 기질의 특징을 가지기도 한다.

V

나의 성격

— 타고난 기질의 제어와 확장

V. 나의 성격

　흔히 공감 능력은 감정형(F) 기질이라 한다. 남의 처지와 사정을 잘 이해하고 공감하면 감정형(F) 기질, 그렇지 않으면 사고형(T) 기질이라고 한다. 이는 MBTI의 항목 명칭에서 의미를 유추해서 F를 감성이 풍부한 사람, T를 이성이 풍부한 사람이라고 오해했기 때문이다. 공감 능력이 높은 T는 환장할 노릇이다. 앞서 설명한 것과 같이, 융은 인과적, 논리적으로 판단하고 결정하는 경향을 T, 가치에 기초해 긍정과 부정으로 판단하고 결정하는 경향을 F라 하고, 둘 다 합리적인 심리 기능이라고 했다.

　공감 능력은 타고난 기질이 아니라 성격과 관련한 품성이다. 기질에는 가치 판단이 있을 수 없다. 기질은 타고난 저마다의 태도, 인식, 판단, 결정하는 심리적 성향일 뿐이라 나쁜 기질, 훌륭한 기질 같은 것은 있을 수가 없다. 공감 능력 있는 기질, 책임감 있는 기질 같은 것은 없다. 공감 능력이 있는 성격, 무책임한 성격, 너그러운 성격 등등이 있을 뿐이다.

　MBTI에서는 성격에 대해 말하지 않으나, 명리학에서는 성격을 말한다. 일간과 월지에서 정해진 타고난 기질이 나머지 여섯 글자와 잘 어울리고 제어되면 '성정性情의 중화中和'를 이루고 품성이 높아진다고 설명한다.

사주에서 성정이 중화를 이루면 자신과 관련해 다음과 같은 성격 특징을 지닌다. 스스로 품위를 지키고 자기를 존중하는 자존감이 있고, 주어진 일에 스스로의 능력을 믿는 자신감이 있으며, 자신의 가치나 능력을 당당히 여기는 자부심이 있다. 타인과 관련해서는 나와 다른 타인의 감정이나 생각을 이해하고 긍정할 수 있는 공감 능력이 있고, 나와 달라 불편하지만 너그럽게 받아들일 수 있는 관용이 있으며, 타인이 내게 해서는 안 되는 일을 나도 남에게 하지 않는 공정함을 갖추게 된다.

그렇다면 '성정의 중화'는 어떻게 판단할까? 여러 가지 기준이 있지만, 일간과 월지의 관계에서 타고난 기질에 대립하고 상반된 반대쪽 기질의 글자가 함께 존재하는지가 가장 근본적인 기준이다. 타고난 기질을 다듬을 수 있는 적절한 보완 장치, 제어 장치가 사주에 있으면 '성정의 중화'가 이루어져 높은 품성을 가질 수 있다고 말한다.

다음 페이지의 그림은 기질별 심리 기능 MBTI의 배치도이다. 비比기질과 대립하면서 상호보완적인 기질은 재財기질, 관官기질이다. 일간과 월지의 관계가 비比기질인데, 일간과 월지를 제외한 나머지 글자에 재財기질과 관官기질이 있다면, 목표 지향적인 재財기질과 긴장감 넘치는 관官기질이, 무심하고 느슨한 비比기질을 조화롭게 제어한다. 힘들다거나 어려워하지 않으면서 무난하게

V. 나의 성격

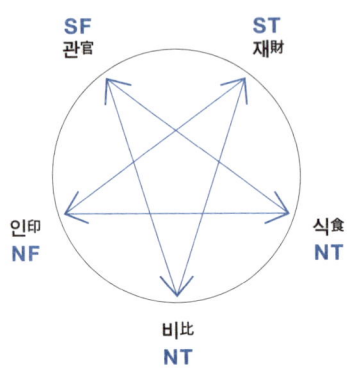

(그림12) 기질별 심리 기능 MBTI

성과나 업적을 이루어낸다.

    식食기질과 대립하면서 상호 보완적인 기질은 관官기질과 인印기질이다. 일간과 월지의 관계가 식食기질인데, 일간과 월지를 제외한 나머지 글자에 관官기질이나 인印기질의 글자가 있다면, 조심스러운 관官기질과 꾸준한 인印기질이, 자유분방하고 충동적인 식食기질을 조화롭게 제어한다. 자유분방하지만 절제가 있어 막나가지는 않으며, 거침없지만 사리에 맞다.

    재財기질과 대립하면서 상호 보완적인 기질은 인印기질과 비比기질이다. 일간과 월지의 관계가 재財기질인데, 일간과 월지를 제외한 나머지 글자에 인印기질과 비比기질의 글자가 있다면, 우호와 소통의 인印기질과 평안과 안정의 비比기질이, 몸을 갈아 넣어 성취하고자 하는 재財기질을 조화롭게 제어한다. 성취에 집착하지만 위엄을 잃지 않으며, 열심히 일하면서도 여유와 유머가 있다.

관官기질과 대립하면서 상호 보완적인 기질은 비比기질과 식食기질이다. 일간과 월지의 관계가 관官기질인데, 일간과 월지를 제외한 나머지 글자에 비比기질과 식食기질의 글자가 있다면, 긍정적이고 낙천적인 비比기질과 대담하고 저돌적인 식食기질이, 스트레스와 긴장감 넘치는 관官기질을 조화롭게 제어한다. 완벽주의자지만 적절한 이완과 휴식을 즐기며, 작은 실수에 자신을 학대하지 않고 성장과 발전의 기회로 삼는다. 관官기질의 경우에는 특별히 인印기질도 도움이 된다. 인印기질은 관官기질과 대립하지는 않지만, 상호 보완적이다. 인印나라는 관官나라와 이웃하는 외할머니 나라다. 외할머니가 어찌 가까이 있는 손주를 돌보지 않겠는가? 일간과 월지의 관계가 관官기질인데 나머지 글자에 온정과 사랑의 인印기질이 있다면, 움츠러들지 않고 당당하게 위험(이라고 생각하는 것)에 맞서 나갈 힘이 생긴다.

인印기질과 대립하면서 상호 보완적인 기질은 식食기질과 재財기질이다. 일간과 월지의 관계가 인印기질인데, 일간과 월지를 제외한 나머지 글자에 식食기질이나 재財기질의 글자가 있다면, 자율적이고 독립적인 식食기질과 자기 관리에 철저하고 실리적인 재財기질이 타인과 자신을 잘 분리하지 못하는 인印기질을 조화롭게 제어한다. 타인의 지지와 신망을 중시하지만 중심을 잃지 않고, 명예와 실리를 동시에 추구할 수 있다.

일간별 사주 안에서 글자의 기질은 다음 표와 같다. 내 사주에서 일간과 월지 외 나머지 여섯 글자들이 어디에 해당하는지 찾아보고, 내 기질을 적절히 제어해 주는 글자가 있는지 살펴보자.

V. 나의 성격

일간별 천간과 지지의 해당 기질

사주 내 글자 \ 일간	갑甲을乙	병丙정丁	무戊기己	경庚신辛	임壬계癸
갑甲을乙인寅묘卯진辰	비比기질	인印기질	관官기질	재財기질	식食기질
병丙정丁사巳오午	식食기질	비比기질	인印기질	관官기질	재財기질
무戊기己미未	재財기질	식食기질	비比기질	인印기질	관官기질
경庚신辛신申유酉술戌	관官기질	재財기질	식食기질	비比기질	인印기질
임壬계癸해亥자子축丑	인印기질	관官기질	재財기질	식食기질	비比기질

만물은 음을 등에 지고 양을 가슴에 품어 萬物負陰而抱陽
상반된 기운으로 조화를 이루어 나간다. 冲氣以爲和

– 노자, 『도덕경』 42장 중

도교 경전인 『도덕경道德經』의 한 구절이다. 음陰과 양陽은 대립되고 상반된 기운을 말한다. 만물의 하나일 뿐인 사람도 타고난 정서와 기질에 대립되고 상반된 정서와 기질이 함께 있어 서로를 견제하고 제어해야 조화로운 성격을 이룬다.

2부 일간과 월지로 보는 나의 성격

내 성격 찾는 법

지금까지 월지로 드러나는 정서와, 일간과 월지의 관계인 기질을 중심으로 명리학과 MBTI를 살펴보았다. 일간은 나를 뜻하고, 월지는 자신의 정서를 뜻하며, 이 둘의 관계로 주된 기질이 정해지고, 정서와 기질이 결합되어 성격이 된다. 일간에는 갑甲, 을乙, 병丙, 정丁, 무戊, 기己, 경庚, 신辛, 임壬, 계癸 10개의 천간 중 하나가 들어가 있고, 월지에는 자子, 축丑, 인寅, 묘卯, 진辰, 사巳, 오午, 미未, 신申, 유酉, 술戌, 해亥 12개의 지지 중 하나가 들어가 있다. 이 장에서는 지금까지 살펴본 내용을 일간별 월지로 분류해 정서와 기질을 총체적으로 설명하려 한다. 일간은 10개가 있고, 월지는 12개가 있으므로 총 120가지의 성격 유형 사전인 셈이다.

이 사전에서 자신의 성격을 찾아보려면 자신의 일간과 월지를 먼저 알아야 한다. 만세력 사이트나 앱에 생년월일시를 입력해 자신의 일간과 월지를 찾아보자. 일간별로 장을 나눠놓았으니 일간을 먼저 찾은 후 월지를 확인하면 된다.

　자신의 일간과 월지에 해당하는 MBTI 스펙트럼을 보고 당황하는 사람도 있을 것이다. 그도 그럴 것이 MBTI는 자기보고식 검사여서 스스로 알고 있는 자신과 진정한 자신이 다를 수 있기 때문이다. 또한 명리학에서는 타고난 나의 개성은 고정적인 것이 아니라, 중첩적으로 흘러가는 연, 월, 일, 시의 운運과 공명해 변화할 수 있음을 전제하고 있다. 그리고 사주에는 일간과 월지 외의 다른 여섯 글자도 있다. 이들 여섯 글자도 미세하게, 어쩔 때는 지배적으로 기질에 영향을 끼칠 수 있다.

　그럼에도 불구하고 타고난 기질은 오로지 일간과 월지의 관계에 따른다. 도심 한가운데서 좁은 토양과 먼지 많은 공기에 쌓여 있는 소나무와, 깊은 산속에서 풍부한 토양과 청량한 공기에 쌓여 있는 소나무는 모양이 좀 다르더라도 같은 소나무이지 참나무가 될 수는 없듯, 기질도 운運과 공명하고 다른 글자들의 영향을 받아 다소 변화할 수 있지만, 타고난 본질은 바뀌지 않는다.

120가지 성격 분류 사전은 각각 MBTI 스펙트럼, 앞서 소개한 명리학적 기질과 MBTI, 핵심 키워드, 기질의 특성, 행운의 글자, 주의해야 할 글자 순으로 나열되어 있다. 행운의 글자, 주의해야 할 글자는 천간을 중심으로 설명하지만, 천간이 속한 방향의 지지가 있어도 같은 효용이 있다. 앞서 설명했지만 편의를 위해 다시 정리했으니 다음 그림을 참고하기를 바란다.

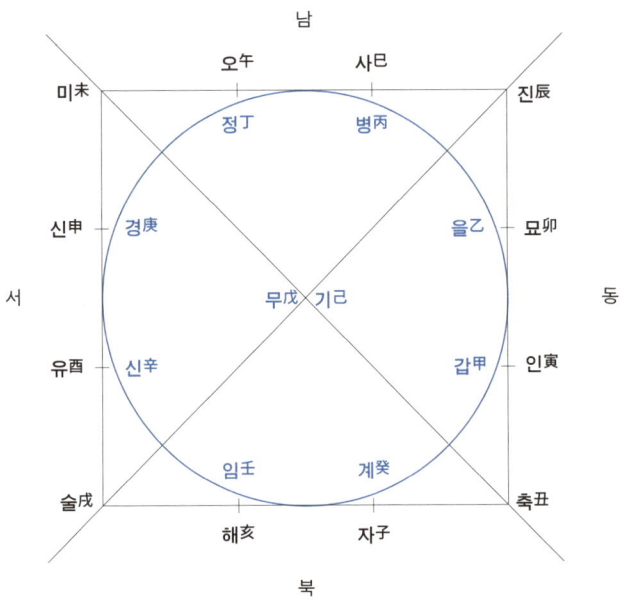

(그림13) 천간과 지지의 방향

I

갑甲 일간

1. 인寅월생

E	10	9	8	7	6	5	4	3	2	1	1	2	3	4	5	6	7	8	9	10	I
S	10	9	8	7	6	5	4	3	2	1	1	2	3	4	5	6	7	8	9	10	N
T	10	9	8	7	6	5	4	3	2	1	1	2	3	4	5	6	7	8	9	10	F
P	10	9	8	7	6	5	4	3	2	1	1	2	3	4	5	6	7	8	9	10	J

(INTP) (비比기질)

대담하고 긍정적인 도전 정신

미래에 대한 기대와 희망이 넘친다. 이미 알고 있는 세상보다는 미지의 세상, 지금 현재 주어진 세상보다는 미래의 세상에 더욱 관심이 많다. 불완전하고 불확실해 알 수 없는 세상에 대해, 두려움이나 공포보다는 호기심이나 기대감이 더 크다. 긍정적이고 낙관적이므로 어떠한 어려움을 맞닥뜨리더라도 이겨낼 수 있다는 신념이 강하다. 새로운 시장 개척이나 신제품 개발 같은 도전 기회가 생기면 에너지가 넘친다. 과감하게 독창적인 아이디어를 내고, 주저하지 않고 거침없이 일을 추진한다. 크고 굵직굵직하게 생각하므로 잘게 굴거나 까다롭지 않다. 세상일을 어렵게 생각하지 않으므로 항상 자신감 있고 당당하다.

갑甲 일간이 인寅월에 태어난 사람에게 행운의 글자는 병丙 또

는 정丁이다. 과감하고 대담해 적극적으로 추진하기는 하지만 마지막까지 밀어붙이는 뒷심이 부족할 때가 많은데, 사주의 다른 자리에 병丙이나 정丁이 있다면 끝까지 밀고 나가 결실을 맺을 수 있다. 여기에 경庚이나 신辛이 있으면 더욱 좋다. 무모하고 무신경한 경향이 있어 세부적인 부분에 약할 수 있는데, 경庚이나 신辛이 있다면 조심성과 꼼꼼함도 갖춰 실수를 줄이고 높은 성취를 이룰 수 있다.

다른 자리에 갑甲이나 을乙이 하나 있다면 개성이 뚜렷한 정도지만, 둘 이상 있다면 지나치게 저돌적이고 자신만만한 성향을 돌아볼 필요가 있다. 자기 확신도 중요하지만 다른 사람들의 의견이나 평가에도 소홀하지 않아야 사회와 조화를 이룰 수 있다.

행운의 글자	병丙 · 정丁
주의할 글자	갑甲 · 을乙
행운의 색	빨강
행운의 방향	남쪽

2. 묘卯월생

E	10	9	8	7	6	5	4	3	2	1	1	2	3	4	5	6	7	8	9	10	I
S	10	9	8	7	6	5	4	3	2	1	1	2	3	4	5	6	7	8	9	10	N
T	10	9	8	7	6	5	4	3	2	1	1	2	3	4	5	6	7	8	9	10	F
P	10	9	8	7	6	5	4	3	2	1	1	2	3	4	5	6	7	8	9	10	J

(ENTP) (비比기질)

생기와 활력 넘치는 활동가

세상을 경이롭게 여기고, 세상에 대한 호기심이 많다. 어려움이나 실패 속에서도, 실패를 해야만 알 수 있는 의미를 발견했다고 감탄한다. 매사를 긍정적이고 낙관적으로 바라보기 때문에 별다른 걱정이나 근심이 없다. 피로감을 잘 못 느끼는 에너자이저에다 스트레도도 잘 다뤄 회복 탄력성이 높다. 관심사가 많아 다양한 경험과 자극을 추구하며, 다재다능해 어떠한 분야라도 손을 대면 수준급의 솜씨를 보인다. 사람들과의 관계를 즐기고 타인의 감정에 잘 반응한다. 새롭게 발견한 경험과 감동을 잘 표현한다. 천진난만하고 순수한 성격에 활동적이라 주변에 생기와 활력을 불어넣는다.

갑甲 일간이 묘卯월에 태어난 사람에게 행운의 글자는 경庚 또는 신辛이다. 천진함과 순수함이 지나치면 눈치가 없어 거침없이

행동하다 가끔씩 물의를 일으키는 경우가 있는데, 사주의 다른 자리에 경庚이나 신辛이 있다면 섬세하고 예민하게 주변의 눈치와 반응을 살펴 행동이 과하지 않도록 조심할 수 있다. 무戊나 기己도 좋은 글자다. 목적 없이 들뜨고 산만해 행동이 과한 경향이 있는데, 무戊나 기己가 있다면 목적에 수렴하도록 행동을 정돈할 수 있어 뜻하는 바를 이룰 가능성이 커진다.

다른 자리에 갑甲이나 을乙이 하나 있으면 개성이 뚜렷한 정도지만, 둘 이상 있다면 진실로 과잉 행동을 조심해야 한다. 너무나 많은 일에 발을 걸치고 있어 산만할 수 있다. 하나를 하다 끝을 보지 못하고 또 다른 일을 시작하기 때문인데, 하나라도 분명히 매듭을 짓고 다른 일을 시작하는 훈련과 숙련이 필요하다.

행운의 글자	경庚 · 신辛
주의할 글자	갑甲 · 을乙
행운의 색	하양
행운의 방향	서쪽

3. 진辰월생

E	10	9	8	7	6	5	4	3	2	1	1	2	3	4	5	6	7	8	9	10	I
S	10	9	8	7	6	5	4	3	2	1	1	2	3	4	5	6	7	8	9	10	N
T	10	9	8	7	6	5	4	3	2	1	1	2	3	4	5	6	7	8	9	10	F
P	10	9	8	7	6	5	4	3	2	1	1	2	3	4	5	6	7	8	9	10	J

(ENTP)　(비比기질)

진취적 기상과 강력한 추진력

낯선 환경을 탐험할 때나 새로운 사회에 진입할 때, 좋은 결과를 기대하는 것보다 적응하는 과정 그 자체를 즐긴다. 낯설고 새로운 환경에서는 필연적으로 위험과 어려움을 만나는데, 이에 좌절하거나 굴복하지 않고 또 다른 새로운 경험으로 환영하며 극복해 간다. 최선을 다해 노력하는 자도 즐기는 자를 이길 수 없듯이, 뜻만 두면 아무도 이길 자가 없다. 직관력이 강해 한눈에 전체를 파악하고, 단도직입적으로 접근해 원하는 것을 이뤄나간다. 한 번 뜻을 두면 어떠한 역경에도 굴하지 않고 자신감 있게 일을 추진한다. 자잘하고 까다로운 예절이나 형식에 구애되지 않는다. 화끈하고 시원시원하게 행동한다.

　갑甲 일간이 진辰월에 태어난 사람에게 행운의 글자는 임壬 또

는 계癸이다. 자신감이 지나쳐 종종 오만해지는데, 사주의 다른 자리에 임壬이나 계癸가 있다면 자신을 낮추고 겸허하게 행동함으로써 진정한 자신감을 보일 수 있다. 경庚이나 신辛도 좋은 글자다. 생각보다 행동이 먼저라 종종 실수하는 경우가 있는데, 경庚 또는 신辛이 있다면 신중함과 조심성을 갖춰 실수를 줄여갈 수 있다.

다른 자리에 갑甲이나 을乙이 하나 있다면 개성이 뚜렷한 정도지만, 둘 이상 있다면 매사 자신의 의욕을 너무 내세워 권위적이거나 고압적으로 굴지 않는지 돌아보아야 한다. 용의 꼬리보다 뱀의 머리만 택하다가 자신의 활동 반경을 스스로 좁히는 것은 아닌지도 항상 체크할 필요가 있다.

행운의 글자	임壬 · 계癸
주의할 글자	갑甲 · 을乙
행운의 색	검정
행운의 방향	북쪽

4. 사트월생

E	10	9	8	7	6	5	4	3	2	1	1	2	3	4	5	6	7	8	9	10	**I**
S	10	9	8	7	6	5	4	3	2	1	1	2	3	4	5	6	7	8	9	10	**N**
T	10	9	8	7	6	5	4	3	2	1	1	2	3	4	5	6	7	8	9	10	**F**
P	10	9	8	7	6	5	4	3	2	1	1	2	3	4	5	6	7	8	9	10	**J**

(ENTP)　(식食기질)

상상력 넘치는 미래지향적 현실주의자

매사 선입견이나 편견 없이 열린 태도로 세상을 바라본다. 재미있고 흥미로운 일을 적극적으로 찾아 나서고, 변화와 발전을 추구한다. 몸은 현실에 있지만 마음은 언제나 미래에 있다. 독창적인 아이디어로 비범하게 상상력을 펼쳐나가지만 비현실적인 공상으로 번지지 않는다. 철저히 현실에 기반해 쓸모나 실행 가능성을 따진다. 낙천적이고 자신감 넘치며, 과감하고 대담해서 겉으로는 밝고 가벼워 보이나, 안으로는 진지한 면이 있어 철학적이고 영적인 주제를 탐닉하기도 한다. 순발력이 뛰어나고 실행력이 탁월해 가슴 뛰게 만드는 일을 만나면 조급하게 돌진하는 경향이 있다. 한 가지 일에 깊게 몰입하기보다는 다양한 관심사를 동시에 추구하는 편이다.

갑甲 일간이 사巳월에 태어난 사람에게 행운의 글자는 임壬 또는 계癸이다. 의욕이 넘치고 행동이 앞서 많은 시행착오를 거칠 수 있는데, 사주의 다른 자리에 임壬이나 계癸가 있다면 의욕에 앞서 절제할 수 있고, 행동에 앞서 생각할 수도 있어, 빼고 더할 것 없이 한 번에 완벽하게 일을 수행한다. 경庚이나 신辛도 좋은 글자다. 정처 없이 산만하게 행동하는 경우가 많은데, 경庚이나 신辛이 있다면 강한 목적의식을 준다. 가치 있는 한 가지 목적에 집중해 에너지 분산을 막을 수 있다.

다른 자리에 병丙이나 정丁이 하나 있으면 개성이 뚜렷한 정도지만, 둘 이상 있다면 지나치게 흥미나 재미를 추구하지 않는지 경계할 필요가 있다. 침착하고 차분하게 자신의 행동을 반추할 수 있는 혼자만의 시간과 공간을 확보하도록 노력해야 한다.

행운의 글자	임壬 · 계癸
주의할 글자	병丙 · 정丁
행운의 색	검정
행운의 방향	북쪽

5. 오월생(午月生)

E	10	9	8	7	6	5	4	3	2	1	1	2	3	4	5	6	7	8	9	10	I
S	10	9	8	7	6	5	4	3	2	1	1	2	3	4	5	6	7	8	9	10	N
T	10	9	8	7	6	5	4	3	2	1	1	2	3	4	5	6	7	8	9	10	F
P	10	9	8	7	6	5	4	3	2	1	1	2	3	4	5	6	7	8	9	10	J

(ENTJ)　(식(食)기질)

개방적 태도와 넘치는 흥

열린 마음으로 새로운 경험과 문화를 쉽게 받아들이는 개방적인 태도를 갖추고 있다. 흥미와 관심의 범위가 넓고, 변화가 많은 일에 도전하는 것을 즐긴다. 낯선 사람을 만나는 것을 두려워하지 않고, 잘 모르는 사람에게도 나 자신을 금방 드러낸다. 언제 어디서나 다양한 사람들과 쉽게 어울린다. 자신의 생각이나 감정을 호소력 있게 표현하는 재주가 있으며, 유쾌하고 흥이 넘쳐 사람들에게 영감을 주고 즐거움을 선사한다. 정해진 틀이나 따라야 하는 규범이 많은 환경에 극도로 취약하다. 규칙과 예상을 살짝 뒤틀어 흥미롭고 재미있는 반전을 꾀하는 것을 좋아한다. 순간적인 본능이나 직감에 따라 행동하는 경우가 많으며, 열정적이고 정열적이다. 아이디어가 독특하고 행동이 톡톡 튀지만, 매우 실용적이고 현실적이다.

　갑甲 일간이 오午월에 태어난 사람에게 행운의 글자는 임壬 또는 계癸이다. 현실적이고 실용적이라 종종 근시안적일 때가 있는데, 사주의 다른 자리에 임壬이나 계癸가 있다면 깊은 내면의 지혜와 높은 이상적 원칙에도 소홀하지 않아 멀리 보고 넓게 생각할 수 있다. 경庚이나 신辛도 좋은 글자다. 순발력과 즉흥성이 뛰어난 만큼 실수가 잦아 부작용과 후유증이 만만치 않은 경우가 있는데, 경庚이나 신辛이 있다면 자기를 관리하고 단속할 수 있다.

　다른 자리에 병丙이나 정丁이 하나 있다면 개성이 강한 정도지만, 둘 이상 있다면 다른 사람의 반응을 지나치게 자기 편한 대로 해석하고 제멋대로 행동하고 있지 않은지 살펴볼 필요가 있다. 사회 평균적인 해석과 규범을 이해하고 맞춰가려는 훈련이 필요하다.

행운의 글자	임壬 · 계癸
주의할 글자	병丙 · 정丁
행운의 색	검정
행운의 방향	북쪽

6. 미未월생

E	10	9	8	7	6	5	4	3	2	1	1	2	3	4	5	6	7	8	9	10	I
S	10	9	8	7	6	5	4	3	2	1	1	2	3	4	5	6	7	8	9	10	N
T	10	9	8	7	6	5	4	3	2	1	1	2	3	4	5	6	7	8	9	10	F
P	10	9	8	7	6	5	4	3	2	1	1	2	3	4	5	6	7	8	9	10	J

(ESTJ)　(재財기질)

대담한 야심과 탐미적 감각

생각하는 것보다 행하는 것을 중요하게 여기며, 결정하고 실행에 옮기는 속도가 아주 빠르다. 주어진 상황이나 환경을 뛰어넘는 크고 원대한 목표를 설정하고, 목표를 이루기 위해 최선을 다한다. 역경에 굴하지 않고 쉽게 낙담하지 않는다. 항상 성취에 집중하므로 기회를 포착하는 능력이 뛰어나고, 문제를 해결하는 방법을 알고 있다. 성취에 필요한 핵심 인물을 잘 찾아내고 원하는 정보나 자원을 잘 얻어낸다. 아름다움과 화려함을 좋아하고 색채나 모양, 소리나 맛에 대한 감각이 남다르다. 맛과 멋에 대한 왕성한 호기심과 디테일에 강한 섬세한 면모가 있어 사람들에게 호감을 준다. 세련되고 사교적이며 다채롭고 흥미진진한 삶을 추구한다.

갑甲 일간이 미未월에 태어난 사람에게 행운의 글자는 갑甲 또

는 을乙이다. 자기중심적인 성향이 있어 다른 사람의 정서에는 무관심한 편인데, 사주의 다른 자리에 갑甲이나 을乙이 있다면 항상 자신을 지켜주는 든든한 원군이 있어 외로움도 덜하고 타인으로 시선을 확장해 친밀한 교류도 가능하다. 임壬이나 계癸도 좋은 글자다. 해내려는 의욕과 투지가 강해 무리하게 욕심을 내는 경우가 있는데, 임壬이나 계癸가 있다면 만족할 줄 아는 능력과 자제하는 능력을 갖춰 보다 자연스럽고 평화롭게 의지를 실현해 낼 수 있다.

다른 자리에 무戊나 기己가 하나 있으면 개성이 뚜렷한 정도지만, 둘 이상 있다면 때때로 너무 고집을 부리거나, 의지가 강해질 때 보이는 파괴적인 행동을 경계해야 한다. 곁에 염주나 묵주를 두고 돌리면서 마음을 가라앉히고, 무념무상한 시간을 보낼 수 있도록 노력할 필요가 있다.

행운의 글자	갑甲 · 을乙
주의할 글자	무戊 · 기己
행운의 색	파랑
행운의 방향	동쪽

7. 신申월생

E	10	9	8	7	6	5	4	3	2	1	1	2	3	4	5	6	7	8	9	10	I
S	10	9	8	7	6	5	4	3	2	1	1	2	3	4	5	6	7	8	9	10	N
T	10	9	8	7	6	5	4	3	2	1	1	2	3	4	5	6	7	8	9	10	F
P	10	9	8	7	6	5	4	3	2	1	1	2	3	4	5	6	7	8	9	10	J

(ESFJ) (관官기질)

높은 집중력과 장인 정신

주인공이 사랑에 빠질 때 주위가 흐려지고 시간이 멈추는 로맨스 영화처럼, 어떤 일에 꽂히면 주변 상황이 눈에 들어오지 않고 시간의 흐름도 잊고 집중력을 발휘한다. 완성도에 집착하기에 같은 작업을 수십 번 반복해도 지루해하지 않고 작은 디테일 하나에도 정성을 들인다. 자기 주도적이라 스스로 동기를 부여하고, 누가 시키지 않아도 높은 자기 기준에 맞추어 알아서 끊임없이 개선하고 발전하려고 노력한다. 맡은 일에 대한 의무감과 책임감이 강해 믿을 수 있는 사람이라는 평을 듣는다. 꿋꿋하고 강직하고 고지식한 편이다. 행동이나 생활에 절도가 있고 매사 진지하다.

갑甲 일간이 신申월에 태어난 사람에게 행운의 글자는 병丙 또는 정丁이다. 까다롭고 깐깐한 편이라 융통성이 필요한 상황에서

도 고집을 앞세워 한 발도 나아갈 수 없는 경우가 많은데, 사주의 다른 자리에 병丙이나 정丁이 있다면 사소하고 비본질적인 부분은 포기하는 등 적절히 양보하고 타협해 일을 진행해 나갈 수 있다. 여기에 임壬이나 계癸가 있으면 더욱 좋다. 몰입도와 집중력이 높으면 번아웃이 오게 마련인데, 임壬이나 계癸가 있다면 체력과 정신을 쏟은 만큼 회복할 수 있는 능력도 갖춰 쉽게 지치지 않는다.

다른 자리에 경庚이나 신辛이 하나 있으면 개성이 뚜렷한 정도지만, 둘 이상 있다면 지나치게 신경질적이거나 공격적일 때를 경계해야 한다. 지나친 긴장과 분노는 결국 스트레스로 돌아와 자기를 소모시킬 뿐이다. 감정을 절제하고 자신을 통제하려는 노력이 필요하다.

행운의 글자	병丙 · 정丁
주의할 글자	경庚 · 신辛
행운의 색	빨강
행운의 방향	남쪽

8. 유酉월생

E	10	9	8	7	6	5	4	3	2	1	1	2	3	4	5	6	7	8	9	10	I
S	10	9	8	7	6	5	4	3	2	1	1	2	3	4	5	6	7	8	9	10	N
T	10	9	8	7	6	5	4	3	2	1	1	2	3	4	5	6	7	8	9	10	F
P	10	9	8	7	6	5	4	3	2	1	1	2	3	4	5	6	7	8	9	10	J

(ISFJ)　(관官기질)

섬세하고 원칙적인 완벽주의자

섬세하고 민감하고 예리한 편이다. 충동적이고 즉흥적으로 행동하는 경우는 거의 없고, 상황을 분석하고 검토하는 데 시간을 많이 들인다. 매사를 신중하게 고려하고 사소하고 세부적인 것들까지도 반복 분석해서 시뮬레이션을 돌리기 때문에 실제 행동에 나설 때는 실수가 적다. 완벽하다는 확신이 없으면 좀처럼 행동에 나서지 않는다. 하지만 행동으로 옮기기만 하면 자로 잰 듯 군더더기 없이 정확하고 완벽하게 수행하는 편이다. 변화를 꺼리고 예측 불가능한 상황에 처하지 않으려 노력한다. 새롭고 낯선 것에 대한 경계심이 강하고 위험을 회피하려는 경향이 있다. 검증된 방식과 전통적인 절차를 선호하고 규칙과 원칙에서 벗어나는 것을 불편해한다.

갑甲 일간이 유酉월에 태어난 사람에게 행운의 글자는 병丙 또는 정丁이다. 꺼리고 거부하는 것이 많아 매사 진지하고 지나치게 조심스러운 경향이 있는데, 사주의 다른 자리에 병丙이나 정丁이 있다면 결벽증이 반감되어 필요하면 가볍고 유쾌하게 넘어갈 수 있다. 여기에 임壬이나 계癸가 있으면 더욱 좋다. 의심과 걱정이 많아 신경이 곤두서 불필요하게 자신을 혹사하는 경향이 있는데, 임壬이나 계癸가 있다면 타인과 세상에 대한 신뢰와 기대도 갖춰 균형과 평안을 유지할 수 있다.

다른 자리에 경庚이나 신辛이 하나 있으면 개성이 뚜렷한 정도지만, 둘 이상 있다면 지나친 결벽증을 경계할 필요가 있다. 통제보다는 안정, 완벽보다는 평온이 절실히 요구된다. 무균실의 화초보다는 거친 들판의 초목이 훨씬 살아가기 수월하다는 점을 항상 염두에 두어야 한다.

행운의 글자	병丙 · 정丁
주의할 글자	경庚 · 신辛
행운의 색	빨강
행운의 방향	남쪽

9. 술戌월생

E	10	9	8	7	6	5	4	3	2	1	1	2	3	4	5	6	7	8	9	10	I
S	10	9	8	7	6	5	4	3	2	1	1	2	3	4	5	6	7	8	9	10	N
T	10	9	8	7	6	5	4	3	2	1	1	2	3	4	5	6	7	8	9	10	F
P	10	9	8	7	6	5	4	3	2	1	1	2	3	4	5	6	7	8	9	10	J

(ISFJ) (관官기질)

염세적 감성과 강한 결단력

차고 무심한 편이다. 인간의 본성이나 인간관계, 사회나 국가의 시스템을 의심하고 불신하는 경향이 있다. 허황된 희망이나 기대가 없고 지극히 염세적이다. 예의 있고 반듯해 보이지만, 속으로는 어느 것도 신뢰하지 않는다. 친절하고 다정하지만 경계를 게을리하지 않는다. 사람이나 상황에 기대하지 않으므로 실망도 적다. 현실을 비틀어 말하거나 어두운 주제를 가볍게 다루는, 냉소적이고 위트 있는 유머를 잘 구사한다. 남을 탓하지 않고 스스로 감당하려는 책임감이 강하다. 상황이 힘들고 어려워도 회피보다는 직면을 선택하고, 모든 것을 잃어도 좋다는 듯한 강한 결단력이 있다. 집요한 집중력이 있어 한 가지 주제를 깊이 파고드는 편이다.

갑甲 일간이 술戌월에 태어난 사람에게 행운의 글자는 병丙 또

는 정丁이다. 세상을 불신하는 편이라 불만과 분노가 많은데, 사주의 다른 자리에 병丙이나 정丁이 있다면 밝고 긍정적인 마인드도 갖춰 자신의 감정과 행동을 균형 있고 조화롭게 조절할 수 있다. 여기에 임壬이나 계癸가 있으면 더욱 좋다. 결단이 빠른 편이라 상황 변화에 대처하지 못해 난감한 경우가 많은데, 임壬이나 계癸가 있다면 자제력과 인내심이 있어 신중하게 결정을 내릴 수 있다.

다른 자리에 경庚이나 신辛이 하나 있으면 개성이 뚜렷한 정도지만, 둘 이상 있다면 지나치게 부정적으로 생각하는 경향을 경계해야 한다. 때로는 마음가짐이 현실이 되기도 한다. 상황이 주어지면 먼저 장점을 파악하고, 긍정적이고 따뜻한 시선으로 바라보려 노력할 필요가 있다.

행운의 글자	병丙 · 정丁
주의할 글자	경庚 · 신辛
행운의 색	빨강
행운의 방향	남쪽

10. 해亥월생

E	10	9	8	7	6	5	4	3	2	1	1	2	3	4	5	6	7	8	9	10	I
S	10	9	8	7	6	5	4	3	2	1	1	2	3	4	5	6	7	8	9	10	N
T	10	9	8	7	6	5	4	3	2	1	1	2	3	4	5	6	7	8	9	10	F
P	10	9	8	7	6	5	4	3	2	1	1	2	3	4	5	6	7	8	9	10	J

(INFJ) (인印기질)

따뜻하고 웅장한 이상주의자

인정이 많고 따뜻하며 동정심이 많다. 어려운 처지에서 힘들어하는 사람들의 이야기를 들으면 진심으로 마음 아파한다. 곤경에 처하거나 도움을 청하는 사람을 보고 그냥 넘어가지 못한다. 자신보다 주변 사람들을 먼저 생각하는 이타적인 성향이지만, 원칙과 관습을 따르려는 모습 때문에 다소 권위적이고 보수적으로 보이기도 한다. 의젓하고 무게가 있어 점잖다는 이야기를 듣는다. 일희일비하지 않고 먼 미래를 내다보는 설계와 비전이 있다. 스케일이 있어 매사 웅장하게 생각하는 편이다. 세상의 불완전함과 부조리를 누구보다 잘 알고 있지만 언제나 희망을 선택하고, 가능성을 믿는 편이다. 어떤 결정을 내려야 할 때 항상 주변 사람들의 다양한 감정과 의견을 종합적으로 고려해 판단한다.

　갑甲 일간이 해亥월에 태어난 사람에게 행운의 글자는 병丙 또는 정丁이다. 차분하고 말수가 적어 차고 무심해 보일 수 있는데, 사주의 다른 자리에 병丙이나 정丁이 있다면 활기와 사교성도 갖춰 사람을 중시하는 타고난 능력을 십분 발휘할 수 있다. 무戊나 기己도 좋은 글자다. 자신보다는 타인의 요구와 필요를 먼저 생각해서 실속이 없는 경우가 많은데, 무戊나 기己가 있다면 자신의 이익과 영역도 소중히 여겨 자기 관리에도 철저할 수 있다.

　다른 자리에 임壬이나 계癸가 하나 있으면 개성이 뚜렷한 정도지만, 둘 이상 있다면 다른 사람에게 지나치게 관심과 의욕을 가지는 성향을 경계할 필요가 있다. 타인과 관계없이 독자적으로 만족할 수 있는 능력과 취향을 계발해, 남이 알아주지 않아도 마음에 두지 않고 독립하는 연습을 해야 한다.

행운의 글자	병丙 · 정丁
주의할 글자	임壬 · 계癸
행운의 색	빨강
행운의 방향	남쪽

11. 자子월생

E	10	9	8	7	6	5	4	3	2	1	1	2	3	4	5	6	7	8	9	10	**I**
S	10	9	8	7	6	5	4	3	2	1	1	2	3	4	5	6	7	8	9	10	**N**
T	10	9	8	7	6	5	4	3	2	1	1	2	3	4	5	6	7	8	9	10	**F**
P	10	9	8	7	6	5	4	3	2	1	1	2	3	4	5	6	7	8	9	10	**J**

(**INFP**)　(**인印기질**)

강한 멘탈과 남다른 지식욕

차분하고 침착하다. 쉽게 흥분하거나 화내지 않아 예기치 못한 상황이나 위기가 닥쳐도 감정의 동요가 적은 편이다. 절제력이 강하고 좀처럼 속내를 드러내지 않는다. 단기적인 성과보다 장기적인 목표에 집중하고, 사소하고 자잘한 실수나 실패에 연연하지 않는다. 오히려 실수나 실패를 성장의 밑거름으로 삼는다. 회복 탄력성이 높고 자기 자신에 대한 신뢰와 확신이 강하다. 오랜 시간 집중력과 의지를 유지할 수 있어 소위 엉덩이가 무거운 사람이라는 평을 듣는다. 지식으로 자신의 사유와 정서의 지평을 확장하는 데 진심이다. 단순히 많이 아는 것이 아니라 제대로 이해하려 하며, 지식을 자기화해 현실에 실현하려는 의지가 강하다. 알면 알수록 모르는 분야가 더 많다는 사실에 끊임없이 배우려 한다.

갑甲 일간이 자子월에 태어난 사람에게 행운의 글자는 병丙 또는 정丁이다. 다소 냉정하고 무거워 다른 사람이 쉽게 다가가기 힘든 경향이 있는데, 사주의 다른 자리에 병丙이나 정丁이 있다면 한결 온화하고 가볍게 타인에게 곁을 내줘 특유의 진지한 사교성을 발휘할 수 있다. 무戊나 기己도 좋은 글자다. 즉각적인 성과나 피드백을 가볍게 여겨 무심하고 나태해 보일 수 있는데, 무戊나 기己가 있다면 건전한 경쟁심이나 승부욕도 갖춰 작은 것에서부터 하나하나 이뤄나갈 수 있다.

다른 자리에 임壬이나 계癸가 하나 있으면 개성이 강한 정도지만, 둘 이상 있다면 머릿속으로만 만리장성을 쌓는 경향을 경계해야 한다. 너무 준비만 하면 시기를 놓치기 쉽다. 작은 것부터 하나하나 행동으로 표현하는 연습이 필요하다.

행운의 글자	병丙 · 정丁
주의할 글자	임壬 · 계癸
행운의 색	빨강
행운의 방향	남쪽

12. 축丑월생

E	10	9	8	7	6	5	4	3	2	1	1	2	3	4	5	6	7	8	9	10	I
S	10	9	8	7	6	5	4	3	2	1	1	2	3	4	5	6	7	8	9	10	N
T	10	9	8	7	6	5	4	3	2	1	1	2	3	4	5	6	7	8	9	10	F
P	10	9	8	7	6	5	4	3	2	1	1	2	3	4	5	6	7	8	9	10	J

(INFP)　(인印기질)

자상하고 감성적인 보수주의자

세심하고 정이 많다. 기쁨, 슬픔, 경탄, 혐오 등 다양한 감정을 풍부하게 느끼는 편이다. 감정적으로 관대하며, 보편적인 사랑과 인류애가 있다. 이성이나 논리보다는 감정이나 가치, 신념이 마음을 일으킨다. 다른 사람의 기분이나 감정을 직관적으로 잘 파악하고, 분위기에 마음이 쉽게 움직인다. 남들이 요구하는 것이면 불편하고 내키지 않아도 거절을 잘 못한다. 때로는 남들이 요구하지 않아도, 기대에 부응하고 싶어서 또는 도움이 필요하다 생각하고 먼저 손을 내밀기도 한다. 누군가를 돌보고 챙기는 데 큰 보람을 느낀다. 전통과 관례를 중요시하고, 공동체의 규범과 질서를 존중하고 잘 지킨다. 다소 고지식하고 융통성이 없는 편이라 남들은 요령껏 넘어가는 일에도 원칙과 공정을 지키려고 애를 쓴다.

갑甲 일간이 축丑월에 태어난 사람에게 행운의 글자는 병丙 또는 정丁이다. 성정이 차분하고 무거운 편이라 우울하고 공허할 때가 많은데, 사주의 다른 자리에 병丙이나 정丁이 있다면 생기와 활력을 갖춰 한결 가볍고 활기차게 지낼 수 있다. 무戊나 기己도 좋은 글자다. 다른 사람들의 감정에 민감하고 배려심이 많아 남의 일을 뒤치다꺼리만 한다는 자괴감이 들 때가 있는데, 무戊나 기己가 있다면 자기 관리와 개인적 성취에도 소홀하지 않아 특유의 넓은 품을 큰 성과로 이어갈 수 있다.

다른 자리에 임壬이나 계癸가 하나 있으면 개성이 뚜렷한 정도지만, 둘 이상 있다면 지나친 인정 욕구를 경계해야 한다. 실망시키지 않으려 남의 기대에 부응하는 것보다 스스로의 욕망과 의지를 긍정하고 존중하는 것이 더욱 필요하다.

행운의 글자	병丙 · 정丁
주의할 글자	임壬 · 계癸
행운의 색	빨강
행운의 방향	남쪽

II

을乙일간

1. 인寅월생

E	10	9	8	7	6	5	4	3	2	1	1	2	3	4	5	6	7	8	9	10	I
S	10	9	8	7	6	5	4	3	2	1	1	2	3	4	5	6	7	8	9	10	N
T	10	9	8	7	6	5	4	3	2	1	1	2	3	4	5	6	7	8	9	10	F
P	10	9	8	7	6	5	4	3	2	1	1	2	3	4	5	6	7	8	9	10	J

(INTP) (비둘기질)

유연한 태도와 넓은 마음

새로운 환경이나 예상치 못한 사태에도 쉽게 적응한다. 새로운 상황을 열린 마음으로 받아들이고 현재 상황에 맞게 행동을 조정할 줄 알아 유연하게 대처한다. 어려움이나 곤란이 예상되는 경우에도 긍정적으로 생각하고, 익숙하지 않은 일을 할 때에도 침착하고 여유가 있다. 적극적이고 의욕이 넘쳐, 흥미가 생기면 무작정 시작하고 본다. 초반 추진력이 강한 데 비해 꾸준하게 지속하는 능력은 약한 편이다. 다양한 분야에 마음이 끌려, 한곳에 차분히 집중하기 힘들어한다. 잘게 굴거나 까다롭지 않고 대범하다. 타인의 잘못이나 실수에 너그럽다. 심지어 나에게 잘못을 저지른 사람도 쉽게 용서한다. 자비심이 있고, 성장하고 발전하려는 의지가 강해, 원하는 것을 성취할 수 있는 잠재력이 높다.

을乙 일간이 인寅월에 태어난 사람에게 행운의 글자는 병丙 또는 정丁이다. 원하는 것이 가능한 상태 또는 잠재적인 힘으로만 머물러 있는 경우가 많은데, 사주의 다른 자리에 병丙이나 정丁이 있다면 꿈을 현실에서 실현할 수 있다. 경庚이나 신辛도 좋은 글자다. 하려는 의욕은 앞서지만 집요하게 파고들고 꾸준히 집중하는 능력은 약한 편인데, 경庚 또는 신辛이 있다면 거듭 되풀이해 될 때까지 밀어붙여 끝내 결과를 얻을 수 있다.

다른 자리에 갑甲이나 을乙이 하나 있으면 개성이 뚜렷한 정도지만, 둘 이상 있다면 행동하기에 앞서 정보가 불확실하지 않은지, 판단이 섣부르지 않은지 항상 체크할 필요가 있다. 행동하기 전에는 얼마든지 바꿀 수 있지만, 행동 후에는 수습하기가 힘들다는 점을 항상 염두에 두어야 한다.

행운의 글자	병丙 · 정丁
주의할 글자	갑甲 · 을乙
행운의 색	빨강
행운의 방향	남쪽

2. 묘卯월생

E	10	9	8	7	6	5	4	3	2	1	1	2	3	4	5	6	7	8	9	10	I
S	10	9	8	7	6	5	4	3	2	1	1	2	3	4	5	6	7	8	9	10	N
T	10	9	8	7	6	5	4	3	2	1	1	2	3	4	5	6	7	8	9	10	F
P	10	9	8	7	6	5	4	3	2	1	1	2	3	4	5	6	7	8	9	10	J

(ENTP) (비또기질)

활기차고 낙천적인 분위기 메이커

알고 있던 것도 마치 처음 본 것처럼 늘 새로움을 발견하고 감탄한다. 감탄에서 우러나오는 넓은 시야와 유연한 사고가 있어, 기존의 틀에 얽매이지 않고 참신하고 독창적인 방법으로 문제를 해결해 나간다. 낙천적이고 활동적이고 젊음이 넘치는 에너지가 있다. 실수를 두려워하지 않고 유머로 승화시켜 분위기를 가볍게 만들 줄 안다. 어려운 상황에서도 낙천적이고 긍정적인 태도로 안정감을 준다. 언제 어디서나 사람들과 잘 어울리고, 활기를 이끌어내는 분위기 메이커다. 성격에 꾸밈이 없고, 까다롭지 않고, 수월하고 무던한 편이라 만만하게 보이기도 하지만 어림도 없다. 근성이 강해 심지가 깊고 어려움이 있어도 꿋꿋하게 이겨내고 결국 원하는 것을 이루어낸다.

　을乙 일간이 묘卯월에 태어난 사람에게 행운의 글자는 경庚 또는 신辛이다. 마냥 낙천적이고 긍정적이면 위험에 올바로 대처할 수 없는 경우가 많은데, 사주의 다른 자리에 경庚이나 신辛이 있다면 조심성과 경계심을 갖춰 위기 상황을 스스로 초래하지는 않는다. 무戊나 기己도 좋은 글자다. 잠시도 가만히 있지 못해서 재능 낭비와 에너지 낭비가 심한 편인데, 무戊나 기己가 있다면 목적 의식을 가지고 계획성과 집중력을 발휘해 잉여 행동 없이 목적을 이룰 수 있다.

　다른 자리에 갑甲이나 을乙이 하나 있으면 개성이 뚜렷한 정도지만, 둘 이상 있다면 충동적인 행동을 조심해야 한다. 관심사가 많고 실용적인 재능이 많아 여기저기 발을 걸치는데, 삶을 간단하고 단정하게 만들려는 노력이 필요하다.

행운의 글자	경庚 · 신辛
주의할 글자	갑甲 · 을乙
행운의 색	하양
행운의 방향	서쪽

3. 진辰월생

E	10	9	8	7	6	5	4	3	2	1	1	2	3	4	5	6	7	8	9	10	I
S	10	9	8	7	6	5	4	3	2	1	1	2	3	4	5	6	7	8	9	10	N
T	10	9	8	7	6	5	4	3	2	1	1	2	3	4	5	6	7	8	9	10	F
P	10	9	8	7	6	5	4	3	2	1	1	2	3	4	5	6	7	8	9	10	J

(ENTP) (비比기질)

즐거운 진보성과 자유분방함

두뇌가 명석하고 행동이 빨라 세상을 활발하게 탐색한다. 새로운 트렌드나 아이디어를 쉽게 받아들여 즉시 삶에 적용하는 것을 즐긴다. 익숙하고 따분한 것을 잘 견디지 못하고, 조금이라도 변화하고 발전하려는 마음이 강하다. 기존의 전통이나 규칙에 얽매이지 않고 생각이 자유분방하다. 특히 권위로 누르려 하면 강하게 반발한다. 항상 긍정적인 태도로 주변 사람들에게 웃음과 활기를 주고 편견 없이 사람들과 교류하려 한다. 밝고 활기찬 성격에 과단성 있는 행동으로 때로는 거칠게 느껴질 때도 있지만, 자신감 있는 겉모습 뒤에는 섬세한 내면이 있다. 상대방의 미묘한 표정이나 말투에서 감정을 잘 읽어내고 상대방의 기분에 맞게 반응해 줄 줄 안다.

    을乙 일간이 진辰월에 태어난 사람에게 행운의 글자는 임壬 또는 계癸이다. 주변의 눈치를 보지 않고 거리낌 없이, 적극적이고 주도적으로 마냥 뻗어 나가려고만 하는 경향이 있는데, 사주의 다른 자리에 임壬이나 계癸가 있다면 제어가 된다. 타고난 탐험심과 진보성에 차분한 지성도 갖춰 훌륭한 결과를 볼 수 있다. 경庚이나 신辛도 좋은 글자다. 자기 확신이 강해 현실과 동떨어지거나 확증 편향에 기울기 쉬운데 경庚이나 신辛이 있다면 다른 사람의 시각으로 자신을 보고 다듬어 객관적이고 현실적인 태도를 유지할 수 있다.

    다른 자리에 갑甲이나 을乙이 하나 있다면 개성이 뚜렷한 정도지만, 둘 이상 있다면 주변의 눈치를 너무 보지 않는 것이 아닌지 살펴보아야 한다. 직설적이고 솔직한 것이 지나치면 공격적이고 무례하게 비칠 수 있다는 점을 항상 유념해야 한다.

행운의 글자	임壬 · 계癸
주의할 글자	갑甲 · 을乙
행운의 색	검정
행운의 방향	북쪽

4. 사ㅌ월생

E	10	9	8	7	6	5	4	3	2	1	1	2	3	4	5	6	7	8	9	10	I
S	10	9	8	7	6	5	4	3	2	1	1	2	3	4	5	6	7	8	9	10	N
T	10	9	8	7	6	5	4	3	2	1	1	2	3	4	5	6	7	8	9	10	F
P	10	9	8	7	6	5	4	3	2	1	1	2	3	4	5	6	7	8	9	10	J

(ENTP)　(식食기질)

자유로운 영혼, 유려한 달변가

판에 박히거나 틀에 얽매이는 것을 몹시 싫어하는 자유로운 영혼이다. 평범한 것을 거부하고 색다르고 독특한 것을 추구한다. 독립심이 강해 타인의 편견을 의식하거나 세상의 시선에 구속되지 않는다. 낙천적이고 적극적이고 활기가 넘친다. 여러 가지 경우를 고려해 신중하게 결정하지 않고 직감에 따라 단도직입적으로 행동한다. 말솜씨가 좋아 말할 때 막힘이 없이 자연스럽고 매끄럽게 이어진다. 상황에 따라 적절한 표현과 비유를 자유롭게 구사하고, 타인의 표정이나 몸짓이 무엇을 뜻하는지 본능적으로 잘 알고 있어, 말의 흐름을 상대방의 반응에 따라 빠르게 조절한다. 말을 하면서 머릿속으로 문장을 수정한다. 사실을 과장하거나 심할 때는 사실을 비틀기도 하지만, 어디까지나 이야기를 재미있게 하기 위

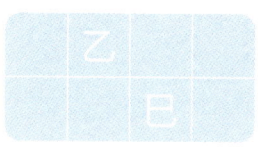

해서일 뿐 악의는 없다.

을乙 일간이 사巳월에 태어난 사람에게 행운의 글자는 임壬 또는 계癸이다. 출력되는 것이 많아 상대적으로 입력되는 부분은 부족한데, 사주의 다른 자리에 임壬이나 계癸가 있다면 지식과 지혜도 추구해 철학적이고 세련되게 표현하는 능력을 갖출 수 있다. 경庚이나 신辛도 좋은 글자다. 경庚이나 신辛은 타고난 활력에 차분함을, 산만한 기질에 집중력을 준다.

다른 자리에 병丙이나 정丁이 하나 있다면 개성이 뚜렷한 정도지만, 둘 이상 있다면 자기 확신이 지나쳐 생각이 틀리거나 미흡한 경우에도 너무 단호하고 확정적인 태도를 취하지 않는지 살펴보아야 한다. 현명한 사람은 의심으로 가득 차 있지만, 어리석은 사람은 확신에 차 있다는 격언을 금과옥조로 삼아야 한다.

행운의 글자	임壬 · 계癸
주의할 글자	병丙 · 정丁
행운의 색	검정
행운의 방향	북쪽

5. 오午월생

E	10	9	8	7	6	5	4	3	2	1	1	2	3	4	5	6	7	8	9	10	I
S	10	9	8	7	6	5	4	3	2	1	1	2	3	4	5	6	7	8	9	10	N
T	10	9	8	7	6	5	4	3	2	1	1	2	3	4	5	6	7	8	9	10	F
P	10	9	8	7	6	5	4	3	2	1	1	2	3	4	5	6	7	8	9	10	J

(ENTJ)　(식食기질)

앞서 가는 트렌드, 탁월한 소통 능력

유행에 민감하고 맥락과 흐름을 잘 파악한다. 새로움과 변화에 관심이 높고 정보 수집 능력이 뛰어나다. 딱 한 발 앞만 내다보는 현실적이고 실현 가능한 혜안을 가지고 있어, 흥미로운 아이디어로 새로운 트렌드를 이끌어 간다. 쾌활하고 명랑하고 낙천적이라 어려움이 예상되더라도 별로 신경 쓰지 않고, 조그마한 가능성이라도 보이면 물불을 가리지 않고 정열적으로 도전한다. 사고가 유연한 편이어서 하나의 방법만을 고집하지 않고 실패하면 우회해서 다른 방법을 잘 찾아낸다. 호기심이 많아 관심 분야가 다양하고, 표정이나 몸짓, 목소리 톤을 적절히 사용해 자기를 표현할 줄 알며, 항상 활기차고 친절하다. 탁월한 소통 능력과 사교 수완으로 주변을 즐겁게 만든다.

　을乙 일간이 오午월에 태어난 사람에게 행운의 글자는 임壬 또는 계癸이다. 새로운 환경에 쉽게 적응하지만 틀에 박히는 것을 싫어해 일을 끝도 없이 벌이거나 자주 자리를 옮겨 다니는데, 사주의 다른 자리에 임壬이나 계癸가 있다면 한두 가지에 집중할 수 있고 단기적인 성과보다 장기적 가치를 보는 안목이 생겨 제자리걸음하는 시기도 잘 견딜 수 있다. 경庚이나 신辛도 좋은 글자다. 앞뒤 재지 않고 열정만 앞세워 무턱대고 도전하는 적극성을 제어해서 조심스럽고 섬세하게 여러 세부 사항을 고려할 수 있도록 균형을 잡아준다.

　다른 자리에 병丙이나 정丁이 하나 있다면 개성이 강한 정도지만, 둘 이상 있다면 멋지게 표현하는 삶에 너무 몰입해 사치와 방탕으로 나아가지 않도록 조심해야 한다. 검소하고 담백한 삶의 가치를 되새기려는 의식적인 훈련이 필요하다.

행운의 글자	임壬 · 계癸
주의할 글자	병丙 · 정丁
행운의 색	검정
행운의 방향	북쪽

6. 미초월생

E	10	9	8	7	6	5	4	3	2	1	1	2	3	4	5	6	7	8	9	10	I
S	10	9	8	7	6	5	4	3	2	1	1	2	3	4	5	6	7	8	9	10	N
T	10	9	8	7	6	5	4	3	2	1	1	2	3	4	5	6	7	8	9	10	F
P	10	9	8	7	6	5	4	3	2	1	1	2	3	4	5	6	7	8	9	10	J

(ESTJ) (재財기질)

현실적 접근, 효율적 대처

목표 지향적이고 목표를 이루기 위해 적극적으로 노력한다. 변화하는 환경이나 새로운 상황에 맞춰 유연하게 사고하고 행동하며, 자신에게 가장 유익한 행동을 선택할 수 있다. 감상적인 것에는 별로 마음이 끌리지 않고, 논리적이고 객관적으로 접근한다. 불편한 상황이 주어지면 불평하거나 감정적으로 반응하는 대신 해결책을 빠르게 찾아 실행하고, 이상적인 목표보다는 실현 가능한 현실적인 목표를 세우고 추진한다. 의견 충돌이 있을 때는 적극적으로 자신의 의견을 주장하지만, 그렇다고 쉽게 흥분하거나 화를 내지는 않는다. 감정적 호소보다는 명확하고 근거 있는 설명을 선호한다. 주어진 시간과 자원을 최대한 활용해 최적의 결과를 도출해 낼 수 있다. 비효율적인 것에 시간과 재능을 낭비하는 것을 극도

로 싫어한다.

을乙 일간이 미未월에 태어난 사람에게 행운의 글자는 갑甲 또는 을乙이다. 할 수 있는 한 더 잘하고 싶어 하는 마음에 매사에 최선을 다하므로 방전될 때가 많은데, 사주의 다른 자리에 갑甲이나 을乙이 있다면 때때로 느긋하고 여유롭게 재충전할 수 있다. 임壬이나 계癸도 좋은 글자다. 목표 지향적이고 성취 지향적이라 지나치게 자신과 타인의 감정을 무시하는 경향이 있는데, 임壬이나 계癸가 있다면 자신뿐만 아니라 타인의 감정까지 고려하는 친화성도 갖춰 조화롭게 보완할 수 있다.

다른 자리에 무戊나 기己가 하나 있다면 개성이 강한 정도지만, 둘 이상 있다면 지나치게 자신을 몰아붙이지 않도록 조심할 필요가 있다. 자신에게 관대해져야 남도 너그럽고 여유 있게 대할 수 있다.

행운의 글자	갑甲 · 을乙
주의할 글자	무戊 · 기己
행운의 색	파랑
행운의 방향	동쪽

7. 신甲월생

E	10	9	8	7	6	5	4	3	2	1	1	2	3	4	5	6	7	8	9	10	I
S	10	9	8	7	6	5	4	3	2	1	1	2	3	4	5	6	7	8	9	10	N
T	10	9	8	7	6	5	4	3	2	1	1	2	3	4	5	6	7	8	9	10	F
P	10	9	8	7	6	5	4	3	2	1	1	2	3	4	5	6	7	8	9	10	J

(ESFJ) (관官기질)

강한 의무감, 노력형 천재

질서와 체계와 시스템이 잘 갖춰진 곳을 선호한다. 자신이 속한 사회나 공동체에서 요구하는 자질에 민감하고, 최상의 자질을 갖추기 위해 밤낮으로 노력한다. 자신보다 공동체의 이익을 우선하는 경우가 많다. 자신이 속한 사회나 공동체의 가치나 규모가 커야 자신이 성장하고 발전할 가능성이 높기 때문이다. 하고 싶은 일보다 해야만 하는 일을 먼저 한다. 의무감이 강하고 자기 통제력이 있다. 뜻을 둔 분야에서 최고가 되기 위해 최선을 다해 노력한다. 기준이 높아 스스로 만족할 때까지 학습과 훈련을 끊임없이 반복한다. 타고난 천재가 아니라 노력형 천재다. 오랜 기간 훈련을 통해 다져진 능숙함으로 실전에 임하면 최적의 판단과 기술을 발휘한다.

　을乙 일간이 신申월에 태어난 사람에게 행운의 글자는 병丙 또는 정丁이다. 쉽게 만족하지 못하기에 다른 사람에게 지나치게 까다롭거나 비판적인 경우가 많은데, 사주의 다른 자리에 병丙이나 정丁이 있다면 소통하고 타협할 수 있어 타인과 조화롭게 균형을 이룬다. 임壬이나 계癸도 좋은 글자다. 긴장도가 높고 걱정이 많아 늘 의심하고 경계하는 경향이 있는데, 임壬이나 계癸가 있다면 감정을 이완할 수 있어, 자신과 세상을 너무 진지하지 않고 가볍고 편안하게 생각할 수 있다.

　다른 자리에 경庚이나 신辛이 하나 있으면 개성이 강한 정도지만, 둘 이상 있다면 높은 자기 기준 때문에 생겨날 수밖에 없는 스트레스나 자기 비하적 감정을 잘 다스려야 한다. 본인도 힘들고 주변도 지치게 하니, 긴장을 풀고 힘을 빼는 마음 훈련이 필요하다.

행운의 글자	병丙 · 정丁
주의할 글자	경庚 · 신辛
행운의 색	빨강
행운의 방향	남쪽

8. 유酉월생

E	10	9	8	7	6	5	4	3	2	1	1	2	3	4	5	6	7	8	9	10	I
S	10	9	8	7	6	5	4	3	2	1	1	2	3	4	5	6	7	8	9	10	N
T	10	9	8	7	6	5	4	3	2	1	1	2	3	4	5	6	7	8	9	10	F
P	10	9	8	7	6	5	4	3	2	1	1	2	3	4	5	6	7	8	9	10	J

(ISFJ) (관官기질)

예리한 감각, 예민한 감성

빛, 소리, 냄새, 맛, 감촉 등 다양한 감각의 층과 결을 구분해 느낄 수 있는 예리한 감각을 타고났다. 정교하게 세공된 보석처럼 분위기가 맑고 날카롭다. 질서가 없어 어수선하고, 어디서부터 풀어나가야 할지 알 수 없는 복잡한 상황이나 장소를 몹시 불편해한다. 규칙이나 절차가 확실하고 분명해 예측이 가능한 분야나 장소를 대체로 선호한다. 자신의 감정뿐만 아니라 타인의 감정도 미묘한 결까지 섬세하게 읽을 수 있지만, 좀처럼 반응하거나 표현하지는 않는다. 조심성과 신중함이 몸에 배어 있기 때문이다. 감정을 거리낌 없이 자유롭게 표현하거나 충동적인 사람을 부담스러워하고, 칭찬이나 농담에 인색하다. 정신적 안정을 위해 청소나 정리정돈과 같은 특정한 행동에 집착하는 경향이 있다.

　을乙 일간이 유酉월에 태어난 사람에게 행운의 글자는 병丙 또는 정丁이다. 신중하고 조심스러워 제자리에서 나아가지 못하고 맴도는 경우가 많은데, 사주의 다른 자리에 병丙이나 정丁이 있다면 진취적이고 활발한 기운도 있어 한발 나아가 세상과 조화롭게 소통할 수 있다. 임壬이나 계癸도 좋은 글자다. 섬세하고 날카롭게 핵심을 파악할 수 있는 능력에 꾸준하고 성실한 인내력까지 뒷받침되어 때가 되면 반드시 뜻한 바를 성취할 수 있다.

　다른 자리에 경庚이나 신辛이 하나 있으면 개성이 뚜렷한 정도지만, 둘 이상 있다면 과민하게 분석하려 드는 성향을 조심할 필요가 있다. 의미 없고 순간적인 타인의 행동이나 말에도 지나치게 의미와 가치를 부여하면 스스로도 지치고 주변 사람들도 불편하다. 무심하고 둔감해질 필요가 있다.

행운의 글자	병丙 · 정丁
주의할 글자	경庚 · 신辛
행운의 색	빨강
행운의 방향	남쪽

9. 술戌월생

E	10	9	8	7	6	5	4	3	2	1	1	2	3	4	5	6	7	8	9	10	I
S	10	9	8	7	6	5	4	3	2	1	1	2	3	4	5	6	7	8	9	10	N
T	10	9	8	7	6	5	4	3	2	1	1	2	3	4	5	6	7	8	9	10	F
P	10	9	8	7	6	5	4	3	2	1	1	2	3	4	5	6	7	8	9	10	J

(ISFJ)　(관官기질)

격렬한 감정, 염세적 태도

겉으로는 침착하고 차분해 보이지만 내면에는 격렬한 감정과 자유에 대한 강한 욕망이 있다. 세상은 부조리하고 삶은 고통이라 생각하는 편이다. 세상이 그토록 불완전하고 절망적이기에 역설적으로 치열하고 격렬하게 살아간다. 내면에 복잡하게 자리 잡은 신념과 감정의 모순과 역설을 섬세하고 창의적으로 풀어내 예술가가 되는 경우도 있다. 사람이나 상황에 대해 판단이 빠른 편이고 학습과 숙련으로 몸에 밴 적절한 태도를 취할 수 있다. 대체로 냉소적이고 시니컬하다. 자기 관리에 철저하고, 빈틈이 없고, 악바리라 불릴 만큼 타고난 근성이 있다. 평소에는 잘 나서지 않지만, 해야 한다고 생각하면 머뭇거리거나 주저하지 않고 과단성 있게 나선다.

　을乙 일간이 술戌월에 태어난 사람에게 행운의 글자는 병丙 또는 정丁이다. 삶을 지나치게 진지하고 무겁게 대하는 편인데, 사주의 다른 자리에 병丙이나 정丁이 있다면 보다 경쾌하고 가볍게 대할 수 있어 정서적으로 안정을 얻을 수 있다. 임壬이나 계癸도 좋은 글자다. 자신에게 너무 엄격해서 스트레스나 피로가 많은데, 임壬이나 계癸가 있다면 몸과 마음을 이완해 평안과 안정을 얻을 수 있다.

　다른 자리에 경庚이나 신辛이 하나 있으면 개성이 강한 정도지만, 둘 이상 있다면 지나친 고집과 아집으로 스스로를 고립시키지 않도록 조심해야 한다. 더 많이 알고 더 깊이 볼수록 모르는 부분이 더 많다는 진실을 늘 염두에 두고, 소통과 교류에 힘을 써야 한다.

행운의 글자	병丙 · 정丁
주의할 글자	경庚 · 신辛
행운의 색	빨강
행운의 방향	남쪽

10. 해亥월생

E	10	9	8	7	6	5	4	3	2	1	1	2	3	4	5	6	7	8	9	10	I
S	10	9	8	7	6	5	4	3	2	1	1	2	3	4	5	6	7	8	9	10	N
T	10	9	8	7	6	5	4	3	2	1	1	2	3	4	5	6	7	8	9	10	F
P	10	9	8	7	6	5	4	3	2	1	1	2	3	4	5	6	7	8	9	10	J

(INFJ) (인印기질)

은근한 긍지와 품위, 깊은 연민

남의 이야기에 잘 집중해서 마치 내가 겪은 듯 감정을 이입한다. 사람을 판단하지 않고 이해하고 공감하려 노력한다. 자신이 말하는 것보다 남의 말을 듣는 것을 더 좋아하고, 자신의 감정을 잘 드러내지 않는 편이다. 말이나 행동보다는 침묵이나 무위로 표현하는 때가 더 많다. 어떤 일을 겪고 무엇을 견뎌냈는지 말로 설명하지 않아도 긍지와 품위가 저절로 우러나온다. 신속한 판단과 실행이 요구되는 일에는 어려움을 느낄 수 있으나, 참고 기다릴 줄 알고 단조로운 일상도 잘 견디는 편이다. 깊은 이해력과 강한 통찰력으로 세상과 삶의 수많은 신비로움을 탐구한다. 세상을 크고 넓게 보고, 절대자나 조물주가 기획한 사람과 생명, 피조물 일반에 대한 강한 연대 의식과 연민이 있다.

　을乙 일간이 해亥월에 태어난 사람에게 행운의 글자는 병丙 또는 정丁이다. 남을 자상하고 친절하게 대하지만 정작 자신은 우울하거나 불안을 느낄 때가 많은데, 사주의 다른 자리에 병丙 또는 정丁이 있다면 밝고 따뜻한 기운으로 조화롭게 보완해 마음의 안정과 평화를 얻을 수 있다. 무戊나 기己도 좋은 글자다. 성정이 무겁고 진지해 고독과 외로움을 많이 느끼는 편인데, 무戊나 기己가 있다면 가벼운 교류나 의미 없는 소통도 소홀하지 않아 품위 있는 사교성을 발휘할 수 있다.

　다른 자리에 임壬이나 계癸가 하나 있으면 개성이 뚜렷한 정도지만, 둘 이상 있다면 주변 사람들을 과보호하려는 성향을 경계해야 한다. 그들의 삶은 그들의 것이다. 비록 선의가 대부분이라 하더라도 타인의 독립성을 인정하지 않으면 많은 부작용이 생길 수 있다.

행운의 글자	병丙 · 정丁
주의할 글자	임壬 · 계癸
행운의 색	빨강
행운의 방향	남쪽

11. 자子월생

E	10	9	8	7	6	5	4	3	2	1	1	2	3	4	5	6	7	8	9	10	I
S	10	9	8	7	6	5	4	3	2	1	1	2	3	4	5	6	7	8	9	10	N
T	10	9	8	7	6	5	4	3	2	1	1	2	3	4	5	6	7	8	9	10	F
P	10	9	8	7	6	5	4	3	2	1	1	2	3	4	5	6	7	8	9	10	J

(INFP) (인印기질)

풍부한 감수성, 폭넓은 탐구자

무언가를 보고 들을 때 남들과 달리 자극을 강하게 받는 편이다. 감수성이 풍부하고 인간관계에 예민해, 주변 사람들의 마음을 잘 헤아린다. 슬픈 영화를 보며 눈물을 쉽게 흘리고, 어려움에 처한 사람들을 보면 진심으로 마음 아파한다. 대체로 사람들을 신뢰하는 편이라 귀가 얇다는 평을 듣기도 한다. 다른 사람들의 인정과 평가에 민감하고 주변 사람들의 부탁을 잘 거절하지 못한다. 아이처럼 천진난만한 데가 있고 부끄러움과 수줍음이 많다. 깊이 느끼고 넓게 생각하는 편이다. 인식과 사고의 지평을 넓히기 위해 폭넓은 지식과 지혜를 추구한다. 배움에 대한 열망이 강하고 독서와 여행을 좋아한다. 겉으로 잘 드러나지 않지만, 쉽게 흔들리지 않는 자기 철학이 있다.

　을乙 일간이 자子월에 태어난 사람에게 행운의 글자는 병丙 또는 정丁이다. 지나간 과거에 집착하고 자책과 원망이 많은 편인데, 사주의 다른 자리에 병丙이나 정丁이 있다면 현재에 집중해 미래로 나아갈 수 있는 토대를 마련할 수 있다. 무戊나 기己도 좋은 글자다. 명분을 중요하게 생각해 실리를 놓치는 경우가 많은데, 무戊나 기己가 있다면 명분과 함께 실리와 실속도 챙겨 풍요로운 삶을 이루어낼 수 있다.

　다른 자리에 임壬이나 계癸가 하나 있다면 개성이 뚜렷한 정도지만, 둘 이상 있다면 자신의 생각이 현실과 너무 동떨어지지 않도록 주의할 필요가 있다. 음악회에서 각 악기를 연주하기 전에 튜닝을 하듯이, 일반적이고 보편적인 생각과 태도에 자신을 적당히 맞추어야 세상과 조화를 이루어 폭넓게 살 수 있다.

행운의 글자	병丙 · 정丁
주의할 글자	임壬 · 계癸
행운의 색	빨강
행운의 방향	남쪽

12. 축丑월생

E	10	9	8	7	6	5	4	3	2	1	1	2	3	4	5	6	7	8	9	10	I
S	10	9	8	7	6	5	4	3	2	1	1	2	3	4	5	6	7	8	9	10	N
T	10	9	8	7	6	5	4	3	2	1	1	2	3	4	5	6	7	8	9	10	F
P	10	9	8	7	6	5	4	3	2	1	1	2	3	4	5	6	7	8	9	10	J

(INFP)　(인印기질)

낭만적 몽상, 묵묵한 의지

구체적이고 세세한 사실이나 현상보다는 보편적인 가치와 원리를 파악하는 데 능하다. 일관성이 없고 예외와 변칙이 많은 사회와 세상에 어리둥절해 적응이 안 될 때가 많다. 사람이나 세상과 소통하기보다는 혼자 상상하고 사유하면서 많은 시간을 보낸다. 예술, 문학, 철학과 같은 깊이 있는 분야에 관심이 많고, 비현실적이고 신비적인 공상을 많이 한다. 자신만의 독특한 가치관과 미학이 있어, 집단이나 사회에서 이질적으로 보이기도 하지만 신선한 자극이 되기도 한다. 자기 성찰과 감정의 깊이가 남다르다. 내성적이고 소심한 편이라 잘 드러나지 않지만, 강한 자긍심과 자부심으로 어떠한 외부의 자극에도 굴하지 않고 자신의 의지를 묵묵히 지켜 나가는 근기가 있다.

　을乙 일간이 축丑월에 태어난 사람에게 행운의 글자는 병丙 또는 정丁이다. 자신의 내면세계에 집중하는 편이라 사교와 소통에 서투른 면이 있는데, 사주의 다른 자리에 병丙이나 정丁이 있다면 활동적인 성향도 갖춰 새로운 경험이나 도전으로 자신의 내면을 더욱 풍부하게 가꿀 수 있다. 무戊나 기己도 좋은 글자다. 걱정이 많고 우유부단해 우물쭈물하는 경우가 많은데, 무戊나 기己가 있다면 목적의식을 가지고 하나씩 매듭을 지어가며 결실을 이룰 수 있다.

　다른 자리에 임壬이나 계癸가 하나 있다면 개성이 뚜렷한 정도지만, 둘 이상 있다면 현실 도피를 위해 술이나 게임, 도박 같은 것에 지나치게 의존하지 않도록 경계해야 한다. 현실을 잊는 것이 아니라 자기 파괴라는 현실과 직면하게 될 수 있다.

행운의 글자	병丙 · 정丁
주의할 글자	임壬 · 계癸
행운의 색	빨강
행운의 방향	남쪽

III

병丙 일간

1. 인寅월생

E	10	9	8	7	6	5	4	3	2	1	1	2	3	4	5	6	7	8	9	10	I
S	10	9	8	7	6	5	4	3	2	1	1	2	3	4	5	6	7	8	9	10	N
T	10	9	8	7	6	5	4	3	2	1	1	2	3	4	5	6	7	8	9	10	F
P	10	9	8	7	6	5	4	3	2	1	1	2	3	4	5	6	7	8	9	10	J

(**INFP**) (인印기질)

보수적이나 도전적인 이상주의자

기존의 질서나 체계를 존중하는 보수적인 면과 자유롭게 생각하고 새로운 것을 추구하는 개혁적인 면이 공존한다. 대체로 균형 감각이 뛰어나고 유연하고 융통성이 있다. 두려움과 타협하지 않고 낯선 것과 악수할 수 있는 용기를 지니고 있다. 논리보다 정서를, 실용보다 이상을 중요시한다. 비교적 사교적인 편이라, 어디서나 누구와도 쉽게 이야기하고, 타인을 수용하며 자신을 표현할 수 있다. 당장의 현실적인 이익보다는 미래의 이상적이고 잠재적 가치를 더욱 소중히 여긴다. 세상과 사람에 대해 낙관적이고 희망적이라 거절이나 실패를 두려워하지 않고, 왕성한 도전 정신으로 끈질기게 부딪치며 앞으로 전진하고 위로 오른다.

병丙 일간이 인寅월에 태어난 사람에게 행운의 글자는 경庚 또

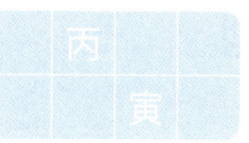

는 신辛이다. 크고 굵직하게 생각하는 경향이 있어 다소 무디고 둔감한 면이 있는데, 사주의 다른 자리에 경庚이나 신辛이 있다면 예리함과 꼼꼼함도 갖춰 디테일에도 강하다. 무戊나 기己도 좋은 글자다. 사람이나 상황의 긍정적인 면만 바라보다 위험에 처할 경우가 있는데, 무戊나 기己가 있다면 원리 원칙이 있는 확고한 자기 기준과 균형감을 갖춰 상황을 차분하고 냉정하게 평가할 수 있다.

다른 자리에 갑甲이나 을乙이 하나 있다면 개성이 뚜렷한 정도지만, 둘 이상 있다면 지나치게 권위적이지 않도록 조심해야 한다. 권위는 상대방이 먼저 인정하고 존중하는 마음이 있어야 제대로 작동할 수 있다. 일방적인 지시나 통제는 소통을 단절시키고 신뢰를 잃기 쉽다.

행운의 글자	경庚 · 신辛
주의할 글자	갑甲 · 을乙
행운의 색	하양
행운의 방향	서쪽

2. 묘卯월생

E	10	9	8	7	6	5	4	3	2	1	1	2	3	4	5	6	7	8	9	10	I
S	10	9	8	7	6	5	4	3	2	1	1	2	3	4	5	6	7	8	9	10	N
T	10	9	8	7	6	5	4	3	2	1	1	2	3	4	5	6	7	8	9	10	F
P	10	9	8	7	6	5	4	3	2	1	1	2	3	4	5	6	7	8	9	10	J

(ENFP)　(인印기질)

민감한 감성, 공감과 동정심

따뜻하고 다정하고 긍정적이고 낙관적이지만, 다른 사람들의 평가와 인정에 민감하다. 사소한 인정에도 감동받아 오랫동안 칭찬을 동기로 삼아 움직이고, 건설적이더라도 부정적인 평가를 받으면 생각보다 깊이 상처받는다. 목적 지향적이기보다는 관계 지향적인 편이라 인간관계에서의 갈등이나 불화를 두려워한다. 자신을 내세우기보다는 다른 사람의 기대에 맞추려고 애를 쓴다. 거절과 듣기 싫은 말을 잘 못하고 부탁을 쉽게 들어주지만, 어딘지 모르게 위엄이 있고 당당하다. 다른 사람의 어렵거나 곤란한 처지를 자기 일처럼 알아주거나 가엾게 여기는 마음이 많고, 특히 여리고 약한 어린이나 동물을 돌보는 것을 좋아한다.

　병丙 일간이 묘卯월에 태어난 사람에게 행운의 글자는 경庚 또

는 신辛이다. 남의 일 뒤치다꺼리만 하다 실속이 없어 자주 자신을 비하하는 경향이 있는데, 사주의 다른 자리에 경庚이나 신辛이 있다면 분명한 목적의식을 가지고 자기 관리에도 소홀하지 않아 특유의 이타심을 더욱 건전하게 발휘할 수 있다. 무戊나 기己도 좋은 글자다. 다른 사람의 평가나 인정에 영향을 많이 받는 편이라 가스라이팅에 취약한 면이 있는데, 무戊나 기己가 있다면 스스로의 기준과 가치관을 세워 독립적으로 판단할 수 있다.

다른 자리에 갑甲이나 을乙이 하나 있으면 개성이 뚜렷한 정도지만, 둘 이상 있다면 너무 편하게 생각하는 성향을 경계해야 한다. 긴장감이 부족하고 느긋함이 지나치면 마음은 편하지만, 한 걸음도 성장하고 발전할 수 없다는 점을 명심해야 한다.

행운의 글자	경庚 · 신辛
주의할 글자	갑甲 · 을乙
행운의 색	하양
행운의 방향	서쪽

3. 진辰월생

E	10	9	8	7	6	5	4	3	2	1	1	2	3	4	5	6	7	8	9	10	I
S	10	9	8	7	6	5	4	3	2	1	1	2	3	4	5	6	7	8	9	10	N
T	10	9	8	7	6	5	4	3	2	1	1	2	3	4	5	6	7	8	9	10	F
P	10	9	8	7	6	5	4	3	2	1	1	2	3	4	5	6	7	8	9	10	J

(ENFP) (인印기질)

소탈과 호방, 뛰어난 표현력

낙천적이고 밝고 쾌활하다. 겉치레나 체면을 따지지 않고 자연스럽고 꾸밈이 없다. 누구라도 격의 없이 어울리고 통이 커서 시원시원하게 행동한다. 예의범절에 대한 기준도 관대해, 악의만 없으면 자기에게 함부로 굴어도 대범하게 받아들인다. 적극적이고 진취적인 기상이 있어, 목표가 생기면 저돌적으로 몰아붙이는 전투력이 강하다. 사람들과 어울리는 것을 좋아하고, 자신이 다른 사람들의 주목의 대상이 되는 상황도 즐긴다. 자신의 감정이나 생각을 솔직하고 다채롭게 표현할 수 있다. 내용은 진부할 수 있어도 표현은 독창적이다. 주어진 분위기와 상대방에 맞추어 즉흥적으로 진정성 있고 생동감 있게 표현하는 데 능하다.

병丙 일간이 진辰월에 태어난 사람에게 행운의 글자는 임壬 또

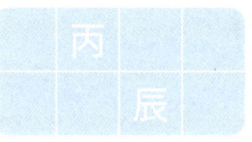

는 계癸이다. 규칙과 규범을 따르는 것을 몹시 지루해하고 적응을 잘 못하는 경향이 있는데, 사주의 다른 자리에 임壬이나 계癸가 있다면 필요한 규칙과 규범을 따르는 반듯함도 갖춰 책임과 의무를 다하는 진정한 자유인이 될 수 있다. 경庚이나 신辛도 좋은 글자다. 즉흥적인 면이 많아 생각보다 행동이 앞서 실수와 실패가 많은 편인데, 경庚이나 신辛이 있다면 신중하고 사려 깊은 성향으로 보완이 되어 실속을 챙기며 한 발 두 발 성취해 나갈 수 있다.

다른 자리에 갑甲이나 을乙이 하나 있으면 개성이 강한 정도지만, 둘 이상 있다면 소소하고 일상적인 문제를 너무 가볍게 넘어가지 않도록 주의할 필요가 있다. 관대함과 대범함이 지나치면 타인의 무례와 악용을 허용해 점점 무력감이 심해질 수 있다.

행운의 글자	임壬 · 계癸
주의할 글자	갑甲 · 을乙
행운의 색	검정
행운의 방향	북쪽

4. 사月생

E	10	9	8	7	6	5	4	3	2	1	1	2	3	4	5	6	7	8	9	10	I
S	10	9	8	7	6	5	4	3	2	1	1	2	3	4	5	6	7	8	9	10	N
T	10	9	8	7	6	5	4	3	2	1	1	2	3	4	5	6	7	8	9	10	F
P	10	9	8	7	6	5	4	3	2	1	1	2	3	4	5	6	7	8	9	10	J

(ENTP) (비뚤기질)

주도적이고 자신감 넘치는 리더십

매사 긍정적이고 자신감이 넘친다. 낯선 사람을 만나도 거리낌이 없고, 새로운 사회에 진입해도 쉽게 참여하며 삽시간에 주도적으로 행동한다. 인간관계의 사소한 갈등이나 마찰에 개의치 않고, 호기롭고 관대하게 관계를 지속한다. 우호적인 분위기가 아닌 곳에서도 주눅 들거나 긴장하지 않고 활발하게 행동한다. 재치 있는 말솜씨가 돋보이고, 막히지 않고 자신의 생각을 거침없이 쏟아내는 달변가 기질이 있다. 이론이나 관념 같은 추상적이고 모호한 것들을 잘 다루지 못하고, 구체적이고 현실적인 것에 충실하다. 흥미진진하고 다채롭고 활동적인 삶을 추구하며, 다른 사람들의 시선을 끌고, 영향을 주고 싶어 한다. 사고의 폭이 넓고 호흡이 길어 멀리 보고 더디게 움직이는 경향이 있다.

　　병丙 일간이 사巳월에 태어난 사람에게 행운의 글자는 임壬 또는 계癸이다. 특유의 널널한 마음가짐과 자기만족적 성향으로 그냥 지금에 안주해 버려 능력을 발휘할 기회를 놓치는 경우가 많은데, 사주의 다른 자리에 임壬이나 계癸가 있다면 의무감과 책임감을 갖춰 자기 계발에도 소홀해지지 않는다. 경庚 또는 신辛도 좋은 글자다. 옛글에 "태양이 널리 비추어 광휘가 밝게 드러나는 문명의 상"이라 해 사람들에게 명확한 비전을 제시하고, 높은 자신감과 타고난 소통 능력으로 신망을 받는 지도자가 될 수 있다고 기록되어 있다.

　　다른 자리에 병丙이나 정丁이 하나 있다면 개성이 뚜렷한 정도지만, 둘 이상 있다면 재미있고 즐겁게 사는 데 지나치게 탐닉하지 않도록 주의할 필요가 있다. 차고 냉정해서 삭막할 정도로 자기 관리를 잘하는 사람을 곁에서 보고 배울 필요가 있다.

행운의 글자	임壬 · 계癸
주의할 글자	병丙 · 정丁
행운의 색	검정
행운의 방향	북쪽

5. 오午월생

E	10	9	8	7	6	5	4	3	2	1	1	2	3	4	5	6	7	8	9	10	I
S	10	9	8	7	6	5	4	3	2	1	1	2	3	4	5	6	7	8	9	10	N
T	10	9	8	7	6	5	4	3	2	1	1	2	3	4	5	6	7	8	9	10	F
P	10	9	8	7	6	5	4	3	2	1	1	2	3	4	5	6	7	8	9	10	J

(ENTJ)   (비比기질)

호탕하고 화끈한 사교 천재

수줍음이나 부끄러움을 타지 않고 시원하고 호탕하게 행동한다. 자상하고 친절하며, 사람들에게 먼저 다가가 적극적으로 표현한다. 관계를 빠르고 열정적으로 형성하고 관계 유지 능력도 뛰어나다. 포용력이 있어 다른 사람들의 개성과 의견을 존중하고 잘 받아들인다. 다양한 사람들과 모두 잘 어울리고 그 인맥의 범위가 무척 넓다. 유쾌하고 사교적이어서 새로운 인맥을 쌓는 데 재능을 타고났다. 종종 넉살이 좋은 사람이라는 평도 듣고 스스로도 꽤 능글맞다고 생각하지만, 꾸밈없고 진솔한 데가 많다. 명민한 두뇌와 뛰어난 직관을 갖춰 상황을 본능적으로 잘 파악하고, 다양한 상황에서 여러 사람들의 의견과 감정을 빠르게 이해하고 공감한다.

병丙 일간이 오午월에 태어난 사람에게 행운의 글자는 임壬 또

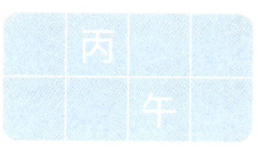

는 계癸이다. 지나간 과거를 돌아보지 않고, 다가올 미래도 걱정하지 않고, 오로지 현실에만 집중하는 경향이 있는데, 사주의 다른 자리에 임壬이나 계癸가 있다면 과거를 통해 경험과 지혜를 쌓고 높은 이상도 꿈꾸며 현실주의적 성향과 균형을 이룰 수 있다. 경庚이나 신辛도 좋은 글자다. 엄청난 잠재력이 있지만 자기 훈련이나 인내심, 결단력은 다소 부족한 편인데, 경庚이나 신辛이 있다면 강한 목적의식을 갖춰 철저한 자기 단속과 꾸준하고 성실한 노력으로 끝내 원하는 것을 이룰 수 있다.

다른 자리에 병丙이나 정丁이 하나 있다면 개성이 뚜렷한 정도지만, 둘 이상 있다면 타성에 젖어 생산적인 일은 아무것도 하지 않고 있는 것은 아닌지 살펴보아야 한다. 구슬이 서말이라도 꿰어야 보배가 된다. 작고 보잘것없더라도 항상 생산적인 목표를 두고 하나하나 꿰어나가는 연습을 할 필요가 있다.

행운의 글자	임壬 · 계癸
주의할 글자	병丙 · 정丁
행운의 색	검정
행운의 방향	북쪽

6. 미未월생

E	10	9	8	7	6	5	4	3	2	1	1	2	3	4	5	6	7	8	9	10	I
S	10	9	8	7	6	5	4	3	2	1	1	2	3	4	5	6	7	8	9	10	N
T	10	9	8	7	6	5	4	3	2	1	1	2	3	4	5	6	7	8	9	10	F
P	10	9	8	7	6	5	4	3	2	1	1	2	3	4	5	6	7	8	9	10	J

(ENTJ) (식食기질)

뛰어난 영감과 예리한 현실감각

상상력이 풍부하고 영감이 번득인다. 한번 영감이 떠오르면 꼬리에 꼬리를 물고 이어져, 황당무계하지만 독창적인 세계를 만들어낸다. 머리는 상상의 나래를 펼쳐도 두 다리는 현실에 굳건하게 디디고 있다. 타고난 상상력이 예리한 현실 감각과 공명해 현실 문제에 선견지명을 보인다. 흔히 말하는 '감이 좋은 사람'이다. 사교적이고 친화적이며, 이야기를 재미있고 드라마틱하게 풀어내는 재주가 있다. 기지가 뛰어나 상황에 따라 순발력 있고 재치 있게 대응하고, 엉뚱하고 당돌한 면이 있다. 항상 주도적인 위치에 있으려 하고 자신의 생각이나 감정을 전달하고 표현하는 것을 좋아해 듣는 것보다 말하는 것을 선호한다.

병丙 일간이 미未월에 태어난 사람에게 행운의 글자는 갑甲 또

는 을乙이다. 번득이는 아이디어와 빠른 실행력이 있어 순발력은 좋지만 끝까지 밀어붙이는 뒷심은 약한데, 사주의 다른 자리에 갑甲이나 을乙이 있다면 인내심을 가지고 꾸준하게 노력하고 끈기 있게 밀어붙여 결실을 볼 수 있다. 임壬이나 계癸도 좋은 글자다. 타고난 상상력과 영감이 중구난방 떠올라 허망한 소용돌이로 끝나는 경우가 많은데, 임壬이나 계癸가 있다면 상상력과 영감이 체계와 질서를 갖춰 하나의 장대한 스토리로 만들어낼 수 있다.

    다른 자리에 무戊나 기己가 하나 있으면 개성이 강한 정도지만, 둘 이상 있다면 자신의 생각과 감정을 표현하는 데만 몰두해 다른 사람의 기분이나 입장을 배려하는 면이 부족하지 않은지 경계할 필요가 있다. 나만 말하다 보면 내 이야기를 들어줄 사람이 점점 없어진다.

행운의 글자	갑甲 · 을乙
주의할 글자	무戊 · 기己
행운의 색	파랑
행운의 방향	동쪽

7. 신申월생

E	10	9	8	7	6	5	4	3	2	1	1	2	3	4	5	6	7	8	9	10	I
S	10	9	8	7	6	5	4	3	2	1	1	2	3	4	5	6	7	8	9	10	N
T	10	9	8	7	6	5	4	3	2	1	1	2	3	4	5	6	7	8	9	10	F
P	10	9	8	7	6	5	4	3	2	1	1	2	3	4	5	6	7	8	9	10	J

(ESTJ) (재財기질)

강한 자기 확신과 실행력

주장과 입장이 뚜렷하고 분명하다. 확신이 서면 어지간해서는 뜻을 굽히거나 바꾸지 않고 그대로 굳세게 밀고 나간다. 자신의 능력과 선택을 강하게 믿으며, 다른 사람의 의견에 휘둘리지 않는다. 정신력이 강한 편이다. 비판이나 실패에도 쉽게 흔들리지 않고, 끝까지 이뤄내기 위해 최선을 다한다. 생각하면서 동시에 행동한다. 행동하면서 생각을 수정하기도 하고, 수정한 생각을 바로 행동에 적용하기도 한다. 적극적이고 능동적이며, 사태를 장악하고 지배하려는 성향이 강하다. 성취를 향한 목적의식이 강하기 때문에 감정적이거나 사소한 문제에 정신을 소모하지 않는다. 강한 확신과 실행력으로 다른 사람에게 신뢰와 비전을 주고 이끌어가는 리더십이 있다.

　병丙 일간이 신申월에 태어난 사람에게 행운의 글자는 병丙 또는 정丁이다. 매사 전투에 임하는 자세여서 긴장으로 날카로울 수 있는데, 사주의 다른 자리에 병丙이나 정丁이 있다면 여유롭고 넉넉한 마음으로 조화를 이루어, 과도한 긴장이 주는 정신적 피로를 줄일 수 있다. 갑甲이나 을乙도 좋은 글자다. 목적과 성취에 집중하다 보면 인간관계가 다소 피상적일 수가 있는데, 갑甲이나 을乙이 있다면 진정한 측은지심도 갖춰 감성적으로도 풍부한 인간관계를 가질 수 있다.

　다른 자리에 경庚이나 신辛이 하나 있으면 개성이 뚜렷한 정도지만, 둘 이상 있다면 주변 사람들을 과도하게 통제하려 하는 것은 아닌지 때때로 의심해 보아야 한다. 자기가 하고 싶지 않은 것을 남이 하게 해서는 안 된다는 공자님의 서恕 정신을 항상 염두에 둘 필요가 있다.

행운의 글자	병丙 · 정丁
주의할 글자	경庚 · 신辛
행운의 색	빨강
행운의 방향	남쪽

8. 유酉월생

E	10	9	8	7	6	5	4	3	2	1	1	2	3	4	5	6	7	8	9	10	I
S	10	9	8	7	6	5	4	3	2	1	1	2	3	4	5	6	7	8	9	10	N
T	10	9	8	7	6	5	4	3	2	1	1	2	3	4	5	6	7	8	9	10	F
P	10	9	8	7	6	5	4	3	2	1	1	2	3	4	5	6	7	8	9	10	J

(ISTJ) (재財기질)

철저한 분석과 용의주도한 행동

민감하고 섬세하다. 새롭거나 낯선 세상에 대한 경계심이 많다. 논리적이고 합리적인 데이터가 만들어지지 않는 불확실하고 무질서한 분야를 몹시 꺼린다. 아무 데나 쉽게 발을 들이지 않고 아무것이나 무턱대고 만지지 않는다. 꼼꼼하고 빈틈이 없어 즉흥적이고 충동적으로 행동하는 일이 거의 없다. 주어진 대상이나 상황을 면밀히 파악하고, 한 치의 오차 없이 철저하게 분석하고, 모든 가능성을 계산한 뒤에도 플랜 B, 플랜 C까지 마련해야 비로소 행동에 나선다. 행동할 때는 결단이 빠르고 단호하다. 용의주도하게 준비했으므로 흔들림 없이 실행하고, 남들은 예측하지 못한 변수도 이미 계획에 반영했으므로 침착하게 대처한다. 일의 완성도를 중요하게 생각하고 실수나 오점을 두려워한다.

　병丙 일간이 유酉월에 태어난 사람에게 행운의 글자는 병丙 또는 정丁이다. 사소하고 세세한 것도 놓치지 않기 위해 끊임없이 점검하느라 시작도 하기 전에 진이 빠지는 경우가 있는데, 사주의 다른 자리에 병丙이나 정丁이 있다면 사소한 것은 무심하게 건너뛰고 세세한 것은 대범하게 버리며 성큼성큼 앞으로 나아갈 수 있다. 갑甲이나 을乙도 좋은 글자다. 감성에도 논리와 추론으로 접근해 정서적으로 차가운 편인데, 갑甲이나 을乙이 있다면 친화적인 성향으로 보완이 되어 사람들과 접촉하고 교류하는 데 어려움이 없다.

　다른 자리에 경庚이나 신辛이 하나 있다면 개성이 강한 정도지만, 둘 이상 있다면 꼼꼼하고 깐깐함이 지나쳐 결벽이나 강박으로 확장되지 않도록 주의해야 한다. 주변 사람들도 불편하지만, 자기혐오도 상당해 삶이 고단해질 수 있다.

행운의 글자	병丙 · 정丁
주의할 글자	경庚 · 신辛
행운의 색	빨강
행운의 방향	남쪽

9. 술戌월생

E	10	9	8	7	6	5	4	3	2	1	1	2	3	4	5	6	7	8	9	10	I
S	10	9	8	7	6	5	4	3	2	1	1	2	3	4	5	6	7	8	9	10	N
T	10	9	8	7	6	5	4	3	2	1	1	2	3	4	5	6	7	8	9	10	F
P	10	9	8	7	6	5	4	3	2	1	1	2	3	4	5	6	7	8	9	10	J

(ISTJ) (재財기질)

열렬한 염세와 양면적 성향

세상을 암담하고 괴로운 것으로 바라보지만 내면에 흐르는 감정은 격렬하다. 예민하면서도 터프하고, 싸늘하고 냉정하면서도 온화하고 부드러우며, 이기적이면서도 너그럽고, 규율과 통제에 잘 따르면서도 제멋대로인 등 양면적인 성향이 공존한다. 목적 지향적이며 결단력이 있다. 한번 결심하면 단호하게 처리한다. 대단한 무언가를 이루고 싶어 해 투지와 의욕이 남다르다. 경쟁에서 꼭 이기려고 하고, 때로는 공격적인 모습을 보이기도 한다. 목적을 이루기 위해 자신을 몰아붙여 자기 파괴적인 경지까지 노력할 때가 종종 있다. 목적을 위해 홀로 노력하는 것에 외로움을 느끼거나 스트레스를 받지 않는다. 다른 사람과의 관계보다는 혼자만의 시간을 소중하게 여긴다.

　병丙 일간이 술戌월에 태어난 사람에게 행운의 글자는 병丙 또는 정丁이다. 비관적이고 염세적인 편이라 사람들과 어울리면서도 고립감을 느낄 때가 많은데, 사주의 다른 자리에 병丙 또는 정丁이 있다면 희망적이고 낙관적인 면도 갖춰 마음을 열고 사람들과 친화적으로 어울릴 수 있다. 갑甲이나 을乙도 좋은 글자다. 갑甲이나 을乙이 있다면 가라앉기만 하는 정서를 생기와 활력으로 끌어올려, 현실적이지만 세속적이지는 않은 삶을 추구할 수 있다.

　다른 자리에 경庚이나 신辛이 하나 있으면 개성이 뚜렷한 정도지만, 둘 이상 있다면 내면의 강한 열망과 복잡한 감정들 때문에 중심을 잃고 자기 파괴적으로 나아가지 않도록 조심해야 한다. 건강을 해칠 정도로 쉬지 않고 일하는 것을 삼가고, 음주나 도박, 주식이나 게임이 일시적 오락을 넘어 중독이 되지 않도록 항상 경계할 필요가 있다.

행운의 글자	병丙 · 정丁
주의할 글자	경庚 · 신辛
행운의 색	빨강
행운의 방향	남쪽

10. 해亥월생

	10	9	8	7	6	5	4	3	2	1	1	2	3	4	5	6	7	8	9	10	
E	10	9	8	7	6	5	4	3	2	1	1	2	3	4	5	6	7	8	9	10	I
S	10	9	8	7	6	5	4	3	2	1	1	2	3	4	5	6	7	8	9	10	N
T	10	9	8	7	6	5	4	3	2	1	1	2	3	4	5	6	7	8	9	10	F
P	10	9	8	7	6	5	4	3	2	1	1	2	3	4	5	6	7	8	9	10	J

(ISFJ)　(관官기질)

뛰어난 지적 능력과 성공에의 의지

새로운 정보를 빠르게 받아들이고 기억하는 능력이 탁월하다. 학습 능력이 뛰어난 편이다. 외부의 지시 없이 스스로 계획하고, 타고난 자기 통제력으로 집중력과 인내심을 발휘해, 될 때까지 끈질기게 노력한다. 대체로 조용하고 말수가 적다. 잘 모르거나 낯선 환경 등 자신이 통제할 수 없는 상황에 놓이는 것을 꺼린다. 잘 알거나 익숙해질 때까지 아무런 행동도 하지 않아 소극적이고 수동적으로 보이기도 하지만, 상황을 완벽하게 이해하고 철저하게 몸에 익히면 누구보다도 적극적이고 능동적으로 사태를 장악해 나간다. 사회적 인정이나 성취, 결과에 집착한다. 인생의 가치를 성공이라는 기준으로 판단하고, 세상을 목적 중심이 아니라 관계 중심으로 생각하는 경향이 있다.

　병丙 일간이 해亥월에 태어난 사람에게 행운의 글자는 갑甲 또는 을乙이다. 겉으로는 자신감이 넘쳐 보이지만 내면에는 불안과 결핍이 있는데, 사주의 다른 자리에 갑甲이나 을乙이 있다면 불안과 결핍을 생존 의지와 동기 부여라는 긍정적인 힘으로 전환해 교양과 품격을 높일 수 있다. 병丙이나 정丁도 좋은 글자다. 권위적이거나 자기중심적인 성향이 있어 다른 사람의 비판을 잘 받아들이지 못하는 경향이 있는데, 병丙이나 정丁이 있다면 자기 신뢰에서 우러나는 소통과 사교 능력으로 타인과 더불어 함께 큰 성취를 이룰 수 있다.

　다른 자리에 임壬이나 계癸가 하나 있다면 개성이 뚜렷한 정도지만, 둘 이상 있다면 지나치게 조바심을 내거나 고집불통이 되지 않도록 조심해야 한다. 끈질김이 집착이 되면 번아웃이 올 수 있을 뿐만 아니라 주변 사람을 힘들게 할 수 있다.

행운의 글자	갑甲 · 을乙
주의할 글자	임壬 · 계癸
행운의 색	파랑
행운의 방향	동쪽

11. 자子월생

E	10	9	8	7	6	5	4	3	2	1	1	2	3	4	5	6	7	8	9	10	I
S	10	9	8	7	6	5	4	3	2	1	1	2	3	4	5	6	7	8	9	10	N
T	10	9	8	7	6	5	4	3	2	1	1	2	3	4	5	6	7	8	9	10	F
P	10	9	8	7	6	5	4	3	2	1	1	2	3	4	5	6	7	8	9	10	J

(ISFP) (관官기질)

노련하고 유능한 전문가

자신의 감정과 욕구를 직접 드러내는 법이 없어 차분하고 조용해 보이지만, 속에는 알 수 없는 불안과 공포가 도사리고 있다. 불확실한 정보는 불안과 공포만 키우기 때문에 대상을 냉정한 시각으로 철저하게 분석해 확실한 정보만 취한다. 원하는 것을 이루려면 무엇이 필요한지 정확하게 파악하고 열과 성을 다한다. 도처에 산재한 많은 일들을 이겨낼 수 있는 좋은 습관과 능력을 쌓아가고, 다양한 경험에서 개발한 다양한 대응책이 머릿속에 구조화되어 있다. 상황이 주어지면 최적화된 사고와 행동으로, 노련하고 유능하게 처리할 수 있다. 타인뿐만 아니라 자신에게도 이기려는 마음이 강하고, 야망과 포부가 큰 편이라 발은 땅을 딛고 있지만 시선을 언제나 하늘을 향해 있다.

　병丙 일간이 자子월에 태어난 사람에게 행운의 글자는 갑甲 또는 을乙이다. 침울하고 우울할 때가 많은 편인데, 사주의 다른 자리에 갑甲 또는 을乙이 있다면 긍정과 희망을 품고 보완할 수 있다. 병丙 또는 정丁도 좋은 글자다. 의심이 많고 회의적인 편이라 결정적인 판단을 내려야 할 때 우유부단한 면이 있는데, 병丙이나 정丁이 있다면 자신감 있고 과감하게 판단할 수 있어 보다 큰 성취를 이룰 수 있다.

　다른 자리에 임壬이나 계癸가 하나 있다면 개성이 뚜렷한 정도지만, 둘 이상 있다면 지나치게 고압적이고 권위적이지 않은지 돌아보아야 한다. 권위는 남들이 인정해 주는 것이지, 자신이 내세우는 것이 아니다. 특히 쌍방적인 관계에서 부드러운 소통과 교류에 힘쓸 필요가 있다.

행운의 글자	갑甲 · 을乙
주의할 글자	임壬 · 계癸
행운의 색	파랑
행운의 방향	동쪽

12. 축표월생

E	10	9	8	7	6	5	4	3	2	1	1	2	3	4	5	6	7	8	9	10	I
S	10	9	8	7	6	5	4	3	2	1	1	2	3	4	5	6	7	8	9	10	N
T	10	9	8	7	6	5	4	3	2	1	1	2	3	4	5	6	7	8	9	10	F
P	10	9	8	7	6	5	4	3	2	1	1	2	3	4	5	6	7	8	9	10	J

(**ISFP**)　(관官기질)

복잡한 내면, 강렬한 정의감

타인의 시선이나 사회적인 역할을 통해 자신의 존재감을 확인하는 편이다. 뜻한 분야에서 최고가 되어 명성을 얻거나 사회적인 영향력을 확장하기 위해 최선을 다해 노력한다. 알 수 없는 불안과 답답함을 품고 있으나 보호 기제가 강해 직접적으로 드러내지 않는다. 누구보다 섬세하고 다층적인 감정을 가지고 있지만, 감정을 드러내면 약점이 노출된다고 생각해서 일상에서는 쉽게 드러내지 않는다. 자신의 복잡한 감정을 음악이나 미술, 문학 등 예술로 승화시키기도 한다. 정의감을 타고났다. 부당하거나 공정하지 못하다고 판단할 때 쉽게 분노를 느낀다. 정의감을 행동으로 분출해 불이익을 받을 때도 있지만, 많은 사람들의 존경을 받기도 한다.

병丙 일간이 축표월에 태어난 사람에게 행운의 글자는 갑甲 또

는 을乙이다. 자신과 타인을 부정적으로 보는 시각이 자신의 의지를 실현하는 데 걸림돌이 될 수 있는데, 사주의 다른 자리에 갑甲이나 을乙이 있다면 자신과 타인을 긍휼히 생각하는 면도 갖춰 자신만의 뛰어난 가능성을 발휘할 수 있다. 병丙이나 정丁도 좋은 글자다. 보호막이 강해 자기 안에 틀어 박혀 냉담하고 우울해지거나 지나치게 과격해지는 경우가 있는데, 병丙이나 정丁이 있다면 자신을 신뢰하고 타인과의 소통과 교류에도 힘을 써 자신의 뜻을 펼칠 수 있다.

다른 자리에 임壬이나 계癸가 하나 있으면 개성이 뚜렷한 정도지만, 둘 이상 있다면 지나치게 감정을 억누르는 경향을 경계해야 한다. 압력이 커지면 언젠가는 폭발한다. 평소에 가까운 지인들과 솔직하게 감정을 나누는 시간을 많이 가질 필요가 있다.

행운의 글자	갑甲 · 을乙
주의할 글자	임壬 · 계癸
행운의 색	파랑
행운의 방향	동쪽

IV 정丁 일간

1. 인寅월생

E	10	9	8	7	6	5	4	3	2	1	1	2	3	4	5	6	7	8	9	10	I
S	10	9	8	7	6	5	4	3	2	1	1	2	3	4	5	6	7	8	9	10	N
T	10	9	8	7	6	5	4	3	2	1	1	2	3	4	5	6	7	8	9	10	F
P	10	9	8	7	6	5	4	3	2	1	1	2	3	4	5	6	7	8	9	10	J

(INFP) (인印기질)

호기심과 도전 정신, 그리고 끈질긴 근성

야망이 크고 사명감이 있어 주어진 일을 제대로 해내려는 마음이 강하다. 낯선 분야나 새로운 환경을 두려워하지 않으며, 오히려 호기심 어린 설렘으로 탐색한다. 사물이나 현상에 대해 표면적인 설명에 만족하지 않고 끊임없이 '왜?', '어떻게?' 질문하며 본질을 파고든다. 정해진 틀이나 형식에 구속되는 것을 싫어하며, 무한한 발전과 다양한 가능성을 열어두는 방식을 선호한다. 시행착오를 두려워하지 않는다. 회복 탄력성이 높다. 실패를, 능력 부족이 아니라 학습 기회로 받아들이고, 다시 일어설 수 있는 자기 발전의 재료로 삼는다. 활동적이고 정력적이라 한 번 목표를 정하면, 이룰 때까지 노력하는 근성이 있다.

정丁 일간이 인寅월에 태어난 사람에게 행운의 글자는 경庚 또

는 신辛이다. 다양한 분야에 관심이 많아 역량이 분산될 수 있는데, 사주의 다른 자리에 경庚이나 신辛이 있다면 분명한 목적의식을 가지고 집중할 수 있고, 우선순위를 정해 계획적으로 접근해 시너지 효과를 낼 수 있다. 무戊나 기己도 좋은 글자다. 관계를 중시해 사람에 치이는 경우가 많은데, 무戊나 기己가 있다면 자신을 지키면서 세련되게 인간관계를 형성해 나갈 수 있다.

다른 자리에 갑甲이나 을乙이 하나 있다면 개성이 뚜렷한 정도지만, 둘 이상 있다면 배려와 친절이 오지랖으로 나아가지 않도록 조심할 필요가 있다. 다른 사람이 원할 때 도움을 주면 친절이 되지만, 내가 원할 때 도움을 주면 좋은 의도라도 간섭이 될 수 있다.

행운의 글자	경庚 · 신辛
주의할 글자	갑甲 · 을乙
행운의 색	하양
행운의 방향	서쪽

2. 묘卯월생

E	10	9	8	7	6	5	4	3	2	1	1	2	3	4	5	6	7	8	9	10	I
S	10	9	8	7	6	5	4	3	2	1	1	2	3	4	5	6	7	8	9	10	N
T	10	9	8	7	6	5	4	3	2	1	1	2	3	4	5	6	7	8	9	10	F
P	10	9	8	7	6	5	4	3	2	1	1	2	3	4	5	6	7	8	9	10	J

(ENFP) (인印기질)

과감한 실행력, 관계 지향

상황이 주어지면 빠르게 판단하고 망설임 없이 행동으로 옮긴다. 충분한 정보를 모으며 시간을 보내기보다는 먼저 실행해 불확실성을 제거하는 방식으로 핵심에 다가간다. 처음에는 시행착오도 많이 겪고 실패도 많지만, 직관적으로 방향을 정하는 능력이 점점 강해져, 타이밍을 놓치지 않는 최적의 실행력을 보인다. 완벽한 조건이나 환경보다는 실행 가능성을 우선시하며, 회복 탄력성이 높아 실패를 두려워하지 않는다. 개인보다는 사회를 중시한다. 자신을 사회의 일부로 여기고, 다른 사람과의 관계 속에서 자신의 존재를 규정한다. 자신과 다른 생각과 감정과 태도를 가진 사람이라도 공감하고 수용해 함께하는 능력이 있다. 경쟁으로 단기적인 목표를 달성하는 것보다는, 협력으로 대의나 커다란 목적을 달성하

는 데 더욱 큰 의미를 둔다.

정丁 일간이 묘卯월에 태어난 사람에게 행운의 글자는 경庚 또는 신辛이다. 판단과 실행이 빠르다 보니 어쩔 수 없이 실패나 손실이 생기기도 하는데, 사주의 다른 자리에 경庚이나 신辛이 있다면 꼼꼼하고 치밀하게 준비하고 계획하는 성향이 조화롭게 보완되어 시행착오를 줄일 수 있다. 무戊나 기己도 좋은 글자다. 다소 자기 확신이 강한 편이라 확증 편향으로 나아갈 수 있는데, 무戊나 기己가 있다면 열린 가능성과 개방적인 결론도 염두에 두어 보다 폭넓고 영향력 있는 관계를 만들어나갈 수 있다.

다른 자리에 갑甲이나 을乙이 하나 있으면 개성이 뚜렷한 정도지만, 둘 이상 있다면 다른 사람이나 다른 사람의 일에 과도하게 관심을 가지지 않도록 조심할 필요가 있다. 부모 자식 관계에서도 지켜주어야 할 서로의 사생활이 있다는 점을 명심해야 한다.

행운의 글자	경庚 · 신辛
주의할 글자	갑甲 · 을乙
행운의 색	하양
행운의 방향	서쪽

3. 진辰월생

E	10	9	8	7	6	5	4	3	2	1	1	2	3	4	5	6	7	8	9	10	I
S	10	9	8	7	6	5	4	3	2	1	1	2	3	4	5	6	7	8	9	10	N
T	10	9	8	7	6	5	4	3	2	1	1	2	3	4	5	6	7	8	9	10	F
P	10	9	8	7	6	5	4	3	2	1	1	2	3	4	5	6	7	8	9	10	J

(ENFP) (인印기질)

적극적이고 외향적인 현실주의자

직관이 강해 정보나 자극에 즉각적으로 반응하고, 빠르게 적용하는 트렌드 세터다. 활력이 넘치고 적극적이라 주어진 일에 긍정적 태도로 자발적이고 진취적으로 힘을 다한다. 남과 어울리기를 좋아해서 낙천적이고 외향적이라는 말을 듣는다. 경제학보다는 경영학을 선호하는 성향으로, 이상이나 이론보다는 현재 가능한 일, 눈에 보이는 결과를 중시한다. 실행이 빨라 결정을 내리면 바로 행동으로 옮기고, 배포가 있어 주저하지 않고 위험을 감수한다. 경쟁과 도전을 즐기고, 결과나 성과로 인정받는 것을 중요하게 여긴다. 남의 지시를 받는 것을 싫어하고 지시대로 일하는 능력은 다소 부족해서, 다른 사람들 밑에서 일하는 것보다는 리더십을 발휘할 수 있을 때 더 잘 해낸다.

    정丁 일간이 진辰월에 태어난 사람에게 행운의 글자는 임壬 또는 계癸이다. 인정과 이해심이 많지만 다소 권위적이고 강압적일 수 있는데, 사주의 다른 자리에 임壬이나 계癸가 있다면 삼가고 조심하는 성향도 갖춰 사람들이 진심으로 따른다. 경庚이나 신辛도 좋은 글자다. 큼직하고 성큼성큼 나아가는 만큼 섬세함이 부족한 경향이 있는데, 경庚이나 신辛이 있다면 세세하고 꼼꼼한 면이 조화를 이뤄 세부 사항을 놓치지 않는다.

    다른 자리에 갑甲이나 을乙이 하나 있으면 개성이 뚜렷한 정도지만, 둘 이상 있다면 사람들과의 적절한 거리를 항상 염두에 두어야 한다. 관계의 그물에서 허우적대지 않도록, 때로는 관계를 떠나 오롯이 자신만을 생각하며, 사색하고 성찰하는 시간을 가질 수 있어야 한다.

행운의 글자	임壬 · 계癸
주의할 글자	갑甲 · 을乙
행운의 색	검정
행운의 방향	북쪽

4. 사ㅌ월생

E	10	9	8	7	6	5	4	3	2	1	1	2	3	4	5	6	7	8	9	10	I
S	10	9	8	7	6	5	4	3	2	1	1	2	3	4	5	6	7	8	9	10	N
T	10	9	8	7	6	5	4	3	2	1	1	2	3	4	5	6	7	8	9	10	F
P	10	9	8	7	6	5	4	3	2	1	1	2	3	4	5	6	7	8	9	10	J

(ENTP) (비ㅂ기질)

강인하고 유쾌한 현실주의자

감정이 폭발하는 상황이나 스트레스를 많이 받는 경우에도 흔들리지 않고 안정적으로 대처한다. 단순히 감정이나 스트레스를 억누르는 것이 아니라, 자신의 감정을 이해하고 스트레스를 건강하게 다루는 힘이 있다. 자신의 신념과 가치관에 확신을 품고 당당하게 행동하며, 다른 사람들의 평가나 견해에 흔들리지 않는다. 열정적이지만 안정적이고, 유쾌하지만 들뜨지 않고, 타고난 위트와 유머가 있어, 주위로 사람들을 끌어당긴다. 현실과 동떨어져 보이는 우주 이론이니 분석 철학이니 하는 것은 귀신 씨 나락 까먹는 소리라며 관심을 두지 않는다. 자신의 시간과 자원을 현실에서 효율적으로 활용하는 것을 중요시한다. 가성비가 낮은 일은 시작도 하지 않는다.

정丁 일간이 사巳월에 태어난 사람에게 행운의 글자는 임壬 또는 계癸이다. 실리 위주의 현실주의자라 당장의 실적과 성과에 집착하는 경향이 있는데, 사주의 다른 자리에 임壬이나 계癸가 있다면 장기적 목적을 지향하며 성실하고 꾸준하게 나아가는 힘이 생긴다. 경庚이나 신辛도 좋은 글자다. 품은 넓지만 세심함이 약해 다른 사람에게 거친 인상을 줄 수 있는데, 경庚이나 신辛이 있다면 부드럽고 섬세하게 다가가 친근감과 호감을 줘 신뢰를 쌓을 수 있다.

다른 자리에 병丙이나 정丁이 하나 있으면 개성이 뚜렷한 정도지만, 둘 이상 있다면 지나치게 타인의 조언이나 의견을 무시하지 않는지 늘 자신을 되돌아볼 필요가 있다. 자신의 판단과 타인의 조언을 조화롭게 고려해야 넓은 시야와 균형 잡힌 태도를 유지할 수 있다.

행운의 글자	임壬 · 계癸
주의할 글자	병丙 · 정丁
행운의 색	검정
행운의 방향	북쪽

5. 오午월생

E	10	9	8	7	6	5	4	3	2	1	1	2	3	4	5	6	7	8	9	10	I
S	10	9	8	7	6	5	4	3	2	1	1	2	3	4	5	6	7	8	9	10	N
T	10	9	8	7	6	5	4	3	2	1	1	2	3	4	5	6	7	8	9	10	F
P	10	9	8	7	6	5	4	3	2	1	1	2	3	4	5	6	7	8	9	10	J

(ENTJ)　(비둘기질)

친화력 있고 외향적인 협상 전문가

사람들과 어울리는 것을 즐기며, 친화적이고 사교적이다. 오케스트라 합주에서 다양한 악기들의 소리를 아우르며 소리를 뽑아 올리는 수석 바이올리니스트처럼, 화려하고 조화로운 리더십이 있다. 다양한 상황에서 융통성 있고 탄력적으로 대처한다. 심지어 상호 모순적인 상황에서 이것도 옳고 저것도 옳다고 한다. 줏대와 신념이 없는 것이 아니라, 다양한 사람들의 여러 생각을 모두 수용할 만큼 마음에 여유가 있고 느긋하기 때문이다. 갈등 상황에서도 유연하게 대화를 이끌어 합의를 이루어낼 수 있다. 거래와 협상에 탁월하다. 원수지간이라도 부드럽고 넉넉한 태도로 대하고 협상 테이블로 불러와, 서로 원하는 것을 얻는 결과를 이끌어내는 뻔뻔함과 배포가 있다.

　정丁 일간이 오午월에 태어난 사람에게 행운의 글자는 임壬 또는 계癸이다. 다소 들뜬 상태로 사교 활동을 하며 다다익선이라면서 관계의 양만 늘려가려는 경향이 있는데, 사주의 다른 자리에 임壬이나 계癸가 있다면 마음을 차분히 가라앉혀 혼자만의 사색과 명상으로 깊이를 얻고 관계의 질을 향상시킬 수 있다. 경庚이나 신辛도 좋은 글자다. 활동의 범위가 넓어 피상적이고 형식적인 관계가 많고 일과 놀이를 구분하기 힘들 정도로 경계선이 없는데, 경庚이나 신辛이 있다면 단호하고 질서 있게 삶을 추려나갈 수 있다.

　다른 자리에 병丙이나 정丁이 하나 있으면 개성이 뚜렷한 정도지만, 둘 이상 있다면 헛된 유혹과 탐닉을 경계할 필요가 있다. 즐거움이 지나쳐 돌이킬 수 없는 실수를 저지르거나 흥미가 지나쳐 자기 파괴적으로 탐닉하지 않도록 항상 절제와 균형에 힘써야 한다.

행운의 글자	임壬 · 계癸
주의할 글자	병丙 · 정丁
행운의 색	검정
행운의 방향	북쪽

6. 미츄월생

E	10	9	8	7	6	5	4	3	2	1	1	2	3	4	5	6	7	8	9	10	I
S	10	9	8	7	6	5	4	3	2	1	1	2	3	4	5	6	7	8	9	10	N
T	10	9	8	7	6	5	4	3	2	1	1	2	3	4	5	6	7	8	9	10	F
P	10	9	8	7	6	5	4	3	2	1	1	2	3	4	5	6	7	8	9	10	J

(ENTJ) (식食기질)

열정적이고 힘 있는 실용주의자

관심이 있으면 강하게 몰입하고 열정이 남다르다. 좋아하는 음악이나 소설, 영화를 즐기다 보면 시간 가는 줄 모른다. 때로는 주체할 수 없는 열정을 스스로 부담스럽게 여기기도 하고 열정 뒤에 찾아오는 허무와 정적에 무기력을 느끼기도 하지만, 자신감 있는 겉모습 때문에 이러한 내면의 섬세함이 잘 드러나지는 않는다. 실생활에 쓰이는 것에 관심이 많은 실용주의자이다. 눈에 보이지 않고 손에 잡히지 않는 신기루에 시간과 에너지를 낭비하지 않는다. 이상적인 개념보다는 실질적인 해결책을 중시한다. 계획보다는 실행을 우선시하고, 실행 과정에서 얼마든지 계획을 수정하고 유연하게 대처한다. 실무 감각이 뛰어나 열정적이고 적극적으로, 개방적이고 실용적으로, 사안에 접근해 현실적 해결책을 내놓는다.

    정丁 일간이 미未월에 태어난 사람에게 행운의 글자는 갑甲 또는 을乙이다. 두뇌 회전이 빠르고 현실적이고 실용적이라 고민과 노력을 많이 하지 않고 쉬운 길만을 선택해 그럭저럭 살아갈 위험이 있는데, 사주의 다른 자리에 갑甲이나 을乙이 있다면 껍질을 깨고 일어나 한 단계 더 나아가려는 도전 정신을 갖춰 끊임없이 성장할 수 있다. 임壬이나 계癸도 좋은 글자다. 이해타산이 빨라 지나치게 물질 만능주의적 성향으로 빠질 수 있는데, 임壬이나 계癸가 있다면 현실을 관통하는 거대한 이념이나 가치에 대한 통찰을 갖춰 이상과 실용 사이의 균형을 맞출 수 있다.

    다른 자리에 무戊나 기己가 하나 있으면 개성이 강한 정도지만, 둘 이상 있다면 몰입이 탐닉으로 나아가지 않도록 항상 주의해야 한다. 특히 생산적인 것이 아니라 소비적인 것, 예를 들어 물품구매나 향락 등에 몰입하려 하면 조기에 차단할 필요가 있다.

행운의 글자	갑甲 · 을乙
주의할 글자	무戊 · 기己
행운의 색	파랑
행운의 방향	동쪽

7. 신申월생

E	10	9	8	7	6	5	4	3	2	1	1	2	3	4	5	6	7	8	9	10	I
S	10	9	8	7	6	5	4	3	2	1	1	2	3	4	5	6	7	8	9	10	N
T	10	9	8	7	6	5	4	3	2	1	1	2	3	4	5	6	7	8	9	10	F
P	10	9	8	7	6	5	4	3	2	1	1	2	3	4	5	6	7	8	9	10	J

(**ESTJ**)　(재財기질)

근면하고 성실한 실속파

하는 일 또는 하고자 하는 일에 몸을 갈아 넣는 일 중독자다. 모기 한 마리를 잡더라도 최선을 다하는 성향이라, 일에 몰입하면 집중력이 장난 아니다. 재미나 흥미보다는 의무나 책임으로 행동하는 경우가 많다. 보편적인 지식욕이나 탐구심은 없지만, 맡은 일과 관련해서는 지식을 빈틈없이 갖추려 노력하고 일을 더 잘하기 위해 연구나 탐구를 게을리하지 않는다. 규칙적이고 반복적인 일에도 싫증을 내지 않고, 기복 없이 근면하고 성실하다. 겉으로 보이는 것보다는 내실을 다지는 것을 선호하는 실속파이다. 끈기가 있고 버티는 힘이 있어 단기적으로 실패를 겪더라도 끝내 성과를 보인다. 과정보다는 결과를 중시하고, 자신이 하는 모든 일에서 최고가 되고 싶어 한다.

정丁 일간이 신申월에 태어난 사람에게 행운의 글자는 병丙 또는 정丁이다. 신념이 확고하고 집요해 고집불통이 될 수가 있는데, 사주의 다른 자리에 병丙이나 정丁이 있다면 자신을 다독여 한결 여유롭고 느긋해질 수 있다. 갑甲이나 을乙도 좋은 글자다. 앞만 보고 달리다 보면 곁에 있는 사람의 입장이나 감정에 대해서 충분히 공감하거나 이해하지 못하는 경우가 많은데, 갑甲이나 을乙이 있다면 시야가 넓어져 친화력을 발휘하면서 다른 사람들과 협력해 보다 값진 성과를 얻을 수 있다.

다른 자리에 경庚이나 신辛이 하나 있다면 개성이 뚜렷한 정도지만, 둘 이상 있다면 긴장하고 걱정하는 성향이 지나쳐 과도하게 자신을 혹사하지 않는지 돌아볼 필요가 있다. 때때로 아무런 이유나 실속이 없는 허튼 곳에 정신을 쏟으며 무념무상하게 보낼 수 있는 시간이 필요하다.

행운의 글자	병丙 · 정丁
주의할 글자	경庚 · 신辛
행운의 색	빨강
행운의 방향	남쪽

8. 유酉월생

E	10	9	8	7	6	5	4	3	2	1	1	2	3	4	5	6	7	8	9	10	I
S	10	9	8	7	6	5	4	3	2	1	1	2	3	4	5	6	7	8	9	10	N
T	10	9	8	7	6	5	4	3	2	1	1	2	3	4	5	6	7	8	9	10	F
P	10	9	8	7	6	5	4	3	2	1	1	2	3	4	5	6	7	8	9	10	J

(ISTJ) (재財기질)

강한 목적의식과 성취욕

주의 깊고 신중하다. 계획을 세우거나 일을 처리할 때 매우 꼼꼼하고 철저해서 작은 부분까지 세밀하게 분석하고 검토한다. 목적의식이 분명하다. 목표 달성을 위해 전략을 세우고 이성적이고 합리적, 체계적으로 노력한다. 사람의 마음을 얻는 것보다 일을 이루어내야 한다는 성취욕이 더욱 강하다. 판단을 내릴 때 쉽사리 감정에 따르지 않고 냉철한 편이다. 감성적인 것에 휘둘리지 않고 감정의 동요나 기복이 적다. 성과를 내기 위해서는 인정에 끌리면 안 되기 때문이다. 목표 달성 과정에서 어려움과 고통을 기꺼이 감수한다. 장애물이 나타나도 쉽게 포기하지 않고 끈기 있고 꾸준하게 끝까지 밀고 나간다. 완성에 대한 의지도 높지만, 완벽에 대한 집착도 강하다.

정丁 일간이 유酉월에 태어난 사람에게 행운의 글자는 병丙 또는 정丁이다. 강한 목적의식 때문에 정치력과 처세술은 좋지 않은 편인데, 사주의 다른 자리에 병丙이나 정丁이 있다면 주변 사람들을 적으로 만들지 않고 인간관계에도 주의를 기울여 성취를 얻을 수 있다. 갑甲이나 을乙도 좋은 글자다. 완벽에 집착하고 실수를 두려워해 신경이 곤두서고 예민한 편인데, 갑甲이나 을乙이 있다면 불필요한 신경 소모를 줄이고 크고 중요한 것들을 중심으로 성큼성큼 나아갈 수 있다.

다른 자리에 경庚이나 신辛이 하나 있다면 개성이 뚜렷한 정도지만, 둘 이상 있다면 때때로 자신의 욕망을 지나치게 앞세워 공격적으로 굴지 않도록 조심해야 한다. 협력을 이끌어내기 위해서는 자신의 욕망과 타인의 욕망 사이에서 적절히 타협하고 균형을 맞추려는 노력이 필요하다.

행운의 글자	병丙 · 정丁
주의할 글자	경庚 · 신辛
행운의 색	빨강
행운의 방향	남쪽

9. 술戌월생

E	10	9	8	7	6	5	4	3	2	1	1	2	3	4	5	6	7	8	9	10	I
S	10	9	8	7	6	5	4	3	2	1	1	2	3	4	5	6	7	8	9	10	N
T	10	9	8	7	6	5	4	3	2	1	1	2	3	4	5	6	7	8	9	10	F
P	10	9	8	7	6	5	4	3	2	1	1	2	3	4	5	6	7	8	9	10	J

(ISTJ)   (재財기질)

꾸준한 노력, 단호한 결단력

자신이 하는 모든 일에서 남들보다 뛰어나고 싶어 한다. 할 수 있는 한 더 잘하기 위해 최선을 다해 노력한다. 불투명한 컵에 물을 계속 따르다 보면 넘치기도 하듯이, 꾸준하고 성실한 노력으로 기대보다 더 많은 것을 성취할 때가 종종 있다. 주도권을 쥐는 능력을 타고났고 필요하다면 단호한 결단을 내릴 수 있는 카리스마가 있어 사람들을 끌어당긴다. 야망이 크고 자기 단련에 열심이기 때문에 정서가 무미건조하고 단조롭다는 느낌을 줄 때가 있다. 다른 사람들의 감정에 이입하는 경우가 드물고 개인적인 친밀감을 거의 드러내지 않는다. 공적 세계와 사적 영역의 구분이 확실하고 자신의 사적 영역을 침해받는 것을 견디지 못한다. 대체로 주변 사람들과 평화로운 거리감을 유지하며 지낸다.

    정丁 일간이 술戌월에 태어난 사람에게 행운의 글자는 병丙 또는 정丁이다. 성취를 얻기 위해 겪어야 하는 실패에 지나치게 긴장하고 예민해질 때가 있는데, 사주의 다른 자리에 병丙이나 정丁이 있다면 자신에게 너그러워져 빨리 떨치고 일어날 수 있다. 갑甲이나 을乙도 좋은 글자다. 의심이 많고 회의적인 경향이 있는데, 갑甲이나 을乙이 있다면 타인을 신뢰하고 진취적인 성향도 갖춰 보다 건강하게 성취를 얻을 수 있다.

    다른 자리에 경庚이나 신辛이 하나 있으면 개성이 강한 정도지만, 둘 이상 있다면 지나치게 자기 방식대로 밀어붙이고 다른 사람을 통제하려 들지 않는지 때때로 살펴보아야 한다. 리더십과 통제는 다르다. 진정한 협력과 신뢰를 받기 위해서는 자신의 생각과 타인의 의견을 잘 조율해야 한다.

행운의 글자	병丙 · 정丁
주의할 글자	경庚 · 신辛
행운의 색	빨강
행운의 방향	남쪽

10. 해亥월생

E	10	9	8	7	6	5	4	3	2	1	1	2	3	4	5	6	7	8	9	10	I
S	10	9	8	7	6	5	4	3	2	1	1	2	3	4	5	6	7	8	9	10	N
T	10	9	8	7	6	5	4	3	2	1	1	2	3	4	5	6	7	8	9	10	F
P	10	9	8	7	6	5	4	3	2	1	1	2	3	4	5	6	7	8	9	10	J

(ISFJ) (관官기질)

성실과 인내, 부드러운 카리스마

일확천금보다 스스로의 노력으로 차곡차곡 얻은 성취에 더욱 가치를 둔다. 성실하고 근면하며, 자기 관리와 자기 통제에 능하다. 맡은 일을 철저하게 처리해 믿음직스럽다는 평을 듣는다. 분별력이 있고 현명한 편이며, 품위와 교양을 갖추기 위해 노력한다. 억지로 자신의 뜻을 관철하려 하지 않고, 자연스럽게 설득하거나 스스로 따라오게 하는 부드러운 카리스마가 있다. 누구도 흉내 낼 수 없는 순수함과 진정성으로 주변 사람들을 열성 지지자로 만들기도 한다. 다소 우울하고 비관적인 정서가 있지만 감정적으로 불안정해지는 경우는 드물며, 매사 차분하고 절제된 방식으로 행동한다. 힘에 대한 강박이 있다. 권력, 명예, 부 등 사회적 힘을 추구한다. 경쟁심이 강하고, 보다 높은 위치로 오르기 위해 끊임없이 노력한다.

    정丁 일간이 해亥월에 태어난 사람에게 행운의 글자는 갑甲 또는 을乙이다. 성정이 차고 냉정한 편이라 사람들과 심리적 거리감을 유지하며 매끌매끌 겉도는 경우가 있는데, 사주의 다른 자리에 갑甲 또는 을乙이 있다면 친밀성도 발휘되어 부드럽게 어울릴 수 있다. 병丙이나 정丁도 좋은 글자다. 책임감과 의무감이 지나쳐 자신을 돌볼 겨를이 없는데, 병丙이나 정丁이 있다면 시간과 노력을 안배해 자신을 돌보고 재충전할 여유를 가질 수 있다.

    다른 자리에 임壬이나 계癸가 하나 있다면 개성이 뚜렷한 정도지만, 둘 이상 있다면 지나치게 비밀스럽고 폐쇄적인 성향에 스스로를 고립시키지 않도록 조심할 필요가 있다. 공동체에서 앞에서 끌어주고 뒤에서 밀어주며 함께 나아가는 동료가 없으면 어떤 일도 이룰 수 없다는 점을 명심해야 한다.

행운의 글자	갑甲 · 을乙
주의할 글자	임壬 · 계癸
행운의 색	파랑
행운의 방향	동쪽

11. 자구월생

E	10	9	8	7	6	5	4	3	2	1	1	2	3	4	5	6	7	8	9	10	I
S	10	9	8	7	6	5	4	3	2	1	1	2	3	4	5	6	7	8	9	10	N
T	10	9	8	7	6	5	4	3	2	1	1	2	3	4	5	6	7	8	9	10	F
P	10	9	8	7	6	5	4	3	2	1	1	2	3	4	5	6	7	8	9	10	J

(ISFP) (관官기질)

드높은 야심, 깊고 짙은 감수성

똑똑하고 이해가 빠르다. 자신이 관심 있는 분야에서 잘 모르거나 의견을 제대로 표현하지 못하는 상황을 두려워한다. 새로운 개념이나 정보를 접했을 때 핵심을 빠르게 파악한다. 모르는 것을 알아가는 과정을 즐기며, 집중력과 몰입도가 뛰어난 편이다. 남다른 경쟁심과 승부욕이 있어, 지는 것을 잘 견디지 못한다. 다른 사람뿐만 아니라 자기 자신과의 경쟁도 즐기는데, 철저한 자기 단련 의지로 드러나기도 한다. 쉽게 만족하지 않고, 항상 현재의 수준을 뛰어 넘는 높은 곳을 바라본다. 보다 강한 영향력을 발휘할 수 있는 자리에 오르거나 성공을 얻기 위해 부단히 노력한다. 패기 있고 강단 있어 보이나 내면으로는 삶에 안정이나 평안이 없다는 슬픔과 절망을 강하게 느낀다.

    정丁 일간이 자子월에 태어난 사람에게 행운의 글자는 갑甲 또는 을乙이다. 경쟁의식이 지나쳐 동료 관계가 순탄치 않을 수 있는데, 사주의 다른 자리에 갑甲이나 을乙이 있다면 친밀감과 우호성으로 협력해 동료와 함께 보다 높은 성취를 이룰 수 있다. 병丙이나 정丁도 좋은 글자다. 끝없이 마음이 가라앉거나 침울해지면 쉽게 마음을 일으키기 힘든 경우가 있는데, 병丙이나 정丁이 있다면 적절한 활기와 열기도 갖춰 자발적이고 적극적인 태도로 자신과 일을 개선해 나갈 수 있다.

    다른 자리에 임壬이나 계癸가 하나 있으면 개성이 강한 정도지만, 둘 이상 있다면 지나치게 자기중심적으로 행동하지 않는지 늘 조심할 필요가 있다. 객관성이 결여될수록 많은 의지가 필요하고 의지를 발휘하는 데 에너지의 소모가 심해져, 결국 심신만 지쳐간다.

행운의 글자	갑甲 · 을乙
주의할 글자	임壬 · 계癸
행운의 색	파랑
행운의 방향	동쪽

12. 축丑월생

E	10	9	8	7	6	5	4	3	2	1	1	2	3	4	5	6	7	8	9	10	I
S	10	9	8	7	6	5	4	3	2	1	1	2	3	4	5	6	7	8	9	10	N
T	10	9	8	7	6	5	4	3	2	1	1	2	3	4	5	6	7	8	9	10	F
P	10	9	8	7	6	5	4	3	2	1	1	2	3	4	5	6	7	8	9	10	J

(ISFP) (관官기질)

까다로운 시각과 숨은 잠재력

당당하고 자신감 넘치는 모습 이면에 섬세함과 예리함이 있다. 다른 사람의 말투나 표정, 분위기에 예민하고 숨은 의도나 미묘한 감정 변화를 빠르게 읽어내지만, 정작 자신의 감정이나 의사는 좀처럼 드러내지 않는다. 대체로 세상에 비판적이라 무엇이든 쉽게 받아들이지 않는다. 엄격하고 까다로운 편이라 기준이 높고 쉽게 만족하지 않는다. 자존심이 강해 다른 사람의 무례나 위선에 매우 민감하게 반응한다. 똑똑하고 총명하며 집중력이 뛰어나다. 가능한 최소한으로 행동하려는 경향이 있어 평소에는 남의 의견을 조용히 따라가지만, 위기나 결정적 순간에는 누구보다 빠르게 상황을 판단하고 제대로 된 방침을 정해 신속하게 문제를 해결하는 능력을 발휘한다.

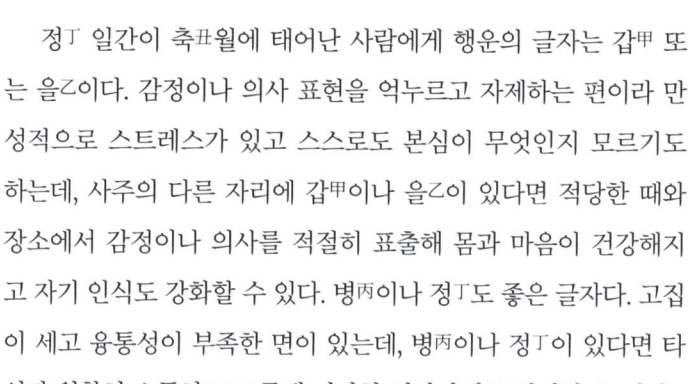

    정丁 일간이 축丑월에 태어난 사람에게 행운의 글자는 갑甲 또는 을乙이다. 감정이나 의사 표현을 억누르고 자제하는 편이라 만성적으로 스트레스가 있고 스스로도 본심이 무엇인지 모르기도 하는데, 사주의 다른 자리에 갑甲이나 을乙이 있다면 적당한 때와 장소에서 감정이나 의사를 적절히 표출해 몸과 마음이 건강해지고 자기 인식도 강화할 수 있다. 병丙이나 정丁도 좋은 글자다. 고집이 세고 융통성이 부족한 면이 있는데, 병丙이나 정丁이 있다면 타인과 원활히 소통하고 교류해 건강한 인간관계를 형성할 수 있다.

    다른 자리에 임壬이나 계癸가 하나 있다면 개성이 뚜렷한 정도지만, 둘 이상 있다면 지나치게 부정적이고 비판적인 성향을 경계해야 한다. 자신의 생각이 옳을 수 있지만, 세상은 다양한 관점과 태도가 있어야 변화하고 발전하므로, 평소에 자잘한 부분부터 다른 사람의 생각도 너그럽게 받아들이는 연습을 할 필요가 있다.

행운의 글자	갑甲 · 을乙
주의할 글자	임壬 · 계癸
행운의 색	파랑
행운의 방향	동쪽

V

무戊

일간

/ V. 무戊 일간

1. 인寅월생

E	10	9	8	7	6	5	4	3	2	1	1	2	3	4	5	6	7	8	9	10	I
S	10	9	8	7	6	5	4	3	2	1	1	2	3	4	5	6	7	8	9	10	N
T	10	9	8	7	6	5	4	3	2	1	1	2	3	4	5	6	7	8	9	10	F
P	10	9	8	7	6	5	4	3	2	1	1	2	3	4	5	6	7	8	9	10	J

(ISFP) (관官기질)

강한 자기 규율과 남다른 추진력

예의 바르고 반듯하다. 보수적이고 완고한 편이며, 자신이 세운 원칙이나 정해진 일정을 무슨 일이 있어도 지키려는 의지가 강하다. 항상 다소 무리인 듯한 목표를 설정하고, 목표를 향해 소진할 때까지 노력하는 것을 좋아한다. 추진력이 남달라서 일이 주어지면 밀고 나가 실행하는 힘이 강력하다. 현실 인식은 냉정하나 그럼에도 인간과 세상에 대한 따뜻한 애정을 갖추고 있어, 긍정적인 마음으로 더 나은 방향을 포기하지 않는다. 다양한 분야에 관심이 많고 새로운 지식이나 기술을 배우는 데 적극적이다. 목적의식이 뚜렷하고 집중력이 좋아서 관심 분야에 발만 걸쳐도 빠르게 전문성을 획득한다. 다양한 상황을 겪으면서 많은 경험을 쌓아서, 복잡하거나 어려운 문제가 생겨도 좋은 대응력으로 잘 대처한다.

무戊 일간이 인寅월에 태어난 사람에게 행운의 글자는 병丙 또는 정丁이다. 자기 규율이 지나쳐 자기에게 집중하다 보면 사회적 관계에서 어려움을 겪을 수 있는데, 사주의 다른 자리에 병丙이나 정丁이 있다면 타인에 대한 우호성과 친밀감도 갖춰 개인적으로도 사회적으로도 성장과 발전을 이룰 수 있다. 여기에 경庚이나 신辛이 있다면 더욱 좋다. 지극히 현실적이고 실용적이라 실행 가능한 것들에 집중하는 경향이 있는데, 경庚이나 신辛이 있다면 보다 높은 가치를 추구해, 깊고 의미 있는 성취를 이룰 수 있다.

다른 자리에 갑甲이나 을乙이 하나 있으면 개성이 뚜렷한 정도지만, 둘 이상 있다면 지나치게 고집이 세고 완고하지 않은지 가끔씩 돌아볼 필요가 있다. 사회 활동에는 타협과 융통성이 필수적이다. 때로는 유연하게 생각하고 상황에 맞게 조정하는 태도가 더 큰 성취를 이끌어낼 수 있다.

행운의 글자	병丙 · 정丁
주의할 글자	갑甲 · 을乙
행운의 색	빨강
행운의 방향	남쪽

2. 묘卯월생

E	10	9	8	7	6	5	4	3	2	1	1	2	3	4	5	6	7	8	9	10	I
S	10	9	8	7	6	5	4	3	2	1	1	2	3	4	5	6	7	8	9	10	N
T	10	9	8	7	6	5	4	3	2	1	1	2	3	4	5	6	7	8	9	10	F
P	10	9	8	7	6	5	4	3	2	1	1	2	3	4	5	6	7	8	9	10	J

(ESFP) (관官기질)

넘치는 의욕, 탁월한 수완

감각이나 행동이 날카롭고 재빠르다. 상황이 주어지면 앞뒤 재지 않고 우선 뛰어들고 나중에 생각하는 행동파다. 가만히 앉아 경우의 수를 분석하며 최선의 선택을 하는 대신, 의욕적으로 행동하면서 경우의 수를 없애가며 최적의 선택을 찾아간다. 수많은 시행착오를 겪으며 실패와 성공을 분석하고 학습해 점점 문제 해결 능력을 향상하고, 이를 체화해 탁월한 수완을 발휘한다. 생기발랄하고 긍정적인 마음가짐이 있어 대체로 자신의 일에 즐겁고 열정적으로 몰입한다. 사교적이라 사람들과 어울리기를 좋아하고, 사람들과 좋은 협력 관계를 유지한다. 학습 능력이 뛰어나고 부지런하고 매사에 최선을 다한다. 한 단계 두 단계 발전해 나가며 사람들에게 인정받는 데 삶의 의미를 둔다.

무戊 일간이 묘卯월에 태어난 사람에게 행운의 글자는 병丙 또는 정丁이다. 의외로 자신에게 엄격하고 자기 단속에 철저해 남모를 스트레스가 많은데, 사주의 다른 자리에 병丙이나 정丁이 있다면 안정감과 평안함을 갖춰 더욱 당당하고 자신감 있는 태도를 유지할 수 있다. 여기에 경庚이나 신辛이 있으면 더욱 좋다. 낙천적이고 무모해 실수가 잦은 편인데, 경庚이나 신辛이 있다면 긴장감과 계획성, 조심성을 갖춰 함부로 움직이지 않는다.

다른 자리에 갑甲이나 을乙이 하나 있으면 개성이 뚜렷한 정도지만, 둘 이상 있다면 불안정한 기분과 변화무쌍한 감정 변화를 잘 다스려야 한다. 홀로 산책을 하거나 혼자 음악을 듣는 등 들뜬 기분과 감정을 가라앉히고 자신을 돌보는 시간을 보낼 수 있도록 노력해야 한다.

행운의 글자	병丙 · 정丁
주의할 글자	갑甲 · 을乙
행운의 색	빨강
행운의 방향	남쪽

3. 진辰월생

E	10	9	8	7	6	5	4	3	2	1	1	2	3	4	5	6	7	8	9	10	I
S	10	9	8	7	6	5	4	3	2	1	1	2	3	4	5	6	7	8	9	10	N
T	10	9	8	7	6	5	4	3	2	1	1	2	3	4	5	6	7	8	9	10	F
P	10	9	8	7	6	5	4	3	2	1	1	2	3	4	5	6	7	8	9	10	J

(**ESFP**)　(관官기질)

진취적 사고, 대의에 진심

총명하고 명민하다. 해석하기에도 급급할 정도로 복잡한 난제도 재빠르게 핵심을 파악하고 문제점을 짚어내 해결책을 제시할 수 있다. 그때는 옳았지만 지금은 틀린 기존 방식에 얽매이지 않고, 현재에 맞는 새로운 방법을 탐색한다. 특히 시대에 뒤떨어진 낡은 구조나 관행을 바꾸거나 새롭게 고치는 것을 지향한다. 가치나 대의에 진심이다. 사고방식이 개방적이고 유연하다. 어려움이 있어도 긍정적이고 낙관적인 태도를 유지하고, 반드시 이루어내겠다는 의지가 강하다. 목표를 이루기 위해 몸을 아끼지 않고 최선을 다한다. 적극적이고 활발하고 힘차게 움직이며, 자신의 생각이나 감정을 거침없이 솔직하게 표현하는 편이다.

무戊 일간이 진辰월에 태어난 사람에게 행운의 글자는 병丙 또

는 정丁이다. 크게 생각하는 편이라 현실적인 논리를 간과할 수 있는데, 사주의 다른 자리에 병丙이나 정丁이 있다면 실용적인 관점을 갖춰 대의와 현실의 균형을 맞출 수 있다. 여기에 경庚이나 신辛이 있으면 더욱 좋다. 의지나 신념이 강한 편이라 행동이 앞서는 경우가 많은데, 경庚이나 신辛이 있다면 침착하고 예리하게 분석하고 판단하는 자기 제어 능력을 갖춰 실수하거나 무리하는 일을 줄일 수 있다.

다른 자리에 갑甲이나 을乙이 하나 있으면 개성이 뚜렷한 정도지만, 둘 이상 있다면 관례나 규범을 지나치게 무시하는 경향을 경계해야 한다. 자칫 예의 없고 남을 무시하는 듯한 인상을 줄 수 있다. 오랫동안 수많은 사회적 합의로 자리 잡은 관례나 규범은 존중받을 가치가 있다.

행운의 글자	병丙 · 정丁
주의할 글자	갑甲 · 을乙
행운의 색	빨강
행운의 방향	남쪽

4. 사巳월생

E	10	9	8	7	6	5	4	3	2	1	1	2	3	4	5	6	7	8	9	10	I
S	10	9	8	7	6	5	4	3	2	1	1	2	3	4	5	6	7	8	9	10	N
T	10	9	8	7	6	5	4	3	2	1	1	2	3	4	5	6	7	8	9	10	F
P	10	9	8	7	6	5	4	3	2	1	1	2	3	4	5	6	7	8	9	10	J

(ENFP)　(인印기질)

강한 자제력, 은근한 자신감

서두르거나 조급하지 않고 느긋한 편이다. 자제력과 우직함이 있어, 즉흥적으로 판단해 행동하기보다는 충분히 생각한 후 움직인다. 화가 나도 겉으로 쉽게 표현하지 않고, 기분이나 환경이 급격하게 변해도 말이나 행동이 크게 바뀌지 않는다. 남의 의견을 잘 따르고 좀처럼 자신을 내세우지 않는다. 겉으로 잘 드러나지 않지만 속에는 은근한 자신감이 있다. 자신에 대한 높은 신뢰와 긍정적인 에너지가 말과 태도에서 자연스럽게 드러난다. 평소에는 행동이 굼뜨고 느려서 순발력이 부족하다는 인상을 줄 수 있으나, 낯선 상황이나 위기 상황이 닥치면 당황하지 않고 여유 있게 대응해 주변 사람들에게 신뢰감과 안정감을 준다.

무戊 일간이 사巳월에 태어난 사람에게 행운의 글자는 임壬 또

는 계癸이다. 느긋하고 여유로워 만사태평인 성향이 있는데, 사주의 다른 자리에 임壬이나 계癸가 있다면 적절한 긴장감과 두려움을 갖춰 성실하고 계획적으로 부지런하고 책임감 있게 앞날을 대비할 수 있다. 경庚이나 신辛도 좋은 글자다. 표현이나 행동을 최소화해 리스크를 줄이려는 성향이 있는데, 경庚이나 신辛이 있다면 순발력과 창의성이 조화롭게 보완되어 결정적인 때를 놓치지 않고 기회를 잡을 수 있다.

다른 자리에 병丙이나 정丁이 하나 있으면 개성이 뚜렷한 정도지만, 둘 이상 있다면 느긋한 자제심이 고집스러움으로 변하지 않도록 주의해야 한다. 강한 자가 살아남는 것이 아니라, 변화하는 환경에 적응을 잘하는 자가 살아남는다는 적자생존適者生存의 의미를 늘 되새길 필요가 있다.

행운의 글자	임壬 · 계癸
주의할 글자	병丙 · 정丁
행운의 색	검정
행운의 방향	북쪽

5. 오누월생

E	10	9	8	7	6	5	4	3	2	1	1	2	3	4	5	6	7	8	9	10	I
S	10	9	8	7	6	5	4	3	2	1	1	2	3	4	5	6	7	8	9	10	N
T	10	9	8	7	6	5	4	3	2	1	1	2	3	4	5	6	7	8	9	10	F
P	10	9	8	7	6	5	4	3	2	1	1	2	3	4	5	6	7	8	9	10	J

(ENFJ)　(인印기질)

공감과 배려, 넓은 포용력

'다름'을 두려워하지 않는다. 자신과 다른 생각, 다른 감정, 다른 삶, 다른 상처를 있는 그대로 받아들인다. 여유롭고 너그러운 포용력이 있고, 넓은 품으로 이해하는 아량이 있다. 남의 말을 들어줄 때는 먼저 판단하려 하지 않고 이면에 있는 사연에 귀를 기울인다. 직업이나 경제적 상황, 행색이나 태도를 따지지 않고 누구에게나 담백하고 따뜻한 마음으로 대한다. 다른 사람의 처지와 감정을 잘 헤아리고 항상 남을 먼저 배려한다. 인간의 불완전함을 누구보다 잘 알기에, 틀리고 실수하고 부족해도 두루 편하게 받아들인다. 이래도 긍정하고, 저래도 가능하다 하므로, 자기 모순적이고 자기주장이 없다는 말을 종종 듣기도 하지만, 돌멩이 하나, 풀 한 포기도 포기하지 않는다.

　무戊 일간이 오午월에 태어난 사람에게 행운의 글자는 임壬 또는 계癸이다. 뭔가를 힘들여 노력하고 싶지 않아 하는 성향이 있는데, 사주의 다른 자리에 임壬이나 계癸가 있다면 목적의식을 갖춰 필요한 최선의 노력을 다해 목표를 이룰 수 있다. 경庚이나 신辛도 좋은 글자다. 정서적이고 가치적으로 판단하는 경향이 있어 생각과 태도가 지나치게 두루뭉술한 경우가 많은데, 경庚이나 신辛이 있다면 지적이고 분석적인 판단으로 논리적 일관성과 객관성을 갖춰 균형을 맞출 수 있다.

　다른 자리에 병丙이나 정丁이 하나 있으면 개성이 뚜렷한 정도지만, 둘 이상 있다면 쉽게 만족하고 안주하는 성향을 경계할 필요가 있다. 스스로에게 작은 동기라도 부여하고, 작은 일이라도 하나하나 실천해 성취하는 경험을 쌓을 필요가 있다. 만족과 안주는 변화와 성장을 저해한다.

행운의 글자	임壬 · 계癸
주의할 글자	병丙 · 정丁
행운의 색	검정
행운의 방향	북쪽

6. 미未월생

E	10	9	8	7	6	5	4	3	2	1	1	2	3	4	5	6	7	8	9	10	I
S	10	9	8	7	6	5	4	3	2	1	1	2	3	4	5	6	7	8	9	10	N
T	10	9	8	7	6	5	4	3	2	1	1	2	3	4	5	6	7	8	9	10	F
P	10	9	8	7	6	5	4	3	2	1	1	2	3	4	5	6	7	8	9	10	J

(ENTJ)　(비比기질)

초월적이고 인도적인 사색가

혼자 있을 때는 외로움을 느끼지 않으나, 다른 사람과 같이 있을 때 외로움을 느낀다. 인간의 본질, 삶의 의미, 자연과 우주의 조화와 같은 형이상학적 주제에 꽂혀 있고, 돈과 권력과 명예 등 욕망으로 요약할 수 있는 실생활에 관심이 없기 때문에, 인간관계에서 겉도는 경우가 많다. 좀처럼 속마음을 드러내지 않아 겉으로는 감정 기복이 없고 차분하고 침착해 보이지만, 속으로는 커다란 주제에 압도되어 심하게 혼란을 느낀다. 마음이 넓고 커서 덮어주고 품어주고 받아들이는 포용력이 있다. 개별적이고 특수한 사정에 한정되지 않고, 모든 생명체와 존재를 향하는 보편적인 사랑과 연민이 있다. 고통받는 이들을 도우려 하고 인류의 공동선을 위해 노력한다.

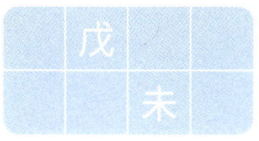

    무戊 일간이 미未월에 태어난 사람에게 행운의 글자는 갑甲 또는 을乙이다. 관념적이고 사색적이라 문제의식이 생각으로만 끝나는 경우가 많은데, 사주의 다른 자리에 갑甲이나 을乙이 있다면 실천력을 갖춰 다른 사람들과의 교류하며 남다른 통찰을 드러낼 수 있다. 임壬이나 계癸도 좋은 글자다. 때때로 그 자리에 정체해 무력감을 느낄 때가 있는데 임壬이나 계癸가 있다면 의욕과 투지를 갖춰 성취를 향해 나아갈 수 있다.

    다른 자리에 무戊나 기己가 하나 있으면 개성이 뚜렷한 정도지만, 둘 이상 있다면 너무나 무거운 생각에 자신을 가두지 않도록 조심해야 한다. 게으르다기보다는 마음이 무거워 움직이기 힘들 때가 많은데, 때로는 아무 생각 없이 깃발을 따라 쫓아다니는 것도 정신 건강에 도움이 된다는 사실을 늘 염두에 두어야 한다.

행운의 글자	갑甲 · 을乙
주의할 글자	무戊 · 기己
행운의 색	파랑
행운의 방향	동쪽

7. 신申월생

E	10	9	8	7	6	5	4	3	2	1	1	2	3	4	5	6	7	8	9	10	I
S	10	9	8	7	6	5	4	3	2	1	1	2	3	4	5	6	7	8	9	10	N
T	10	9	8	7	6	5	4	3	2	1	1	2	3	4	5	6	7	8	9	10	F
P	10	9	8	7	6	5	4	3	2	1	1	2	3	4	5	6	7	8	9	10	J

(ENTJ) (식食기질)

비판적 수용과 실천적 휴머니즘

진보적이고 자유로운 시각을 가진, 타고난 반항아다. 정보를 그냥 받아들이는 대신 논리적으로 분석하고 비판적으로 수용한다. 허술하거나 부당하다 생각되면 절대 받아들이지 않는다. 권위로 누르려 하면 즉시 반항한다. 어렸을 때는 말 안 듣고 고집 센 아이라 불릴 법하다. 지구상에서 가스라이팅이 안 되는 가장 마지막 사람이다. 현실에 대해 회의적이고 미래에 대해 비관적이다. 넓고 객관적으로 보는 시각이 있어, 사회적으로 부당하거나 불의한 일을 잘 참지 못한다. 이상적인 정의를 지지하고 소외를 받고 있는 이들의 권리를 위해 기꺼이 싸우는 실천적 휴머니스트다. 생각을 거듭 되풀이해 단단하게 다지기 때문에 신념을 갖추면 결코 굽히지 않고 굴복하지 않고 타협하지 않는다.

무戊 일간이 신申월에 태어난 사람에게 행운의 글자는 병丙 또는 정丁이다. 회의적이고 비관적이라 감정의 동요가 심하고 완고하고 딱딱한 편이라 사교에 약한데, 사주의 다른 자리에 병丙이나 정丁이 있다면 낙천적이고 밝은 면이 조화롭게 보완되고 사고가 유연해져 사회적으로 큰 성과를 이룰 수 있다. 갑甲이나 을乙도 좋은 글자다. 타고난 반항심으로 온갖 종류의 권위를 부정하는 경향이 있는데, 갑甲이나 을乙이 있다면 온당하고 존중을 받아 마땅한 권위에는 굽히고 따를 줄 아는, 자유롭지만 절도 있는 태도를 갖추게 된다.

다른 자리에 경庚이나 신辛이 하나 있으면 개성이 강한 정도지만, 둘 이상 있다면 지나치게 비타협적으로 고집을 부리고 있는 것은 아닌지 항상 점검해야 한다. 생각을 위한 생각이라 판단되면 생각을 멈추고 자신의 생각과 거리를 둔 뒤 현실과 균형을 맞추려 노력할 필요가 있다.

행운의 글자	병丙 · 정丁
주의할 글자	경庚 · 신辛
행운의 색	빨강
행운의 방향	남쪽

8. 유酉월생

E	10	9	8	7	6	5	4	3	2	1	1	2	3	4	5	6	7	8	9	10	I
S	10	9	8	7	6	5	4	3	2	1	1	2	3	4	5	6	7	8	9	10	N
T	10	9	8	7	6	5	4	3	2	1	1	2	3	4	5	6	7	8	9	10	F
P	10	9	8	7	6	5	4	3	2	1	1	2	3	4	5	6	7	8	9	10	J

(INTJ) (식食기질)

섬세한 관찰력과 신중한 결정

예민하고 불안해 경계하고 꺼리는 마음이 강하다. 지극히 작은 변화나 미미한 움직임도 섬세하게 관찰한다. 논리적이고 체계적으로 모든 세부 사항을 검토하고 분석한 후 신중하게 결정을 내린다. 예상치 못한 위험도 있을 수 있으므로 이에 대한 대비책을 미리 마련해 놓는다. 쉽게 친해지기 힘들지만, 한번 친해지면 말이 필요 없는 사이가 된다. 조그마한 표정 변화나 보일 듯 말 듯한 제스처에도 그 동기를 파악하고 이해할 수 있다. 아름다움과 고급스러움에 대한 안목이 있고, 음악 미술 연극 문학 등 예술 활동에 관심이 많다. 완벽을 추구하고 완성도에 집착한다. 실수를 두려워해 즉흥적인 판단은 거의 하지 않고, 실패를 두려워해 귀가 솔깃한 일이 생겨도 섣부르게 판단하거나 무모하게 일을 밀어붙이는 경

우가 거의 없다.

무戊 일간이 유酉월에 태어난 사람에게 행운의 글자는 병丙 또는 정丁이다. 걱정과 경계심으로 스스로를 학대하는 경향이 있는데, 사주의 다른 자리에 병丙이나 정丁이 있다면 자신에게 관대하고 너그러워져 넉넉한 품과 타고난 교양으로 성취를 이룰 수 있다. 갑甲이나 을乙도 좋은 글자다. 예민함과 불안이 지나쳐 한 걸음도 내딛기 힘든 경우가 있는데, 갑甲이나 을乙이 있으면 한결 가볍고 경쾌하게 한 발 두 발 앞으로 나아갈 수 있다.

다른 자리에 경庚이나 신辛이 하나 있으면 개성이 뚜렷한 정도지만, 둘 이상 있다면 너무 뻔하고 편안한 틀에 자신을 가두지 않는지 생각해 보아야 한다. 익숙하지 않아 위험하다 생각되어도 실제로 겪으면 견딜 만한 경험을 많이 쌓아, 기회가 오면 도전할 수 있도록 스스로를 독려할 필요가 있다.

행운의 글자	병丙 · 정丁
주의할 글자	경庚 · 신辛
행운의 색	빨강
행운의 방향	남쪽

9. 술戌월생

E	10	9	8	7	6	5	4	3	2	1	1	2	3	4	5	6	7	8	9	10	I
S	10	9	8	7	6	5	4	3	2	1	1	2	3	4	5	6	7	8	9	10	N
T	10	9	8	7	6	5	4	3	2	1	1	2	3	4	5	6	7	8	9	10	F
P	10	9	8	7	6	5	4	3	2	1	1	2	3	4	5	6	7	8	9	10	J

(INTJ) (식食기질)

강한 비판 의식과 주도적 성향

비관적이고 염세적이다. 자신과는 관계없다는 듯 세상과 거리를 두고 멀찍이 떨어져 관조적으로 바라본다. 세상에서 신성시되고 숭배되는 대부분의 가치와 체계가 자신의 정신과 육체를 갉아먹고 있는데, 대부분의 사람들이 그러한 가치와 체계 아래 그럭저럭 잘 살아가고 있는 상황에 절망을 느낀다. 대체로 조용하고 과묵하지만, 자신의 주장을 펼칠 때는 대단히 과격하고 급진적이다. 총명하고 냉철해 한 마디 한 마디가 비수같이 사람들 귀에 꽂힌다. 생각하는 스케일이 크고, 사람을 휘어잡는 카리스마와 결단력이 있어, 주도권을 쥐고 사태를 장악하는 능력이 뛰어나다. 강한 지도자적 성향이 있으며, 끝을 볼 때까지 밀어붙이는 집요함도 있다.

무戊 일간이 술戌월에 태어난 사람에게 행운의 글자는 병丙 또

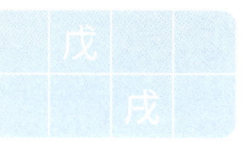

는 정丁이다. 세상을 목적으로 보지 않고 대상으로 보아 냉소와 독설로 대하는 경우가 많은데, 사주의 다른 자리에 병丙이나 정丁이 있다면 긍휼의 마음가짐도 갖춰 냉정하지만 깊은 애정도 보여줄 수 있다. 갑甲이나 을乙도 좋은 글자다. 비관적이고 우울한 정서로 자기를 파고드는 파괴적인 성향이 있는데, 갑甲이나 을乙이 있다면 앞날에 대한 진취적인 모험심과 생산적인 아이디어로 균형을 맞추어 이질적인 성향을 조화롭게 발산하는 독특한 매력의 카리스마가 넘치는 지도자가 될 수 있다.

다른 자리에 경庚이나 신辛이 하나 있다면 개성이 뚜렷한 정도지만, 둘 이상 있다면 사람들에게 지나치게 고압적으로 군림하려 드는 것이 아닌지 신경 써야 한다. 동료 의식과 연대감을 항상 염두에 두고 행동할 필요가 있다.

행운의 글자	병丙 · 정丁
주의할 글자	경庚 · 신辛
행운의 색	빨강
행운의 방향	남쪽

10. 해亥월생

E	10	9	8	7	6	5	4	3	2	1	1	2	3	4	5	6	7	8	9	10	I
S	10	9	8	7	6	5	4	3	2	1	1	2	3	4	5	6	7	8	9	10	N
T	10	9	8	7	6	5	4	3	2	1	1	2	3	4	5	6	7	8	9	10	F
P	10	9	8	7	6	5	4	3	2	1	1	2	3	4	5	6	7	8	9	10	J

(ISTJ)　(재財기질)

분명한 소신, 확고한 가치

독립적인 판단과 결정에 따라 소신 있게 행동한다. 자신이 옳다고 생각하는 것과 정면으로 충돌하는 상황이면 단호하게 '아니요'라고 말할 수 있다. 남들과 생각이 다르더라도 타인의 시선에 구애되지 않고 자신이 굳게 믿는 바를 꿋꿋이 밀고 나간다. 단순한 고집이 아니라, 깊이 고민하고 신중하고 사려 깊게 현실에 적용하면서 다져진 확신이라 타협의 대상이 될 수 없다. 꼼꼼하고 성실하며 끈기가 있다. 말이나 글에 조리가 있고 명백한 편이다. 다소 폐쇄적이고 비밀스러운 성향이다. 모르는 것에 대한 막연한 두려움이나 공포심이 있어, 잘 알고 싶어 하는 지적 욕구가 강하다. 사실을 넘어서는 진실을 추구한다. 감춰진 문제를 파헤쳐 본질적인 핵심을 파악해야 안심한다.

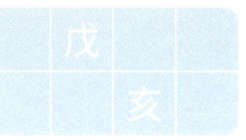

무戊 일간이 해亥월에 태어난 사람에게 행운의 글자는 병丙 또는 정丁이다. 차고 냉정하며 의심과 걱정이 많아 최악의 경우를 상정한 회의적인 결론에 이르기 쉬운데, 사주의 다른 자리에 병丙이나 정丁이 있다면 밝고 긍정적인 면을 갖춰 발전적이고 진취적으로 이상을 실현해 나갈 수 있다. 무戊나 기己도 좋은 글자다. 무언가를 해야만 한다는 의무감과 강박에 스스로를 소진하는 경향이 있는데, 무戊나 기己가 있다면 틈틈이 자신을 돌보는 여유도 생겨 탈진하거나 방전되지는 않는다.

다른 자리에 임壬이나 계癸가 하나 있으면 개성이 뚜렷한 정도지만, 둘 이상 있다면 친밀한 관계를 맺기 힘든 정도가 지나쳐 폐쇄적이 되지 않도록 주의해야 한다. 취향이 잘 맞거나 취미가 같은 사람들이라도 늘 함께해 소통을 지속할 수 있도록 노력해야 한다.

행운의 글자	병丙 · 정丁
주의할 글자	임壬 · 계癸
행운의 색	빨강
행운의 방향	남쪽

11. 자子월생

E	10	9	8	7	6	5	4	3	2	1	1	2	3	4	5	6	7	8	9	10	I
S	10	9	8	7	6	5	4	3	2	1	1	2	3	4	5	6	7	8	9	10	N
T	10	9	8	7	6	5	4	3	2	1	1	2	3	4	5	6	7	8	9	10	F
P	10	9	8	7	6	5	4	3	2	1	1	2	3	4	5	6	7	8	9	10	J

(ISTP) (재財기질)

치열하고 끈기 있는 성취주의자

부지런하고 성실하며, 치열하게 사는 편이다. 말이나 행동이 야무져서 당차다는 말을 듣기도 한다. 매사에 열성적이고, 과제가 주어지면 난관이나 어려움이 닥쳐도 마칠 때까지 끈기 있게 수행해 결국 결과를 얻어낸다. '나는 할 수 있다'는 믿음이 강해 스스로의 가능성을 시험하려는 의지가 강하다. 야심이 크고, 능력 있는 사람으로 평가받는다. 경쟁심이 커서 승부를 걸 만한 일이 생기면 집중력이 극대화되어 탁월한 성과를 낸다. 목적의식이 뚜렷해 냉정하고 고집스러운 인상을 줄 수 있다. 세상과 현실에 실망하고 좌절하는 성향이 있고, 옳고 그름을 판단하는 기준이 명확해, 그르다 생각하면 신랄하게 비판한다.

무戊 일간이 자子월에 태어난 사람에게 행운의 글자는 병丙 또

는 정丁이다. 사람 중심이 아니라 과제 중심적인 성향이라 일이 뜻대로 안 되거나 자신의 의지가 받아들여지지 않으면 고집불통이 되는 경향이 있는데, 사주의 다른 자리에 병丙이나 정丁이 있다면 따뜻하고 온화한 친화력도 갖춰 자신과 타인을 너그럽게 대할 수 있다. 무戊나 기己도 좋은 글자다. 매사에 실망하고 불만도 많아 마음이 불편한 편인데, 무戊나 기己가 있다면 특유의 보편적 인류애를 발휘해 무심하고 편안할 수 있다.

다른 자리에 임壬이나 계癸가 하나 있으면 개성이 뚜렷한 정도지만, 둘 이상 있다면 사람이나 상황을 지나치게 통제하려 들지는 않는지 살펴보아야 한다. 자신만의 판단 기준이 명확한 것은 좋지만, 다른 사람들의 다양한 판단을 존중하는 연습을 게을리하지 않아야 주변 사람과의 갈등을 줄일 수 있다.

행운의 글자	병丙 · 정丁
주의할 글자	임壬 · 계癸
행운의 색	빨강
행운의 방향	남쪽

12. 축丑월생

E	10	9	8	7	6	5	4	3	2	1	1	2	3	4	5	6	7	8	9	10	I
S	10	9	8	7	6	5	4	3	2	1	1	2	3	4	5	6	7	8	9	10	N
T	10	9	8	7	6	5	4	3	2	1	1	2	3	4	5	6	7	8	9	10	F
P	10	9	8	7	6	5	4	3	2	1	1	2	3	4	5	6	7	8	9	10	J

(**ISTP**) (재財기질)

냉소적이고 직선적인 비평가

세상에 부조리와 불합리가 널려 있다 생각해 불만과 불평이 많다. 현실에 냉소적이고 비판적이며, 언제나 주어진 현실을 넘어서는 정의로운 세상을 꿈꾼다. 가식이나 위선을 싫어하고 진실을 중요하게 생각한다. 불편하더라도 진실을 직시하는 것을 선호하는 편이다. 이 경우에도 맞고 저 경우에도 맞는 애매모호한 표현이나 세련을 표방해 진실을 묻어버리는 완곡한 표현을 싫어한다. 말과 행동보다는 생각이 먼저고, 의심과 걱정이 많아 확신이 설 때까지는 망설이고 주저한다. 하지만 확신이 서면 실행에 옮기는 속도가 빠르다. 일단 실행에 착수하면 성실하고 끈질기고 집요하게 어떠한 어려움이 있어도 포기하지 않고, 고집스럽고 완고하다 생각될 만큼 철저하게 일을 처리해 나간다.

무戊 일간이 축丑월에 태어난 사람에게 행운의 글자는 병丙 또는 정丁이다. 걱정과 의심이 많아 때때로 침울해지는 경우가 있는데, 사주의 다른 자리에 병丙이나 정丁이 있다면 활기와 열정이 조화롭게 보완되어 우울증으로 나아가지는 않는다. 무戊나 기己도 좋은 글자다. 신념이 강하고 직선적이라 독선적이거나 독단적으로 굴 때가 있는데, 무戊나 기己가 있다면 주변의 의견을 충분히 받아들이는 여유가 있어, 조화롭고 설득력 있게 비판할 수 있다.

다른 자리에 임壬이나 계癸가 하나 있으면 개성이 강한 정도지만, 둘 이상 있다면 지나치게 자기 의지에 집중하지 않도록 주의해야 한다. 가족이나 친구 등 작은 사회에서부터 관계와 소통으로 자신의 신념과 의지를 조율하고 다듬어가는 연습이 필요하다.

행운의 글자	병丙 · 정丁
주의할 글자	임壬 · 계癸
행운의 색	빨강
행운의 방향	남쪽

VI 기간

일간

VI. 기己 일간

1. 인寅월생

E	10	9	8	7	6	5	4	3	2	1	1	2	3	4	5	6	7	8	9	10	I
S	10	9	8	7	6	5	4	3	2	1	1	2	3	4	5	6	7	8	9	10	N
T	10	9	8	7	6	5	4	3	2	1	1	2	3	4	5	6	7	8	9	10	F
P	10	9	8	7	6	5	4	3	2	1	1	2	3	4	5	6	7	8	9	10	J

(ISFP)　(관官기질)

긍정적이고 낙관적인 지적 탐험가

다양한 분야에 관심이 많고 지적 호기심이 왕성하다. 새로운 지식을 배우고 아이디어를 얻는 데 열심이다. 정보를 얻거나 이해하는 과정에서 흥분과 만족을 느낀다. 그러다 하나의 주제에 꽂히면 그 주제에 관한 모든 것을 알고자 한다. 집요하게 정보를 수집하고 정리하고 분석해, 새로운 지식을 재창조하기도 한다. 지식에 대한 '덕후' 기질이 있다. 수줍음이 많아 자신의 감정과 생각을 겉으로 잘 드러내지 않지만, 속으로는 에너지와 자신감이 넘치고 사고방식이 대담하다. 유행보다는 내가 꽂힌 주제에 진심을 다하고, 외부의 시선보다 내적 만족을 중시한다. 세상을 긍정적으로 보는 편이라 희망찬 결과를 확신하고, 미래를 낙관하는 편이라 천천히 가더라도 뒤돌아가지는 않는다.

기己 일간이 인寅월에 태어난 사람에게 행운의 글자는 병丙 또는 정丁이다. 개인주의적 성향이 강해 외로움을 많이 느끼는 편인데, 사주의 다른 자리에 병丙이나 정丁이 있다면 다른 사람과의 유대감과 협력에도 소질이 있어 보다 차원 높은 자율성과 독립성을 갖출 수 있다. 여기에 경庚이나 신辛이 있다면 더욱 좋다. 막연한 긍정과 낙관으로 예상치 못한 곤경에 빠질 때가 있는데, 경庚이나 신辛이 있다면 조심성과 경계심을 갖춰 위험에 미리 준비하고 대비할 수 있다.

다른 자리에 갑甲이나 을乙이 하나 있으면 개성이 강한 정도지만, 둘 이상 있다면 충동에 휩싸여 내키는 대로 행동하는 것을 주의해야 한다. 평소 행동하기 전에 명확한 그림을 그리고 체계적인 계획을 세워, 순서대로 행동하는 연습을 꾸준히 할 필요가 있다.

행운의 글자	병丙 · 정丁
주의할 글자	갑甲 · 을乙
행운의 색	빨강
행운의 방향	남쪽

2. 묘卯월생

E	10	9	8	7	6	5	4	3	2	1	1	2	3	4	5	6	7	8	9	10	I
S	10	9	8	7	6	5	4	3	2	1	1	2	3	4	5	6	7	8	9	10	N
T	10	9	8	7	6	5	4	3	2	1	1	2	3	4	5	6	7	8	9	10	F
P	10	9	8	7	6	5	4	3	2	1	1	2	3	4	5	6	7	8	9	10	J

(ESFP) (관官기질)

뛰어난 표현력, 상승 지향 본능

상황을 빠르게 이해하고 대응이 빠르다. 특히 공정하지 못한 상황이나 부당한 대접을 받을 때 치미는 분노감을 적절히 표현할 줄 안다. 다소 불평불만이 많아 보이지만, 세상과 사람에 긍정적이라 건설적인 변화를 유도하는 힘으로 작용하는 경우가 많다. 자신이 느끼는 감정과 생각을 명확히 알고 머릿속이 정돈되어 있기 때문에 표현력이 뛰어나다. 상대방의 반응을 빠르게 읽고 상대에 맞추어 표현하므로 전달력도 뛰어나다. 스스로의 가능성을 끊임없이 탐색하고 확장하려는 욕구가 강하다. 현재에 머무르지 않고 항상 다음 단계를 생각한다. 어렵고 힘들어 남들은 엄두를 못 내는 목표를 설정하고 도장 깨기처럼 단계별로 목적을 달성해, 한 단계 두 단계 나아가는 데서 삶의 보람을 느낀다.

    기己 일간이 묘卯월에 태어난 사람에게 행운의 글자는 병丙 또는 정丁이다. 의지가 강해 목표를 이루겠다고 수단과 방법을 가리지 않는 편인데, 사주의 다른 자리에 병丙이나 정丁이 있다면 중심을 잡고 자제력을 발휘할 수 있어 선을 넘지는 않는다. 여기에 경庚이나 신辛이 있다면 더욱 좋다. 계획 없이 서두르거나 앞뒤를 재지 않는 강한 행동력으로 실수나 후과가 있을 수 있는데, 경庚이나 신辛이 있다면 차분하고 꼼꼼하게 계획을 세우고 체계적으로 행동해 성과를 쌓아 나갈 수 있다.

    다른 자리에 갑甲이나 을乙이 하나 있으면 개성이 뚜렷한 정도지만, 둘 이상 있다면 지나친 자기 방어와 자기 위안의 수렁에 빠지지 않도록 주의해야 한다. 적당한 자존감과 자기 위로 능력은 필요하지만 지나치면 점점 다른 사람들과 조화롭게 어울리기 힘들어진다.

행운의 글자	병丙 · 정丁
주의할 글자	갑甲 · 을乙
행운의 색	빨강
행운의 방향	남쪽

3. 진辰월생

E	10	9	8	7	6	5	4	3	2	1	1	2	3	4	5	6	7	8	9	10	I
S	10	9	8	7	6	5	4	3	2	1	1	2	3	4	5	6	7	8	9	10	N
T	10	9	8	7	6	5	4	3	2	1	1	2	3	4	5	6	7	8	9	10	F
P	10	9	8	7	6	5	4	3	2	1	1	2	3	4	5	6	7	8	9	10	J

(ESFP)　(관官기질)

순수적 체질, 스릴과 모험 추구

대체로 사심이 없고 이익이나 손해를 따지지 않고 마음이 가는 대로 움직이는 편이다. 어린아이처럼 순수해 감정을 숨기지 않고 느끼는 그대로 드러낸다. 솔직하고 정직한 편이고 자신이 옳다고 생각하는 것을 굳게 믿는다. 순간적인 기분보다는 자기 신념과 가치관에 따라 일관성 있게 행동한다. 목적의식이 강해 뜻을 두면 반드시 이루려는 의지가 강하다. 한눈 팔지 않고 몸과 마음을 다해 목표를 향해 나아간다. 대담하고 정열적이지만 의외로 철학적인 면이 있다. 삶과 존재의 의미와 본질을 깊이 생각한다. 모든 것을 잊을 수 있는 해탈의 경지에서 자신의 본질을 깨달으려는 듯 자신을 한계로 몰아넣는 극단적인 극기 훈련이나 익스트림 스포츠를 즐기기도 한다.

 기己 일간이 진辰월에 태어난 사람에게 행운의 글자는 병丙 또는 정丁이다. 집념이 강하고 노력을 아끼지 않아 번아웃이 잘 오고 휴식도 전투적이라 자신을 극단으로 몰고 가는 경향이 있는데, 사주의 다른 자리에 병丙이나 정丁이 있다면 자신을 아끼고 돌보는 여유도 있어 보다 안정적으로 자신의 의지를 실현할 수 있다. 여기에 경庚이나 신辛이 있다면 더욱 좋다. 세상과 사람을 선의로 받아들이기 때문에 자기 보호에 약한 편인데, 경庚이나 신辛이 있다면 경계심도 갖춰 자신을 안전하게 보호할 수 있다.

 다른 자리에 갑甲이나 을乙이 하나 있으면 개성이 뚜렷한 정도지만, 둘 이상 있다면 지나치게 고집스러운 성향을 주의해야 한다. 자신을 아끼는 사람의 조언이나 비판에는 귀를 기울이고, 유연하고 부드럽게 대처할 수 있도록 노력해야 한다.

행운의 글자	병丙 · 정丁
주의할 글자	갑甲 · 을乙
행운의 색	빨강
행운의 방향	남쪽

4. 사르월생

E	10	9	8	7	6	5	4	3	2	1	1	2	3	4	5	6	7	8	9	10	I
S	10	9	8	7	6	5	4	3	2	1	1	2	3	4	5	6	7	8	9	10	N
T	10	9	8	7	6	5	4	3	2	1	1	2	3	4	5	6	7	8	9	10	F
P	10	9	8	7	6	5	4	3	2	1	1	2	3	4	5	6	7	8	9	10	J

(ENFP)　(인印기질)

묘한 균형 감각과 열린 마음

의욕과 에너지가 넘치고 자신감이 충만하다. 균형 감각이 절묘하다. 이상과 실용의 중간 즈음에 자신의 가치를 둔다. 공감 능력이 높지만 감정에 휘둘리지 않고, 거절하거나 거부할 때도 따뜻한 배려가 녹아 있다. 극단적인 대립이나 흑백논리는 가능한 한 피하려 하고 중간 지대를 찾아 조율하는 중재자 역할을 잘 해낸다. 다른 사람들의 다양한 생각과 감정을 편견 없이 잘 파악하고 이해한다. 세상의 다양성을 인정하고, 새로운 지식이나 경험을 끊임없이 배우며, 다른 사람과 조화를 이루려 노력한다. 바람이 불 때 이리저리 흔들리긴 해도 꿋꿋이 서 있는 나무처럼 세상의 변화와 타인의 다름을 자연스럽게 받아들이면서도 자신의 중심을 잃지 않는 고집이 있다.

기己 일간이 사巳월에 태어난 사람에게 행운의 글자는 임壬 또는 계癸이다. 사회적 관계 속에서 만족하므로 정작 자신을 돌보지 않는 성향이 있는데, 사주의 다른 자리에 임壬이나 계癸가 있다면 자기 관리나 수양에도 철저해 보다 높은 수준의 성취를 이룰 수 있다. 경庚이나 신辛도 좋은 글자다. 과거 지향적이고 안정 지향적인 편이라 스스로 갑갑해할 때가 더러 있는데, 경庚이나 신辛이 있다면 도전과 변화를 즐기고 앞서 나갈 수 있는 추진력도 생긴다.

다른 자리에 병丙이나 정丁이 하나 있으면 개성이 뚜렷한 정도지만, 둘 이상 있다면 지나치게 평화나 조화를 희구하는 성향을 경계할 필요가 있다. 경쟁과 갈등은 변화와 발전의 동력이다. 경쟁과 갈등을 너무 꺼려해 억지로 덮으면 더 큰 혼란이 올 수도 있다는 점을 명심할 필요가 있다.

행운의 글자	임壬 · 계癸
주의할 글자	병丙 · 정丁
행운의 색	검정
행운의 방향	북쪽

5. 오午월생

E	10	9	8	7	6	5	4	3	2	1	1	2	3	4	5	6	7	8	9	10	I
S	10	9	8	7	6	5	4	3	2	1	1	2	3	4	5	6	7	8	9	10	N
T	10	9	8	7	6	5	4	3	2	1	1	2	3	4	5	6	7	8	9	10	F
P	10	9	8	7	6	5	4	3	2	1	1	2	3	4	5	6	7	8	9	10	J

(ENFJ) (인印기질)

세련된 사고 능력과 능숙한 처세술

낙천적이고 관대하며 삶을 즐길 줄 안다. 사교와 소통 능력이 탁월하다. 사람들과 어울리는 것을 좋아하며, 다양한 배경이나 부류의 사람들과 격의 없이 교류한다. 다양한 사람과 상황에 맞춰 자신의 외양과 행동을 유연하게 바꾸는 데 능하다. 항상 자신감 있게 먼저 다가가고 부담스럽지 않을 정도로 거리감과 호감을 조율한다. 인정받고 신뢰받는 데 큰 가치를 두기 때문에 타인의 시선이나 감정에 민감하다. 상황의 맥락과 사람의 의도를 잘 읽어낸다. 일이나 관계의 흐름이나 분위기를 항상 예의 주시하고, 자신에게 유리한 정보를 빠르게 포착해, 일과 관계를 자신의 이익에 맞게 잘 풀어나가는 능숙한 처세술을 타고났다.

기己 일간이 오午월에 태어난 사람에게 행운의 글자는 임壬 또

는 계癸이다. 현실적이고 실용적인 면이 강해 가치나 대의에 소홀한 성향이 있는데, 사주의 다른 자리에 임壬이나 계癸가 있다면 이상과 명분으로 조화롭게 보완해 보다 품위 있는 성취를 이룰 수 있다. 경庚이나 신辛도 좋은 글자다. 자신의 생각이나 감정을 타인에 맞추는 성향이 있어 일관성과 객관성을 잃는 경우가 많은데, 경庚이나 신辛이 있다면 독립성을 갖춰 그때그때의 현실에서 벗어나지 않으면서 일관되고 객관적인 태도를 유지할 수 있다.

다른 자리에 병丙이나 정丁이 하나 있으면 개성이 뚜렷한 정도지만, 둘 이상 있다면 흥미나 즐거움을 지나치게 추구하지 않도록 주의해야 한다. 흥미가 집착이 되고 유흥이 향락이 되면 절제가 힘들어져 결국 몸과 마음만 피폐해진다는 점을 명심해야 한다.

행운의 글자	임壬 · 계癸
주의할 글자	병丙 · 정丁
행운의 색	검정
행운의 방향	북쪽

6. 미쳤월생

E	10	9	8	7	6	5	4	3	2	1	1	2	3	4	5	6	7	8	9	10	I
S	10	9	8	7	6	5	4	3	2	1	1	2	3	4	5	6	7	8	9	10	N
T	10	9	8	7	6	5	4	3	2	1	1	2	3	4	5	6	7	8	9	10	F
P	10	9	8	7	6	5	4	3	2	1	1	2	3	4	5	6	7	8	9	10	J

(ENTJ) (비바기질)

강한 허무주의와 인류애

세상이 논리적으로 설명할 수 없는 모순과 혼돈으로 가득 차 있다고 느끼기 때문에, 어떠한 상황에서도 중심을 잃지 않고 침착함을 유지해야 한다는 의지가 강하다. 감정에 휘둘리지 않고 객관적이고 냉철한 시선으로 세상을 바라본다. 독립적이고 자유로운 성향이 강해 타인의 간섭을 유달리 싫어한다. 편견이 없고, 인습에 얽매이지 않으며, 냉소적이고 반항적인 위엄이 있어 묘한 매력을 흘린다. 비판적인 시각으로 현실을 보기에 현실을 벗어난 선구적이고 실험적인 전위적인 사상이나 예술을 좋아한다. 세상의 부조리를 강하게 인지하기 때문에 허무함을 많이 느낀다. 사랑이 허무할 것을 알지만 시간과 노력을 아끼지 않듯, 삶이 그토록 의미가 없고 무가치하기에 삶을 사랑한다.

　기己 일간이 미未월에 태어난 사람에게 행운의 글자는 갑甲 또는 을乙이다. 타인의 시선과 판단에 개의치 않기 때문에 자신의 행동이 만만치 않은 파장을 일으킬 것이 예상되어도 거리낌 없이 행동하는 경향이 있는데, 사주의 다른 자리에 갑甲이나 을乙이 있다면 사회성과 자제력도 갖춰 사람들과 조화를 이룰 수 있다. 임壬이나 계癸도 좋은 글자다. 모순과 혼돈이라는 안개 속에서 무기력과 허무를 느끼는 경우가 많은데, 임壬이나 계癸가 있다면 목적의식이 분명하고 야망을 갖춰 고차원적인 사상을 현실에서 실현할 수 있다.

　다른 자리에 무戊나 기己가 하나 있다면 개성이 뚜렷한 정도지만, 둘 이상 있다면 허무와 냉소가 지나쳐 거만해 보일 때가 있다는 점을 염두에 두어야 한다. 가능하다면 마냥 해맑은 아이나 반려동물을 가까이해, 감정을 순수하게 만들려고 노력할 필요가 있다.

행운의 글자	갑甲 · 을乙
주의할 글자	무戊 · 기己
행운의 색	파랑
행운의 방향	동쪽

7. 신(辛)월생

E	10	9	8	7	6	5	4	3	2	1	1	2	3	4	5	6	7	8	9	10	I
S	10	9	8	7	6	5	4	3	2	1	1	2	3	4	5	6	7	8	9	10	N
T	10	9	8	7	6	5	4	3	2	1	1	2	3	4	5	6	7	8	9	10	F
P	10	9	8	7	6	5	4	3	2	1	1	2	3	4	5	6	7	8	9	10	J

(ENTJ) (식食기질)

엄격한 원칙주의와 강인한 독립심

다사다난하고 어지러워 갈피를 잡을 수 없는 현실은 갈등과 혼란의 연속이지만, 항상 근본을 잊지 않고 본질을 고수하려 한다. 시류에 휩쓸려 극단으로 치닫거나 상황에 따라 그때그때 실용적으로 수습하다가 누더기가 되는 일이 없다. 혼돈 속에서도 중심을 잡고 자신의 길을 놓치지 않으려 한다. 때로는 확신을 갖지 못하고 의심을 품거나 잘못될까 걱정해서 우유부단해 보이기도 하지만, 묵묵히 자신의 신념을 고수해 나가는 힘이 있다. 칭찬에 들뜨지 않고, 비판에도 쉽게 무너지지 않는 강인한 독립심이 있다. 어려움이 닥쳤을 때 남에게 도움을 청하는 대신 스스로 해결하려고 한다. 어지간하면 의존적 관계를 맺지 않는다. 남들의 시선이나 사회적 기준보다 자신의 가치관과 신념에 따라 행동한다.

	己
	申

    기己 일간이 신申월에 태어난 사람에게 행운의 글자는 병丙 또는 정丁이다. 자기주장이 강해 자기중심적일 때가 있는데, 사주의 다른 자리에 병丙이나 정丁이 있다면 다른 사람의 견해도 존중하고 받아들여 보다 보편적인 가치관을 가질 수 있다. 갑甲이나 을乙도 좋은 글자다. 회의적이고 조심스러운 성향이라 한 발자국도 못 나아가고 망설이는 경우가 많은데, 갑甲이나 을乙이 있다면 자신의 직감에 확신과 목적의식을 가지고, 신념을 현실에서 실현할 수 있는 추진력을 갖출 수 있다.

    다른 자리에 경庚이나 신辛이 하나 있으면 개성이 강한 정도지만, 둘 이상 있다면 지나치게 사고가 경직되고 고집이 강하지 않은지 돌아보아야 한다. 고집불통이 되기 전에 평소 여유롭고 유연하게 대처하는 법을 익히고 연습할 필요가 있다.

행운의 글자	병丙 · 정丁
주의할 글자	경庚 · 신辛
행운의 색	빨강
행운의 방향	남쪽

8. 유酉월생

E	10	9	8	7	6	5	4	3	2	1	1	2	3	4	5	6	7	8	9	10	I
S	10	9	8	7	6	5	4	3	2	1	1	2	3	4	5	6	7	8	9	10	N
T	10	9	8	7	6	5	4	3	2	1	1	2	3	4	5	6	7	8	9	10	F
P	10	9	8	7	6	5	4	3	2	1	1	2	3	4	5	6	7	8	9	10	J

(INTJ)　(식食기질)

타고난 관찰력과 풍부한 영감

빈틈없고 철저하며 관찰 능력이 뛰어나다. 다른 사람들이 무심코 지나치기 일쑤인 작은 변화, 미묘한 표정, 사소한 움직임도 놓치지 않고 잘 포착한다. 영상을 찍어놓은 것처럼 선명하게 기억하고 체계적으로 정리해 뇌에 저장한다. 모르는 것은 몰라도 아는 것에 대해서는 철저하다. 자신을 보호하려는 본능이 있으며, 강한 예감과 육감을 지니고 있다. 우연히 마주한 장면 하나가 거대한 이야기로 다가오기도 한다. 바람에 흔들리는 나뭇가지를 보며 플롯이 잘 짜인 안무를 떠올리고, 평범한 대화를 들으며 삶의 본질을 꿰뚫는 소설의 한 시퀀스를 만들어내기도 한다. 영감이 풍부해 상상력이나 창의력이 필요한 일에 탁월한 소질을 보인다.

　기己 일간이 유酉월에 태어난 사람에게 행운의 글자는 병丙 또

는 정丁이다. 섬세하고 민감해 한번 불안증이 도지면 걷잡을 수 없이 날카롭고 예민해지기도 하는데, 사주의 다른 자리에 병丙이나 정丁이 있다면 안정적으로 중심을 잡아줘 불안해지지 않고 평정을 유지할 수 있다. 갑甲이나 을乙도 좋은 글자다. 타고난 영감이 찰나적인 순간에서 그치는 경우가 많은데, 갑甲이나 을乙이 있다면 영감을 내면에 되새기고 꾸준히 가꿔나가 결실을 맺고 성취를 이룰 수 있다.

다른 자리에 경庚이나 신辛이 하나 있다면 개성이 뚜렷한 정도지만 둘 이상 있다면 지나치게 비판적이거나 날카롭게 주변 사람들을 대하지 않는지 살펴보아야 한다. 비판이 비난이 되지 않도록, 예리함이 날카로움이 되지 않도록 항상 경계하고 조심할 필요가 있다.

행운의 글자	병丙 · 정丁
주의할 글자	경庚 · 신辛
행운의 색	빨강
행운의 방향	남쪽

9. 술戌월생

E	10	9	8	7	6	5	4	3	2	1	1	2	3	4	5	6	7	8	9	10	I
S	10	9	8	7	6	5	4	3	2	1	1	2	3	4	5	6	7	8	9	10	N
T	10	9	8	7	6	5	4	3	2	1	1	2	3	4	5	6	7	8	9	10	F
P	10	9	8	7	6	5	4	3	2	1	1	2	3	4	5	6	7	8	9	10	J

(INTJ)　(식食기질)

관조적 직관과 솔직한 태도

성정이 맑고 청량하며 염세적이고 냉정한 태도가 있다. 조용하고 침착한 편이며 필요 이상의 감정을 표현하지 않는다. 마치 투명한 유리벽을 사이에 둔 듯 세상을 관조한다. 세상의 소음에 휘말리지 않고 한 걸음 떨어져 진실의 윤곽을 더듬는다. 불필요한 미사여구나 본질을 흐리는 과장을 싫어한다. 거짓과 위선은 더욱 싫어한다. 듣기 좋은 말보다 진실을 우선시하고 필요하다면 불편한 진실도 가감 없이 말한다. 때로는 더 잃을 것이 없는 사람처럼 솔직하고 직설적이다. 겉으로는 무심하고 차갑지만 마음 깊은 곳에 세상에 대한 연민과 애틋함을 품고 있다.

　　기己 일간이 술戌월에 태어난 사람에게 행운의 글자는 병丙 또는 정丁이다. 듣는 이가 꺼려할 만큼 옳은 말을 거침없이 쏟아내서

갈등과 불화를 일으키는 경우가 있는데, 사주의 다른 자리에 병丙이나 정丁이 있다면 자제심과 친화력도 갖춰 설득력 있는 말로 자신의 뜻을 사교적으로 표현할 수 있다. 갑甲이나 을乙도 좋은 글자다. 불신과 의심이 많아 지나치게 방어적인 면이 있는데, 갑甲이나 을乙이 있다면 대담함과 추진력을 갖춰 적극적으로 자신의 뜻을 펼쳐 성취를 이룰 수 있다.

다른 자리에 경庚이나 신辛이 하나 있다면 개성이 뚜렷한 정도지만, 둘 이상 있다면 세상과 자신 사이에 지나치게 거리를 두려고 하지 않는지 때때로 살펴볼 필요가 있다. 작은 단위에서라도 사람들과 연결을 꾸준히 이어나가려는 노력이 필요하다.

행운의 글자	병丙 · 정丁
주의할 글자	경庚 · 신辛
행운의 색	빨강
행운의 방향	남쪽

10. 해초월생

E	10	9	8	7	6	5	4	3	2	1	1	2	3	4	5	6	7	8	9	10	I
S	10	9	8	7	6	5	4	3	2	1	1	2	3	4	5	6	7	8	9	10	N
T	10	9	8	7	6	5	4	3	2	1	1	2	3	4	5	6	7	8	9	10	F
P	10	9	8	7	6	5	4	3	2	1	1	2	3	4	5	6	7	8	9	10	J

(ISTJ) (재財기질)

풍부한 지략, 뛰어난 결단력

가만히 앉아 천 리 밖도 내다본다. 보이지 않는 한길 마음속도 잘 들여다본다. 이상하게 불안을 느끼는 기질이라 판단과 행동을 하기 전에 머릿속으로 많은 경우의 수를 따져 대비한다. 바둑을 둘 때 상대방의 손을 따라 움직이는 것이 아니라 전체를 고려하고 몇 수 앞을 내다보며 한 수 한 수 두는 것처럼 조심스럽고 신중하게 움직인다. 지략이 풍부하다. 대체로 상황을 빠르고 정확하게 분석하고 상대방의 의도와 심리를 간파한 후, 능숙하게 해결책을 내놓는다. 감정에 휘둘리지 않고 객관적으로 판단하며, 헛된 희망을 품지 않는다. 행동파라서 한 발 떨어져 관망하는 것보다 실제로 뛰어들어 겪어보는 것을 선택한다. 필요할 때는 결정적인 판단을 내릴 수 있는 힘과 의지가 있으며, 타고난 통제력과 집중력과 끈기

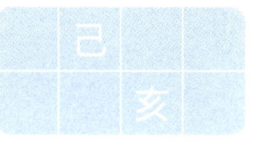

를 발휘해 일을 성취해 낸다.

기己 일간이 해亥월에 태어난 사람에게 행운의 글자는 병丙 또는 정丁이다. 우울한 기분과 오만한 마음이 교차해 불안할 때가 많은데, 사주의 다른 자리에 병丙이나 정丁이 있다면 밝고 따스함으로 조화롭게 보완하고 자신을 낮추는 겸손의 미덕도 갖출 수 있어 안정감이 생긴다. 무戊나 기己도 좋은 글자다. 매사 최선을 다해 열심이다가 번아웃이 오는 경우가 많은데, 무戊나 기己가 있다면 긴장감을 적절하게 조절해 힘을 빼고 편안하게 목적을 달성할 수 있다.

다른 자리에 임壬이나 계癸가 하나 있으면 개성이 뚜렷한 정도지만, 둘 이상 있다면 주목받고 선도하는 위치에 있으려 자신과 주변 사람들을 지나치게 달달 볶고 있지는 않은지 때때로 돌아볼 필요가 있다. 억지로 끼워 맞추면 어디선가 반드시 탈이 난다는 평범한 진리를 항상 염두에 둘 필요가 있다.

행운의 글자	병丙 · 정丁
주의할 글자	임壬 · 계癸
행운의 색	빨강
행운의 방향	남쪽

11. 자구월생

E	10	9	8	7	6	5	4	3	2	1	1	2	3	4	5	6	7	8	9	10	I
S	10	9	8	7	6	5	4	3	2	1	1	2	3	4	5	6	7	8	9	10	N
T	10	9	8	7	6	5	4	3	2	1	1	2	3	4	5	6	7	8	9	10	F
P	10	9	8	7	6	5	4	3	2	1	1	2	3	4	5	6	7	8	9	10	J

(ISTP)　(재財기질)

강한 의무와 책임감, 워크홀릭

내성적인 편이라 사람들과 어울리기보다 혼자만의 시간을 갖는 것을 선호한다. 멀찌감치 떨어져 관찰하며 깊이 생각하고, 늘 보고 듣는 것에서 새로운 의미를 발견하는 것을 좋아한다. 말하기보다 듣는 편이고, 자신의 감정을 잘 드러내지 않는다. 하고 싶은 일보다 해야 할 일을 먼저 한다. 해야 할 일이 하고 싶어 하는 일일지도 모른다. 성취를 지향하기 때문에 목표를 이루어야 진정한 즐거움을 느낀다. 일을 맡으면 끝까지 해내야 한다는 강박이 있다. 도장 깨기처럼 단순히 끝내는 정도가 아니라, 하나하나의 완성도를 중요시해 일에 혼을 갈아 넣는다. 대충 하는 것을 잘 못해서 가끔씩 사서 고생도 하지만, 일을 능률적이고 믿음직스럽게 처리한다는 평을 듣는다.

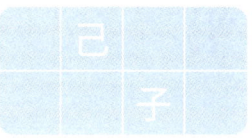

 기己 일간이 자子월에 태어난 사람에게 행운의 글자는 병丙 또는 정丁이다. 관계 중심이 아니라 과제 중심이라 여러 사람의 협력이 필요한 일을 꺼리는데, 사주의 다른 자리에 병丙이나 정丁이 있다면 관계에서 필요한 우호성과 친화성도 갖춰, 높은 수준의 일도 해낼 수 있다. 무戊나 기己도 좋은 글자다. 워크홀릭 경향이 있어서 일을 계속해 몸과 마음에 무리가 많은데, 무戊나 기己가 있다면 조급하지 않고 느슨하게 여유를 부릴 배짱도 생긴다.

 다른 자리에 임壬이나 계癸가 하나 있으면 개성이 강한 정도지만, 둘 이상 있다면 지나치게 합리와 논리만 내세워 관계에서 겉돌고 있지 않은지 생각해 보아야 한다. 이성의 세계 못지않게 감정의 세계도 중요하며, 무엇보다 사람을 움직이는 데는 이성보다 감정의 힘이 훨씬 크다는 사실을 명심할 필요가 있다.

행운의 글자	병丙 · 정丁
주의할 글자	임壬 · 계癸
행운의 색	빨강
행운의 방향	남쪽

12. 축표월생

E	10	9	8	7	6	5	4	3	2	1	1	2	3	4	5	6	7	8	9	10	I
S	10	9	8	7	6	5	4	3	2	1	1	2	3	4	5	6	7	8	9	10	N
T	10	9	8	7	6	5	4	3	2	1	1	2	3	4	5	6	7	8	9	10	F
P	10	9	8	7	6	5	4	3	2	1	1	2	3	4	5	6	7	8	9	10	J

(ISTP)　(재財기질)

인내력과 끈기, 그리고 높은 이상

성실하고 부지런하며, 주어진 일은 끝까지 책임을 다하는 편이다. 꼼꼼하고 예리해, 분석하고 비판할 때는 타고난 반항아 기질을 엿볼 수 있다. 속마음을 드러내는 능력이 약한 편이라 무슨 생각을 하고 어떤 의도를 품고 있는지 남들이 좀처럼 파악하기 힘들지만, 보기보다 내면에 숨겨진 힘이 많다. 참고 견디는 인내력이 출중하고 끈기가 있어 한번 꽂히면 집요하고 꾸준하게 파고든다. 스스로의 판단과 능력에 확신이 강해 다른 사람들의 말에 잘 휘둘리지 않는다. 대체로 세상과 현실에서 부조리하고 부당한 부분이 눈에 잘 들어와 불평과 불만이 많다. 합리와 정의가 강물처럼 흐르는 세상을 꿈꾼다. 남들은 비현실적이라며 엄두도 못 내는 높은 이상을 품에 안고, 하루하루 한 발 한 발 꿋꿋하게 나아간다.

　기己 일간이 축丑월에 태어난 사람에게 행운의 글자는 병丙 또는 정丁이다. 숨은 능력이 많아 잠재력이 크지만, 소통하는 능력과 기술이 약해 개인적 차원에서 머무는 경우가 많은데, 사주의 다른 자리에 병丙이나 정丁이 있다면 과감하고 적극적으로 자신의 의지와 주장을 밝히고 소통해 크나큰 대의를 실현할 힘을 가질 수 있다. 무戊나 기己도 좋은 글자다. 지나치게 진지해 불편하고 피곤할 때가 많은데, 무戊나 기己가 있다면 여유와 유머를 갖춰 필요할 때는 가볍고 유쾌하게 넘어갈 수도 있다.

　다른 자리에 임壬이나 계癸가 하나 있으면 개성이 강한 정도지만, 둘 이상 있다면 부정적인 생각에 침울해지지 않도록 조심할 필요가 있다. 기분이 가라앉기 시작하면 바닥에 닿기 전에 생기 넘치는 시장이나 스포츠 경기장으로 가서라도 활력을 끌어올려야 한다.

행운의 글자	병丙 · 정丁
주의할 글자	임壬 · 계癸
행운의 색	빨강
행운의 방향	남쪽

VII

경庚 일간

1. 인寅월생

E	10	9	8	7	6	5	4	3	2	1	1	2	3	4	5	6	7	8	9	10	I
S	10	9	8	7	6	5	4	3	2	1	1	2	3	4	5	6	7	8	9	10	N
T	10	9	8	7	6	5	4	3	2	1	1	2	3	4	5	6	7	8	9	10	F
P	10	9	8	7	6	5	4	3	2	1	1	2	3	4	5	6	7	8	9	10	J

(ISTP) (재財기질)

오픈 마인드와 희망찬 도전 정신

잠시도 가만있지 못하고 바쁘게 움직인다. 단조로운 분위기에 쉽게 싫증을 내며, 변화와 성장 가능성이 있는 것에 흥미를 느낀다. 다른 사람과의 소통을 즐기며, 자유로운 발상과 색다른 아이디어로 사람들을 놀래키기도 한다. 새로운 아이디어나 의견의 차이를 존중하고 받아들여 자신의 것으로 삼는 열린 마음을 가지고 있다. 현실에 안주하지 않고, 항상 새로운 목표를 설정하고 도전하는 것을 좋아한다. 이것저것 따지며 고민하지 않고 바로 실행한다. 회복 탄력성이 높아 일이 잘못되어도 다시 시도하고 실패를 두려워하지 않는다. 일곱 번 넘어져도 여덟 번 다시 일어난다. 세상에 친화적이고 미래에 희망적이라 여러 번 실패해도 굴하지 않고 꾸준히 노력해 끝내 결실을 이룬다.

　경庚 일간이 인寅월에 태어난 사람에게 행운의 글자는 병丙 또는 정丁이다. 중요도를 따지지 않고 그때그때 즉흥적으로 행동하는 경향이 있어 노력이 헛될 경우가 많은데, 사주의 다른 자리에 병丙이나 정丁이 있다면 분명한 목적을 가지고 우선순위를 따져 체계적으로 행동하는 능력도 갖춰 성과를 높일 수 있다. 여기에 경庚이나 신辛이 있으면 더욱 좋다. 몸을 사리지 않고 저돌적으로 끈질기게 일에 열중하는 성향이 있는데, 경庚이나 신辛이 있다면 적절하게 자신의 몸과 마음을 돌보아가며 일할 수 있어 번아웃을 막을 수 있다.

　다른 자리에 갑甲이나 을乙이 하나 있으면 개성이 강한 정도지만, 둘 이상 있다면 자신의 강한 욕망이 다른 사람을 압도하지 않도록 경계하고 조심할 필요가 있다. 지배적이고 통제적으로 굴면 가까운 사람이 견디기 힘들어하고 점점 멀어져 간다.

행운의 글자	병丙 · 정丁
주의할 글자	갑甲 · 을乙
행운의 색	빨강
행운의 방향	남쪽

2. 묘卯월생

E	10	9	8	7	6	5	4	3	2	1	1	2	3	4	5	6	7	8	9	10	I
S	10	9	8	7	6	5	4	3	2	1	1	2	3	4	5	6	7	8	9	10	N
T	10	9	8	7	6	5	4	3	2	1	1	2	3	4	5	6	7	8	9	10	F
P	10	9	8	7	6	5	4	3	2	1	1	2	3	4	5	6	7	8	9	10	J

(ESTP)　(재財기질)

다양한 관심과 활기찬 모험심

주어진 현실과 환경에 안주하지 않고 다양한 경험과 변화를 원한다. 색다른 주제에 관심이 많고 지식과 견문을 넓히는 것을 좋아한다. 잡다한 상식이 많아 걸어 다니는 백과사전이라는 말을 듣기도 한다. 생기발랄하고 낙천적이며 자신감이 넘친다. 새로운 환경이나 경험을 두려워하지 않고 언제나 호기심 어린 눈망울로 적극적으로 도전한다. 실패를 두려워하지 않고, 실패하더라도 낙담하지 않고, 실패를 배움을 위해 필수적으로 겪어야 하는 소중한 경험으로 여긴다. 유연한 사고로 다양한 시각에서 문제를 바라본다. 대체로 생산적이고 능력 있는 사람이라고 평가받는다. 감정이나 생각을 솔직하게 표현하고 진솔하게 소통하는 편이다.

경庚 일간이 묘卯월에 태어난 사람에게 행운의 글자는 경庚 또

는 신辛이다. 원칙과 체계 없이 좌충우돌 닥치는 대로 행동해 다소 산만한 경향이 있는데, 사주의 다른 자리에 경庚이나 신辛이 있다면 차분히 생각하고, 하고 싶은 욕망과 참을 수 있는 인내력이 조화를 이루어, 보다 전략적이고 단정하게 행동할 수 있다. 무戊나 기己도 좋은 글자다. 자기실현 의지가 강해 때때로 다른 사람에게 강압적이고 지배적일 수 있는데, 무戊나 기己가 있다면 우호성과 친화력이 조화롭게 보완되어 보다 넓고 큰 성취를 얻을 수 있다.

다른 자리에 갑甲이나 을乙이 하나 있으면 개성이 강한 정도지만, 둘 이상 있다면 진실로 과잉 행동을 주의해야 한다. 하고 싶다는 생각이 들 때 바로 행동하지 않고 세 번은 참는 연습이 필요하다. 자잘한 실수도 쌓이면 신뢰를 잃고 다시 회복하는 데 몹시 힘이 들 수 있다.

행운의 글자	경庚 · 신辛
주의할 글자	갑甲 · 을乙
행운의 색	하양
행운의 방향	서쪽

3. 진辰월생

E	10	9	8	7	6	5	4	3	2	1	1	2	3	4	5	6	7	8	9	10	I
S	10	9	8	7	6	5	4	3	2	1	1	2	3	4	5	6	7	8	9	10	N
T	10	9	8	7	6	5	4	3	2	1	1	2	3	4	5	6	7	8	9	10	F
P	10	9	8	7	6	5	4	3	2	1	1	2	3	4	5	6	7	8	9	10	J

(ESTP) (재財기질)

충만한 자신감, 당당한 풍모

자신감이 충만하고 야심이 있으며 대담하다. 더 나은 미래를 위해 낡고 침체된 것은 과감히 버리고, 변화하고 성장해야 한다는 진보주의적 성향이 강하다. 활동적이고 진취적이라 주변에 활기를 불어넣는다. 구체적인 목표에 집중하고, 목표를 이루기 위해 필요한 자기 계발과 자원 동원에 능력이 있다. 인과관계와 해결책이 분명한 틀에 박힌 일보다는 답이 보이지 않는 어려운 일에 도전하는 것을 좋아한다. 얼음장 같이 냉정한 면이 있으나, 내면은 꾸밈이 없고 밝고 순수하다. 두뇌 회전이 빠르고 카리스마가 있다. 일이 주어지면 민첩하게 상황을 분석한 후 결단력 있고 빠르게 행동한다. 자신의 주장과 입장이 확고한 편이고 신념을 현실로 만들기 위해 열심이다.

경庚 일간이 진辰월에 태어난 사람에게 행운의 글자는 경庚 또는 신辛이다. 자신의 신념과 주장을 앞세우다 보니 다른 사람의 주장을 경시하는 경향이 있는데, 사주의 다른 자리에 경庚이나 신辛이 있다면 적절하게 타협해 긍정적이고 발전적으로 통합할 수 있다. 무戊나 기己도 좋은 글자다. 당당함이 지나쳐 타인의 감정에 소홀하거나 배려 부족으로 이어지는 경우가 있는데, 무戊나 기己가 있다면 인류애적 공감 능력을 갖춰 많은 사람들에게 호감을 얻을 수 있는 카리스마를 발휘할 수 있다.

다른 자리에 갑甲이나 을乙이 하나 있으면 개성이 강한 정도지만, 둘 이상 있다면 즉흥적이고 충동적인 성향을 자제할 필요가 있다. 용의주도하지 못한 반면 행동은 빠르기 때문에, 자신이 의식하지 못하는 사이에 일관성 없는 사람으로 평가될 수 있다.

행운의 글자	경庚 · 신辛
주의할 글자	갑甲 · 을乙
행운의 색	하양
행운의 방향	서쪽

4. 사巳월생

E	10	9	8	7	6	5	4	3	2	1	1	2	3	4	5	6	7	8	9	10	I
S	10	9	8	7	6	5	4	3	2	1	1	2	3	4	5	6	7	8	9	10	N
T	10	9	8	7	6	5	4	3	2	1	1	2	3	4	5	6	7	8	9	10	F
P	10	9	8	7	6	5	4	3	2	1	1	2	3	4	5	6	7	8	9	10	J

(ESFP) (관官기질)

겸손하고 예의 바른 야심가

겸손하고 부드러워 보이지만 내면에는 굳은 의지와 자기 통제력이 있다. 자신에게 비판적이고 엄격하다. 최선을 다하지 않거나 실수가 있으면 두고두고 후회하며 자신을 책망한다. 규범이나 관습을 잘 따르며, 생활 습관이 규칙적이다. 하고 싶은 일을 스스로 선택하는 것보다 주어진 일을 완벽하게 수행해 내는 것을 선호한다. 다양한 분야에서 다양한 능력을 갖추는 대신 한 분야를 파고들어 최고가 되려는 야심이 크다. 책임을 지면 완벽해야 하기 때문에 대충 할 일도 사서 고생하는 경향이 있지만, 맡은 일에는 준수한 성과를 낸다. 긍정적이고 유능하며 성실하고 예의가 발라 위계질서가 있는 사회에서 윗사람들의 신임과 애정을 받는 경우가 많다.

경庚 일간이 사巳월에 태어난 사람에게 행운의 글자는 임壬 또

는 계癸이다. 현실적이고 실용적인 면이 강한 편인데, 사주의 다른 자리에 임壬이나 계癸가 있다면 철학적이고 정신적인 면도 갖춰 시야가 깊고 넓어진다. 여기에 무戊나 기己가 있으면 더욱 좋다. 일과 사회 중심이라 자기 자신을 소홀히 대할 수 있는데, 무戊나 기己가 있다면 자신의 감정과 건강도 챙기고, 가족과 친구와의 관계도 돌보아 균형 잡힌 생활을 할 수 있다.

다른 자리에 병丙이나 정丁이 하나 있으면 개성이 뚜렷한 정도지만, 둘 이상 있다면 지나친 일 중독을 경계해야 한다. 노력도 지나치면 병이 된다. 의미나 가치를 따지지 말고 그저 몸과 마음을 이완해 주는 평온한 취미나 휴식을 취할 수 있도록 노력해야 한다.

행운의 글자	임壬 · 계癸
주의할 글자	병丙 · 정丁
행운의 색	검정
행운의 방향	북쪽

5. 오午월생

E	10	9	8	7	6	5	4	3	2	1	1	2	3	4	5	6	7	8	9	10	I
S	10	9	8	7	6	5	4	3	2	1	1	2	3	4	5	6	7	8	9	10	N
T	10	9	8	7	6	5	4	3	2	1	1	2	3	4	5	6	7	8	9	10	F
P	10	9	8	7	6	5	4	3	2	1	1	2	3	4	5	6	7	8	9	10	J

(ESFJ) (관官기질)

높은 품격, 안정 지향

공동체가 합의한 규범이나 규칙, 관례를 존중하며, 잘못될 만한 행동은 가급적 피한다. 정중하고 예의 바르며 격식을 중요하게 생각한다. 소위 모범생 스타일이고 교과서처럼 사는 편이다. 자기 절제와 자기 통제가 강해 신중하고 조심스러워 경솔하게 행동하지 않는다. 사회적인 기본 예의나 기준을 어기는 몰상식한 행위, 무례하고 거만한 행동을 몹시 싫어한다. 타인의 영역을 함부로 침범하지 않고, 자신의 영역을 침범받는 것도 용납하지 않는다. 콧대가 높고 도도해 보이지만 의외로 사교와 소통에 능하다. 다소 보수적이라 변화보다는 안정과 익숙함을 좋아하고, 새로운 것에 무작정 뛰어들기보다는 이미 검증된 길을 가는 것을 선호한다. 일정과 자금 관리뿐만 아니라 인간관계도 체계적이고 정돈된 패턴

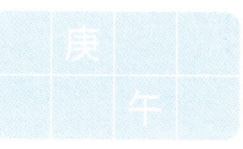

을 유지하려 노력한다.

경庚 일간이 오午월에 태어난 사람에게 행운의 글자는 임壬 또는 계癸이다. 익숙한 방식과 환경을 선호하다 보니 도전이나 변화에 소극적일 수 있는데, 사주의 다른 자리에 임壬이나 계癸가 있다면 새로운 환경에도 유연하게 적응해 자신을 성장시킬 수 있다. 여기에 무戊나 기己가 있다면 더욱 좋다. 작은 실수나 실패도 크게 받아들이며 자신을 들들 볶는 경향이 있는데, 무戊나 기己가 있다면 자신에게 너그러움을 갖춰 실수나 실패를 발판으로 한층 더 도약할 수 있다.

다른 자리에 병丙이나 정丁이 하나 있으면 개성이 강한 정도지만, 둘 이상 있다면 다른 사람과 지나치게 피상적이고 형식적인 관계가 되지 않도록 주의할 필요가 있다. 적당한 거리감은 안정감을 주지만, 너무 지나치면 안정감만큼 공허함도 쌓인다.

행운의 글자	임壬 · 계癸
주의할 글자	병丙 · 정丁
행운의 색	검정
행운의 방향	북쪽

6. 미(未)월생

E	10	9	8	7	6	5	4	3	2	1	1	2	3	4	5	6	7	8	9	10	I
S	10	9	8	7	6	5	4	3	2	1	1	2	3	4	5	6	7	8	9	10	N
T	10	9	8	7	6	5	4	3	2	1	1	2	3	4	5	6	7	8	9	10	F
P	10	9	8	7	6	5	4	3	2	1	1	2	3	4	5	6	7	8	9	10	J

(ENFJ) (인印기질)

강인한 외양, 깊은 허무

신중하고 침착해 어떠한 변화에도 쉽게 흔들리지 않는 강인함이 있다. 감정을 잘 드러내지 않아 표정 변화가 적고 무뚝뚝하니 말수가 적은 편이다. 말보다는 행동, 설명보다는 묘사를 선호한다. 용의주도해 빈틈없이 계획하고, 계획한 대로 철저하게 행동하는 편이다. 행동은 담백하지만 행동 뒤에 치밀한 설계가 있다. 복잡한 철학이나 심오한 사상보다는 직접 보고 경험한 것을 중요하게 생각한다. 직접적인 경험을 통해 얻은 지식과 태도로 말하고 행동하므로, 표현에 묵직한 진정성이 있다. 사람들과 어울리는 것을 좋아하지만 종종 한 발짝 떨어져 혼자 고요 속에 있기도 한다. 겉으로 잘 드러나지 않지만, 한바탕 연극이 끝난 후 조명이 꺼진 무대와 텅 빈 관객석을 바라볼 때 느껴지는 삶에 대한 허무감이 있다.

경庚 일간이 미未월에 태어난 사람에게 행운의 글자는 갑甲 또는 을乙이다. 신중함이 지나쳐 하기 쉬운 일도 시작이 더딘 편인데, 갑甲이나 을乙이 있다면 우선 하고 보는 행동력을 갖춰 때를 놓치지 않는다. 임壬이나 계癸도 좋은 글자다. 순발력이 부족하고 다소 관습적인 경향이 있는데, 임壬이나 계癸가 있다면 즉각적인 반사신경과 창의성도 갖춰 기지와 임기응변을 적절히 발휘할 수 있다.

다른 자리에 무戊나 기己가 하나 있으면 개성이 뚜렷한 정도지만, 둘 이상 있다면 매사 너무 엄격하고 진지하지 않은지 돌아보아야 한다. 경망스럽고 가벼운 것은 그것대로 의미가 있다. 농담과 장난을 일부러라도 즐기려 노력할 필요가 있다.

행운의 글자	갑甲 · 을乙
주의할 글자	무戊 · 기己
행운의 색	파랑
행운의 방향	동쪽

7. 신申월생

E	10	9	8	7	6	5	4	3	2	1	1	2	3	4	5	6	7	8	9	10	I
S	10	9	8	7	6	5	4	3	2	1	1	2	3	4	5	6	7	8	9	10	N
T	10	9	8	7	6	5	4	3	2	1	1	2	3	4	5	6	7	8	9	10	F
P	10	9	8	7	6	5	4	3	2	1	1	2	3	4	5	6	7	8	9	10	J

(ENTJ) (비比기질)

단호하고 강인한 내면

자신을 가장하거나 꾸며 보이려 하지 않고 솔직하다. 주변 세상도 냉철하고 정확하게 이해하는 편이다. 정신 승리를 위한 낭만적 기대감이나 본질을 흩뜨리는 애매한 희망은 단호히 거부한다. 타인이 자신의 경계를 침범하는 것을 못 견디고 단호하게 거부하거나 방어한다. 철학적 성향이 있어 전체를 살필 줄 알고 대세에 지장이 없는 사소한 일에 연연하지 않는다. 마음가짐이나 행동에 체계와 질서가 있다. 즉흥적이고 충동적으로 행동하는 일은 거의 없다. 어쩌다 실수를 하거나 부주의했다 생각되는 일이 있으면 심하게 자책한다. 내면이 강인해 중요하고 긴박한 상황에서 흔들리지 않고 단호하고 신속하게 결정을 내릴 줄 안다.

경庚 일간이 신申월에 태어난 사람에게 행운의 글자는 병丙 또

는 정丁이다. 경건하고 비타협적인 태도가 있어 타인에게 상처를 줄 수 있는데, 사주의 다른 자리에 병丙이나 정丁이 있다면 솔직하지만 타인을 배려할 줄 알고 실수나 부주의도 너그럽게 넘어가는 여유가 생긴다. 갑甲이나 을乙도 좋은 글자다. 늘 긴장하고 방어적으로 구는 경향이 있는데, 갑甲이나 을乙이 있다면 생기와 활력을 갖춰 필요할 때는 앞으로 성큼 나아가 뜻한 바를 이룰 수 있다.

다른 자리에 경庚이나 신辛이 하나 있다면 개성이 뚜렷한 정도지만, 둘 이상 있다면 자신에게 지나치게 엄격하고 타인에게 지나치게 강압적이지 않은지 살펴볼 필요가 있다. 자신에게 관대해야 남에게도 이해심과 배려를 보일 수 있다.

행운의 글자	병丙 · 정丁
주의할 글자	경庚 · 신辛
행운의 색	빨강
행운의 방향	남쪽

8. 유酉월생

E	10	9	8	7	6	5	4	3	2	1	1	2	3	4	5	6	7	8	9	10	I
S	10	9	8	7	6	5	4	3	2	1	1	2	3	4	5	6	7	8	9	10	N
T	10	9	8	7	6	5	4	3	2	1	1	2	3	4	5	6	7	8	9	10	F
P	10	9	8	7	6	5	4	3	2	1	1	2	3	4	5	6	7	8	9	10	J

(INTJ) (비트기질)

감각적 직관, 정교한 완벽주의

단서가 없어도 본질에 근접하는 날카로운 직관력이 있다. 단단하고 확고한 의지와 타인에게 의존하지 않으려는 독립심이 강하다. 어려움이 생기면 남에게 도움을 청하거나 피하지 않고 혼자 의연하게 대처한다. 사소한 일에 연연하지 않고, 크고 넓게 생각하지만 섬세하고 예민한 측면도 있다. 완벽하고 완성도 높은 삶을 추구하기에 오점이나 실수를 극도로 혐오한다. 경계심과 꺼리는 것이 많아 미리 조심하고 걱정하는 데 에너지를 낭비한다. 아침부터 밤까지, 집에서나 일터에서나, 생각이나 행동이나 깨끗하고 질서 있고 정돈된 상태를 유지하려 한다. 큰 그림을 그리면서도 섬세하고 예민한, 다소 모순적인 성향을 감당하려 하니 삶에 긴장도가 높다.

경庚 일간이 유酉월에 태어난 사람에게 행운의 글자는 병丙 또

는 정丁이다. 다소 권위적인 데가 있어 타인의 판단과 견해를 귀담아듣지 않는 경향이 있는데, 사주의 다른 자리에 병丙이나 정丁이 있다면 남의 말을 약으로 갖다 쓸 줄 알아 사고의 지평을 여는 데 도움이 된다. 갑甲이나 을乙도 좋은 글자다. 무겁게 가라앉아 가만히 머무르며 생각만 하면 비관적이 되기 쉬운데, 갑甲이나 을乙이 있다면 생동감과 활기가 조화롭게 작용해 가볍고 긍정적으로 앞으로 위로 나아가게 한다.

다른 자리에 경庚이나 신辛이 하나 있다면 개성이 뚜렷한 정도지만, 둘 이상 있다면 섬세함과 예민함이 까다로움이나 결벽증으로 치닫지 않도록 주의해야 한다. 주변 사람도 불편해하지만 자신도 정신 소모가 커 항상 지치고 피로한 상태가 된다. 남들은 신경도 쓰지 않는 사소한 오점이나 오염은 눈감고 넘어가는 연습이 필요하다.

행운의 글자	병丙 · 정丁
주의할 글자	경庚 · 신辛
행운의 색	빨강
행운의 방향	남쪽

9. 술戌월생

E	10	9	8	7	6	5	4	3	2	1	1	2	3	4	5	6	7	8	9	10	I
S	10	9	8	7	6	5	4	3	2	1	1	2	3	4	5	6	7	8	9	10	N
T	10	9	8	7	6	5	4	3	2	1	1	2	3	4	5	6	7	8	9	10	F
P	10	9	8	7	6	5	4	3	2	1	1	2	3	4	5	6	7	8	9	10	J

(INTJ) (비비기질)

총명한 두뇌와 강렬한 카리스마

어떤 일에도 열렬하지 않고 무념무상하다. 가슴 깊은 곳에서는 세상을 암담하고 괴로운 것으로 여기기에 쓸쓸하고 처연한 정서가 있다. 옛글에 총명별, 우두머리별의 기상을 타고났다고 기록되어 있다. 보고 들은 것을 오랫동안 기억하는 능력이 강해서 관심 분야가 생기면 학습 속도가 매우 빠르다. 또한 사태를 파악하고 장악하는 능력이 뛰어나 카리스마가 있다. 단단하고 강직한 성품, 몸에 밴 염세적인 태도와 표정이 묘하게 사람을 끈다. 바라보기만 해도 상대방은 발가벗겨진 느낌을 받으며 저항감을 상실한다. 평소에는 말이 없고 움직임이 무겁지만, 결심하면 드라마틱하게 변한다. 머뭇거리거나 주저하지 않고 과단성 있게 일을 해치운다. 중간이 없는 극단적인 성향이 있다.

경庚 일간이 술戌월에 태어난 사람에게 행운의 글자는 병丙 또는 정丁이다. 총명하고 카리스마가 있는 사람에게 고독은 필연이고 고독은 고립이 되기 쉬운데, 사주의 다른 자리에 병丙이나 정丁이 있다면 현실주의와 사교성으로 보완해 특별한 매력을 지닌 존재로 인정받을 수 있다. 갑甲이나 을乙도 좋은 글자다. 냉소적이라 다소 파괴적인 성향이 있는데, 갑甲이나 을乙이 있다면 긍정적이고 생산적인 기운으로 조화로운 성격을 만들어준다.

다른 자리에 경庚이나 신辛이 하나 있다면 개성이 뚜렷한 정도지만, 둘 이상 있다면 지나친 확신으로 다른 사람들의 의견을 과도하게 무시하지는 않는지 되돌아보아야 한다. 카리스마에 눌려 반박을 못하는 것이지 의견에 수긍하는 것이 아니다. 이와 같은 과정이 계속되면 어느덧 곁에 아무도 남지 않을 수 있다.

행운의 글자	병丙 · 정丁
주의할 글자	경庚 · 신辛
행운의 색	빨강
행운의 방향	남쪽

10. 해亥월생

E	10	9	8	7	6	5	4	3	2	1	1	2	3	4	5	6	7	8	9	10	I
S	10	9	8	7	6	5	4	3	2	1	1	2	3	4	5	6	7	8	9	10	N
T	10	9	8	7	6	5	4	3	2	1	1	2	3	4	5	6	7	8	9	10	F
P	10	9	8	7	6	5	4	3	2	1	1	2	3	4	5	6	7	8	9	10	J

(INTJ)　(식食기질)

커다란 포부와 빠른 실행력

작은 목표에 머무르지 않고 항상 더 큰 가능성을 바라본다. 불가능에 가까운 계획을 세우고, 남들은 실행 가능성을 따지며 주저하는 동안 이미 첫 걸음을 내딛고 있다. 직관이 뛰어나고 행동이 빨라 무턱대고 밀어붙이는 것 같지만, 막연한 두려움과 조심성이 있어 비교적 정확하고 효율적으로 추진한다. 두뇌 회전이 빠르고 시야가 넓다. 누구나 이유 없이 당연하게 여기는 고정관념을 싫어하고, 자신에게 이로운 정보에만 주목하고 그 외의 정보는 무시하는 확증 편향을 두려워한다. 이미 주어진 것만 누리며 안전하고 안주하는 삶보다, 불확실하고 어려움이 예상되더라도 무궁무진한 가능성에 도전하는 삶을 추구한다.

　경庚 일간이 해亥월에 태어난 사람에게 행운의 글자는 병丙 또

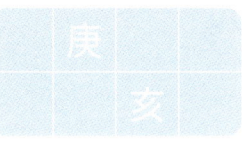

는 정丁이다. 성정이 차고 냉정한 편이고 자기 신념이 강해 친화력이 부족할 수 있는데, 사주의 다른 자리에 병丙이나 정丁이 있다면 밝고 따뜻함을 갖춰, 포부를 이루는 데 꼭 필요한 다른 사람들의 협력을 이끌어낼 수 있다. 무戊나 기己도 좋은 글자다. 막연한 두려움과 공포심으로 가끔씩 의기소침하거나 괴팍해질 때가 있는데, 무戊나 기己가 있다면 평정심으로 균형감을 얻어 마음의 평화를 얻을 수 있다.

다른 자리에 임壬이나 계癸가 하나 있으면 개성이 뚜렷한 정도지만, 둘 이상 있다면 다른 사람들에게 지나치게 강압적이지 않은지 평소 자잘한 일상에서도 돌아보아야 한다. 조언과 지적은 다르다. 자신을 내세우지 않고 남의 입장에서 받아들일 수 있는 말과 행동이 되어야 원하는 것을 얻을 수 있다.

행운의 글자	병丙 · 정丁
주의할 글자	임壬 · 계癸
행운의 색	빨강
행운의 방향	남쪽

11. 자子월생

E	10	9	8	7	6	5	4	3	2	1	1	2	3	4	5	6	7	8	9	10	I
S	10	9	8	7	6	5	4	3	2	1	1	2	3	4	5	6	7	8	9	10	N
T	10	9	8	7	6	5	4	3	2	1	1	2	3	4	5	6	7	8	9	10	F
P	10	9	8	7	6	5	4	3	2	1	1	2	3	4	5	6	7	8	9	10	J

(INTP) (식食기질)

강렬한 내적 열망과 자유주의

가슴 깊은 곳에 삶과 존재에 대한 슬픔과 고뇌가 있다. 세상에 대해 비관적이며 방어적이고 다소 과격하다. 잠시라도 쉴 틈이 생기면 어둡고 부정적인 생각이 증폭하기 때문에 매사에 정력적으로 활동한다. 기존의 상식을 깨는 참신하고 독창적인 아이디어가 많다. 자신을 드러내고 생각을 언어나 행동으로 표현하는 능력이 탁월하다. 크게 생각하고 잠재적 열망이 강해 엉뚱함을 넘어 황당무계한 목표를 세워 매진하기도 한다. 권위나 규범에 얽매이기 싫어하고, 자율성이 보장된 곳에서 자유롭게 자신을 실현하는 것을 좋아한다. 기존의 규율이 잘 갖춰져 활동에 제약이 많은 조직 사회보다는 새롭게 시도해 참신함으로 승부하는 사회에 적합하다.

경庚 일간이 자子월에 태어난 사람에게 행운의 글자는 병丙 또

는 정丁이다. 활동적이라 잘 드러나지 않지만 항상 우울감이 감돌고 있는데, 사주의 다른 자리에 병丙이나 정丁이 있다면 활기와 에너지로 균형감을 갖춰 감정의 폭이 넓은 조화로운 성격으로 세상의 빛과 소금이 될 수 있다. 무戊나 기己도 좋은 글자다. 자기 뜻대로 하지 못하면 감정이 분출해 권위적이거나 과장된 행동을 할 때가 있는데, 무戊나 기己가 있다면 중심을 잡고 감정 분출을 제어할 수 있다.

다른 자리에 임壬이나 계癸가 하나 정도 있으면 개성이 뚜렷한 정도지만, 둘 이상 있다면 때때로 찾아오는, 지나치게 충동적이고 공격적이게 되는 순간을 경계해야 한다. 행동이 크고 영향력이 있어 주변 사람들에게 공포감을 줄 수 있다. 평소에 기다리고 참는 능력을 꾸준히 연마할 필요가 있다.

행운의 글자	병丙 · 정丁
주의할 글자	임壬 · 계癸
행운의 색	빨강
행운의 방향	남쪽

12. 축丑월생

E	10	9	8	7	6	5	4	3	2	1	1	2	3	4	5	6	7	8	9	10	I
S	10	9	8	7	6	5	4	3	2	1	1	2	3	4	5	6	7	8	9	10	N
T	10	9	8	7	6	5	4	3	2	1	1	2	3	4	5	6	7	8	9	10	F
P	10	9	8	7	6	5	4	3	2	1	1	2	3	4	5	6	7	8	9	10	J

(INTP)　(식食기질)

굳건한 확신과 숨은 저력

생각과 견해가 확실하고 견고해 쉽게 동요하지 않는다. 단순한 고집이 아니라, 사소한 것을 하나하나 꼼꼼히 챙기고 논리적이고 체계적으로 사고하며 다져진 확신이라 쉽게 무너지지 않는다. 취향과 선호도 분명해 트렌드나 유행에 휩쓸리지 않는다. 때때로 충동적이고 즉흥적으로 행동하기도 하지만 결코 경솔하거나 부주의하지 않다. 감정적으로도 쉽게 흔들리지 않으며 차분하고 침착한 편이다. 좀처럼 자신을 드러내지 않아 성장이 더딘 것처럼 보이지만, 누구보다 꾸준히 자신의 실력을 쌓아 올린다. 단기적 성과에 연연하지 않고 장기적 안목으로 묵묵히 나아간다. 겉으로는 평온해 보이지만 결정적인 순간이 오면 폭발적인 저력을 발휘해 거친 파도처럼 세상을 뒤흔들어 놓을 잠재력이 있다.

경庚 일간이 축丑월에 태어난 사람에게 행운의 글자는 병丙 또는 정丁이다. 다소 차고 냉정하고 내성적인 편이라 사회적 관계를 최소화하는 성향이 있는데, 사주의 다른 자리에 병丙이나 정丁이 있다면 활기차고 외향적인 면이 보완되어 사회적 관계를 단정하게 확장해 나갈 수 있다. 무戊나 기己도 좋은 글자다. 자기 확신이 강해 융통성이 부족한 편인데, 무戊나 기己가 있다면 넓은 품과 여유로 상황 변화에 따라 타협할 수 있어 자신의 의지를 보다 유연하게 실현할 수 있다.

다른 자리에 임壬이나 계癸가 하나 있으면 개성이 뚜렷한 정도지만, 둘 이상 있다면 지나치게 비관적이 되거나 우울감에 빠지지 않도록 조심해야 한다. 백화점이나 쇼핑몰같이 화려한 색감이 가득하고 분위기가 활기찬 장소를 일부러라도 찾아 가서 가라앉는 마음을 일으킬 필요가 있다.

행운의 글자	병丙 · 정丁
주의할 글자	임壬 · 계癸
행운의 색	빨강
행운의 방향	남쪽

VIII

신辛 일간

1. 인寅월생

E	10	9	8	7	6	5	4	3	2	1	1	2	3	4	5	6	7	8	9	10	I
S	10	9	8	7	6	5	4	3	2	1	1	2	3	4	5	6	7	8	9	10	N
T	10	9	8	7	6	5	4	3	2	1	1	2	3	4	5	6	7	8	9	10	F
P	10	9	8	7	6	5	4	3	2	1	1	2	3	4	5	6	7	8	9	10	J

(ISTP) (재財기질)

섬세한 감정, 강인한 생명력

낙천적이고 긍정적인 편이라 밝고 명랑해 보이지만, 의외로 예민하고 섬세한 면이 있다. 수줍음이 많고 낯을 가려 처음 접하는 환경에서는 자신이 관심이나 주목을 받는 상황을 피하려 하지만, 어느 정도 친해지거나 익숙해지면 언제 그랬냐는 듯 주도적이고 적극적으로 행동한다. 세심함과 터프함, 강인함과 부드러움과 같은 이질적인 정서가 공존해 불안할 때도 있지만, 대체로 조화롭게 어울려 독특한 매력을 발산한다. 아직 추위가 가시지 않은 이른 봄에 하나둘씩 나타나기 시작하다 삽시간에 푸르게 번져가는 들풀 같은 강인한 생명력이 있다. 위험과 고난을 두려워하지 않고 도전할 가치가 있다고 생각하면 거침없이 나아간다. 주어진 일에 최선을 다하는 노력파이고 경쟁심과 승부욕이 강하다.

　신辛 일간이 인寅월에 태어난 사람에게 행운의 글자는 병丙 또는 정丁이다. 숫기가 없고 다소 내성적이라 어깨가 움츠러드는 편인데, 사주의 다른 자리에 병丙이나 정丁이 있다면 자신 있고 당당하게 자신의 주장을 펼칠 수 있다. 여기에 경庚이나 신辛이 있다면 더욱 좋다. 의욕이 앞서 제대로 준비하지 못하고 행동에 나서 낭패를 보는 경우가 있는데, 경庚이나 신辛이 있으면 신중하고 꼼꼼하게 계획하고 체계적으로 준비해 실수와 실패를 줄일 수 있다.

　다른 자리에 갑甲이나 을乙이 하나 있으면 개성이 뚜렷한 정도지만, 둘 이상 있다면 자신을 너무 혹사하고 있지 않은지 살펴보아야 한다. 지치기 전에 의도적으로 휴식과 재충전의 시간을 가질 필요가 있다. 쉬는 능력도 노력해야 갖출 수 있다.

행운의 글자	병丙 · 정丁
주의할 글자	갑甲 · 을乙
행운의 색	빨강
행운의 방향	남쪽

2. 묘卯월생

E	10	9	8	7	6	5	4	3	2	1	1	2	3	4	5	6	7	8	9	10	I
S	10	9	8	7	6	5	4	3	2	1	1	2	3	4	5	6	7	8	9	10	N
T	10	9	8	7	6	5	4	3	2	1	1	2	3	4	5	6	7	8	9	10	F
P	10	9	8	7	6	5	4	3	2	1	1	2	3	4	5	6	7	8	9	10	J

ESTP **재財기질**

경쾌하고 다재다능한 팔방미인

밝고 경쾌하다. 유머와 재치가 있어 솔직하고 단도직입적으로 말하면서도 상대방을 불편하거나 불쾌하지 않게 하는 재주가 있다. 다툼이 있거나 실수를 해도 크게 개의치 않고 다음 페이지로 넘어간다. 남의 잘못이나 실수에도 관대하다. 새로운 환경에 금방 적응하고 사람들과 쉽게 어울린다. 눈치가 백단이라 상대가 말하지 않아도 속마음을 읽고, 어떤 행동이 적절한지 본능적으로 알고 상대에 맞춰서 행동할 줄 안다. 정해진 틀이나 고정관념에 얽매이지 않고 자유롭게 생각하고 행동한다. 다재다능해서 한 가지에 집중하는 것보다 다양한 분야에서 다양한 경험을 쌓는 것을 좋아한다. 새롭게 배우는 것을 좋아하고 뭐든지 금방 익혀서 일을 수준급으로 해낸다.

　신辛 일간이 묘卯월에 태어난 사람에게 행운의 글자는 경庚 또는 신辛이다. 부지런함이 지나쳐 잠시도 가만히 못 있는 성격이라 에너지가 분산되어 헛된 노력이 많은데, 다른 자리에 경庚이나 신辛이 있다면 침착함을 유지하고 에너지를 집중할 수 있어 하나하나 결실을 맺을 수 있다. 무戊나 기己도 좋은 글자다. 사람들과 쉽게 어울리지만 충분히 공감하거나 이해하지는 못해서 친밀한 관계가 힘들 수 있는데, 무戊나 기己가 있다면 관계가 넓은 만큼 깊이도 있어 많은 사람들의 진심 어린 지지와 응원을 받을 수 있다.

　다른 자리에 갑甲이나 을乙이 하나 있으면 개성이 뚜렷한 정도지만, 둘 이상 있다면 지나치게 속을 태우며 조급하게 일을 볶아치는 성향을 경계할 필요가 있다. 자신의 체력과 정신력도 빠르게 소모되지만, 주변 사람들도 압박감에 하나둘 떠나게 된다.

행운의 글자	경庚 · 신辛
주의할 글자	갑甲 · 을乙
행운의 색	하양
행운의 방향	서쪽

3. 진辰월생

E	10	9	8	7	6	5	4	3	2	1	1	2	3	4	5	6	7	8	9	10	I
S	10	9	8	7	6	5	4	3	2	1	1	2	3	4	5	6	7	8	9	10	N
T	10	9	8	7	6	5	4	3	2	1	1	2	3	4	5	6	7	8	9	10	F
P	10	9	8	7	6	5	4	3	2	1	1	2	3	4	5	6	7	8	9	10	J

(**ESTP**) (재財기질)

철저한 자기 관리와 타고난 근기

자기 관리 능력이 뛰어나다. 감정이나 충동을 잘 조절하고 시간을 효율적으로 관리한다. 자신을 단련하는 것을 즐기는 편이다. 의지를 발휘하지 않아도 필요한 행동을 수월하게 계속할 수 있도록 규칙적인 습관을 잘 만들어나간다. 예를 들어 잠들기 전까지 읽고 싶은 책을 오디오북으로 듣는다든가, 일어나면서 스트레칭을 하고 필라테스 동작을 다섯 개 정도 하면서 잠을 깬다. 남들은 이를 악물고 참아내야 하는 일을 크게 힘들이지 않고 견딜 수 있는 근기를 타고났다. 대체로 활기차고 유쾌한 편이며 패기와 전투력이 넘친다. 어떤 목표를 세우면, 목표를 달성하기 위해 적극적으로 노력하려는 의지가 굳다. 감성적인 것에는 별로 관심이 없고 아주 현실적이고 실용적이다.

신辛 일간이 진辰월에 태어난 사람에게 행운의 글자는 경庚 또는 신辛이다. 원하는 목표를 달성하지 못하면 좌절감과 패배감에 자기비하로 절망이 심한 편인데, 사주의 다른 자리에 경庚이나 신辛이 있다면 툴툴 털고 일어나 짧은 기간 안에 다시 자신감을 회복할 수 있다. 무戊나 기己도 좋은 글자다. 패기와 전투력으로 자신을 끝까지 몰아붙여 소진되는 경우가 많은데, 무戊나 기己가 있다면 내면으로부터 자신을 북돋는 에너지가 끊임없이 솟아난다.

다른 자리에 갑甲이나 을乙이 하나 정도 있으면 개성이 뚜렷한 정도지만, 둘 이상 있다면 지나치게 자기 위주여서 주변 사람들의 감정이나 정서에 둔감하지는 않은지 돌아볼 필요가 있다. 소통과 공감이 없는 일방적인 관계는 유지하기도 힘들지만 진심 어린 신뢰와 지지를 받기도 어렵다.

행운의 글자	경庚 · 신辛
주의할 글자	갑甲 · 을乙
행운의 색	하양
행운의 방향	서쪽

4. 사ㄷ월생

E	10	9	8	7	6	5	4	3	2	1	1	2	3	4	5	6	7	8	9	10	I
S	10	9	8	7	6	5	4	3	2	1	1	2	3	4	5	6	7	8	9	10	N
T	10	9	8	7	6	5	4	3	2	1	1	2	3	4	5	6	7	8	9	10	F
P	10	9	8	7	6	5	4	3	2	1	1	2	3	4	5	6	7	8	9	10	J

(ESFP) (관官기질)

의욕적이고 적극적인 야심가

긍정적이고 활기찬 태도가 있다. 자기 분야에서 최고가 되려는 야심이 강하다. 때로는 이기적으로 보일 정도로 솔직하고 정직하게 욕망을 드러내기도 한다. 하고자 하는 일을 이루어내려는 의지가 강하고, 에너지가 많아 활동적이고 적극적이다. 근면하고 성실하고 자기 계발에 열심이다. 새롭고 모르는 것을 배우고 익히는 데 열의가 있고 학습 능력이 뛰어나다. 단조롭고 반복적인 일을 지겨워하지 않고 오랫동안 계속할 수 있다. 자기 확신이 강하다. 자신의 능력이나 방향에 대한 믿음이 강하고 비판이나 의심에 쉽게 흔들리지 않는다. 자기 통제력이 강하다. 자신이 해야 할 일이라고 생각하면 감정과 피로를 억누르고 끝까지 해나간다.

신辛 일간이 사ㄷ월에 태어난 사람에게 행운의 글자는 임壬 또

는 계癸이다. 자기중심적이고 권위적인 면이 있는데, 사주의 다른 자리에 임壬이나 계癸가 있다면 다른 사람을 배려하는 면도 공존해 자기애와 배려심이 균형을 이룰 수 있다. 여기에 무戊나 기己가 있으면 더욱 좋다. 자기 확신이 지나쳐 다른 사람의 조언이나 비판을 귀담아듣지 않는 경향이 있는데, 무戊나 기己가 있다면 자신에게 도움이 되는 건전한 조언이나 비판을 현명하게 취사선택할 수 있어 한층 더 넓은 시야로 나아갈 수 있다.

다른 자리에 병丙이나 정丁이 하나 있으면 개성이 뚜렷한 정도지만, 둘 이상 있다면 자신의 확신을 다른 사람에게 강요하지 않도록 주의해야 한다. 세상에는 다양한 기준과 가치가 있음을 겸허히 수용하고, 고집을 부리지 않고 협상과 타협의 기술을 익혀 소통할 수 있는 능력을 키워나가야 한다.

행운의 글자	임壬 · 계癸
주의할 글자	병丙 · 정丁
행운의 색	검정
행운의 방향	북쪽

5. 오午월생

E	10	9	8	7	6	5	4	3	2	1	1	2	3	4	5	6	7	8	9	10	I
S	10	9	8	7	6	5	4	3	2	1	1	2	3	4	5	6	7	8	9	10	N
T	10	9	8	7	6	5	4	3	2	1	1	2	3	4	5	6	7	8	9	10	F
P	10	9	8	7	6	5	4	3	2	1	1	2	3	4	5	6	7	8	9	10	J

(ESFJ)　(관官기질)

하이엔드 감성, 타고난 사교 수완

감수성이 풍부하고 예민하다. 상대방의 기분이나 주어진 상황을 예리하게 잘 파악한다. 이른바 눈치가 빠르고, 정서 지능(EQ)이 높은 편이다. 센스 있고 쾌활해 인간관계에 탁월한 능력을 보인다. 반드시 이루어 내려는 성취욕이 강하고, 반드시 이기려는 호승심이 크다. 가치보다는 효율에, 이상보다는 실리에 더욱 관심이 많다. 집중력이 강하고 체계적이며 주어진 과제나 일을 잘해내려는 욕심이 많다. 다양한 가능성과 위험 부담을 고려해 주의 깊게 결정하고, 자신에게 닥칠 위험이나 손해를 미리 잘 확인해 두고, 용의주도하게 행동하는 편이다. 감성적 상상력과 예리한 현실성이 섞여 있는 묘한 매력이 있다.

　신辛 일간이 오午월에 태어난 사람에게 행운의 글자는 임壬 또

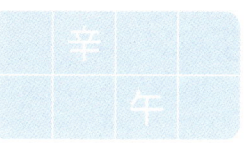

는 계癸이다. 실패하거나 패배했다고 생각되면 자기 비하가 심해지고 자존감이 무너져 회복하는 데 시간이 많이 걸리는데, 사주의 다른 자리에 임壬이나 계癸가 있다면 거시적으로 생각하는 능력을 갖춰 회복 탄력성을 높일 수 있다. 여기에 무戊나 기己가 있으면 더욱 좋다. 성취욕과 호승심에 몸과 마음을 갈아 넣어 소진되는 경우가 많은데, 무戊나 기己가 있다면 자신을 아끼고 보호하는 힘을 갖춰 체력을 적절하게 안배할 수 있다.

다른 자리에 병丙이나 정丁이 하나 있다면 개성이 뚜렷한 정도지만, 둘 이상 있다면 투기에 몰두하지 않도록 조심해야 한다. 호승심이 지나쳐 사소한 내기를 곧잘 하는데, 단순한 오락이나 유흥을 넘어서지는 않도록 항상 주의해야 한다.

행운의 글자	임壬 · 계癸
주의할 글자	병丙 · 정丁
행운의 색	검정
행운의 방향	북쪽

6. 미未월생

E	10	9	8	7	6	5	4	3	2	1	1	2	3	4	5	6	7	8	9	10	I
S	10	9	8	7	6	5	4	3	2	1	1	2	3	4	5	6	7	8	9	10	N
T	10	9	8	7	6	5	4	3	2	1	1	2	3	4	5	6	7	8	9	10	F
P	10	9	8	7	6	5	4	3	2	1	1	2	3	4	5	6	7	8	9	10	J

(ENFJ) (인印기질)

날카로운 시각, 빈틈없는 태도

감각이 날카롭고 예리하다. 말이나 상황을 있는 그대로 믿지 않고 진짜 의도나 동기를 파악하려는 성향이 강하다. 현상 이면의 본질을 빠르게 파악하며, 문제의 핵심을 꿰뚫어 보는 통찰력이 있다. 논리보다는 감과 직관이 뛰어나다. 충동적으로 움직이지 않고 감정과 욕구를 스스로 잘 조절하는 편이다. 철저하게 예측하고 대비하며 항상 위험 요소를 사전에 점검한다. 작은 오류나 허점을 허용하지 않고, 모든 일을 정확하고 치밀하게 계획하고 처리하는 편이다. 일을 순서와 구조에 맞게 진행해야 하며, 실수나 우연으로 계획이 틀어지는 상황을 잘 견디지 못한다.

신辛 일간이 미未월에 태어난 사람에게 행운의 글자는 갑甲 또는 을乙이다. 인정 욕구가 강해 타인의 비판이나 무관심에 과도하

게 반응하는 경향이 있는데, 사주의 다른 자리에 갑甲이나 을乙이 있다면 자신의 기준과 성취감도 중시해 마음을 조화롭게 다스릴 수 있다. 임壬이나 계癸도 좋은 글자다. 계획을 철저히 세우다 보니 즉흥적이고 창의적인 면이 부족한 경향이 있는데, 임壬이나 계癸가 있다면 순발력과 유연성이 조화롭게 보완되어 예기치 못한 상황이나 변화에도 순조롭게 적응할 수 있다.

다른 자리에 무戊나 기己가 하나 있으면 개성이 뚜렷한 정도지만 둘 이상 있다면, 지나친 의심을 경계할 필요가 있다. 신중하고 경계심이 강한 것을 넘어 항상 최악의 경우를 가정하거나 숨은 의도를 의심하면, 주변 사람도 불편하고 자신도 점점 지쳐간다.

행운의 글자	갑甲 · 을乙
주의할 글자	무戊 · 기己
행운의 색	파랑
행운의 방향	동쪽

7. 신甲월생

E	10	9	8	7	6	5	4	3	2	1	1	2	3	4	5	6	7	8	9	10	I
S	10	9	8	7	6	5	4	3	2	1	1	2	3	4	5	6	7	8	9	10	N
T	10	9	8	7	6	5	4	3	2	1	1	2	3	4	5	6	7	8	9	10	F
P	10	9	8	7	6	5	4	3	2	1	1	2	3	4	5	6	7	8	9	10	J

(ENTJ) (비比기질)

섬세하고 예리한 분석가

야무지고 단호한 겉모습 속에 섬세하고 예리한 마음이 있다. 어떤 상황이나 사람을 볼 때, 겉으로 드러난 모습보다는 상황이나 행동의 동기나 원인을 분석한다. 세부적인 사항에 강하다. 다른 사람들은 흔히 놓치는 부분도 잘 찾아내고 밝혀내며, 논리적이고 체계적으로 분석해, 냉정하고 정확하게 판단한다. 항상 의심하고 반복적으로 확인하며 실수를 용납하지 않는다. 완벽주의를 지향하고 완성도에 대한 의지가 높아 삶이 편하지 않다. 복잡하고 치밀한 구조를 파헤치는 것을 좋아하고, 단순하고 엉성해 정신적 자극을 주지 않는 것에는 쉽게 싫증을 낸다. 영화로 예를 들면 스릴러나 미스터리를 즐기고 액션이나 어드벤처는 좋아하지 않는다. 자기 지향적인 성향이 강해 다른 사람의 평가나 비판을 잘 받아들이지 못

하고, 대응에 취약하다.

신辛 일간이 신申월에 태어난 사람에게 행운의 글자는 병丙 또는 정丁이다. 긴장과 압박감이 심한 편인데, 사주의 다른 자리에 병丙이나 정丁이 있다면 한여름의 나른한 오후처럼 느슨함과 여유로움이 있어 예리하고 섬세한 분석력을 더욱 세련되게 발휘할 수 있다. 갑甲이나 을乙도 좋은 글자다. 하나도 포기 못해 끙끙거리는 경우가 많은데, 갑甲이나 을乙이 있다면 과감하게 내려놓고 한결 가볍게 달릴 수 있는 추진력이 생긴다.

다른 자리에 경庚이나 신辛이 하나 있다면 개성이 뚜렷한 정도지만, 둘 이상 있다면 지나치게 자기 자신에게만 초점을 맞춰서 다른 사람의 감정이나 상황에 무심하고 거리를 두지는 않는지 경계해야 한다. 다른 사람과의 적절한 거리감은 마음의 안정을 주지만, 너무 멀어지면 고립과 우울의 원인이 된다.

행운의 글자	병丙 · 정丁
주의할 글자	경庚 · 신辛
행운의 색	빨강
행운의 방향	남쪽

8. 유酉월생

E	10	9	8	7	6	5	4	3	2	1	1	2	3	4	5	6	7	8	9	10	I
S	10	9	8	7	6	5	4	3	2	1	1	2	3	4	5	6	7	8	9	10	N
T	10	9	8	7	6	5	4	3	2	1	1	2	3	4	5	6	7	8	9	10	F
P	10	9	8	7	6	5	4	3	2	1	1	2	3	4	5	6	7	8	9	10	J

(INTJ) (비ㅃ기질)

신중하고 정교한 완벽주의자

안정적이고 예측 가능한 삶을 지향한다. 잘 모르는 것이나 익숙하지 않은 것은 많이 꺼린다. 처음 배우는 것이나 새로운 사회로 진입할 때 마음의 장벽이 높아 한동안 둔하고 멍한 모습을 보이기도 한다. 하지만 안정되고 익숙해지면 특유의 날카롭고 예리한 직관과 치밀하고 섬세한 이해로 누구보다도 정교하고 능수능란하게 상황을 장악해 나간다. 태어나서 두세 살이 되도록 한 마디도 안 하다가 갑자기 문장으로 말하는 아이와 같다. 오랫동안 무르익을 때까지 견딜 수 있는 힘이 있고, 즉각적인 보상보다는 장기적인 성과를 추구한다. 과정보다는 결과에 집착하는 경향이 있다. 무턱대고 무모하게 일을 추진하는 경우는 거의 없고, 일어날 수 있는 모든 경우의 수를 따져가며 조심스럽고 신중하게 일을 추진한다.

    신辛 일간이 유酉월에 태어난 사람에게 행운의 글자는 병丙 또는 정丁이다. 지나치게 세부적인 것까지 완벽하게 처리하려 해 일이 느리고 스트레스가 많을 수 있는데, 사주의 다른 자리에 병丙이나 정丁이 있다면 중요한 작업을 중심으로 에너지를 집중할 수 있고, 실질적인 성과와 효율도 중시해 일을 하나하나 매듭지을 수 있다. 갑甲이나 을乙도 좋은 글자다. 가만히 머무르며 모든 경우의 수를 따지는 동안 기회를 놓칠 수 있는데, 갑甲이나 을乙이 있다면 익숙함을 버리고 과감하게 새로운 세계로 진입할 용기가 생긴다.

    다른 자리에 경庚이나 신辛이 하나 있으면 개성이 뚜렷한 정도지만, 둘 이상 있다면 너무 판에 박힌 안정적 일상에만 안주하지 않도록 경계해야 한다. 세상이 바이러스 가득한 위험한 곳이라고 생각하겠지만 부딪치고 겪으면서 면역력을 키워나가야 한다.

행운의 글자	병丙 · 정丁
주의할 글자	경庚 · 신辛
행운의 색	빨강
행운의 방향	남쪽

9. 술戌월생

E	10	9	8	7	6	5	4	3	2	1	1	2	3	4	5	6	7	8	9	10	I
S	10	9	8	7	6	5	4	3	2	1	1	2	3	4	5	6	7	8	9	10	N
T	10	9	8	7	6	5	4	3	2	1	1	2	3	4	5	6	7	8	9	10	F
P	10	9	8	7	6	5	4	3	2	1	1	2	3	4	5	6	7	8	9	10	J

(INTJ) (비比기질)

신랄하고 위트 넘치는 비평가

모두 비웠으므로 마음이 맑고 깨끗하다. 어떤 것에도 구애되지 않기 때문에 날카로운 시선으로 본질을 꿰뚫고 문제의 핵심을 정확하게 짚어낸다. 거짓된 희망으로 쓸데없이 감정을 낭비하고 괴로움만을 남기는 희망 고문을 하지 않는다. 머리가 비상하고 다른 사람의 표정이나 행동에서 동기를 파악하는 직관력이 뛰어나다. 예리한 지적 능력과 쓸쓸한 냉소가 결합한 특유의 유머와 위트가 있다. 말장난이나 반전적인 전개로 언어유희를 즐기고 말솜씨가 재치 있어, 사람들에게 새로운 관점을 제공하고 상상력을 자극한다. 흔하고 상투적인 표현을 몹시 싫어한다. 다소 회의적이고 비관적이며, 고독을 즐겨 혼자 좋아하는 음악이나 책에 빠져 지내는 일이 많다.

신辛 일간이 술戌월에 태어난 사람에게 행운의 글자는 병丙 또는 정丁이다. 너무 냉정하고 신랄해 공격적으로 보일 수 있는데, 사주의 다른 자리에 병丙이나 정丁이 있다면 거부감을 일으키지 않는 멋진 표현력과 따뜻한 설득력으로 사람들을 감동시킬 수 있다. 갑甲이나 을乙도 좋은 글자다. 세상에 회의적이고 비관적이어서 단절하고 혼자 있고 싶어 하거나 자기분석에만 몰두할 수 있는데, 갑甲이나 을乙이 있다면 세상과 소통하며 현실적인 목표를 두고 매진할 수 있다.

다른 자리에 경庚이나 신辛이 하나 있으면 개성이 뚜렷한 정도지만, 둘 이상 있다면 의심과 걱정이 지나쳐 자신의 정신을 너무 혹사시키고 있지 않은지 때때로 체크해 볼 필요가 있다. 생명력과 생활력이 넘치는 사람을 늘 곁에 두고 따라해 보는 것이 좋다. 한결 마음이 편해진다.

행운의 글자	병丙 · 정丁
주의할 글자	경庚 · 신辛
행운의 색	빨강
행운의 방향	남쪽

VIII. 신 일간

10. 해월생

E	10	9	8	7	6	5	4	3	2	1	1	2	3	4	5	6	7	8	9	10	I
S	10	9	8	7	6	5	4	3	2	1	1	2	3	4	5	6	7	8	9	10	N
T	10	9	8	7	6	5	4	3	2	1	1	2	3	4	5	6	7	8	9	10	F
P	10	9	8	7	6	5	4	3	2	1	1	2	3	4	5	6	7	8	9	10	J

(INTJ) (식食기질)

예리한 직관과 비밀스러운 태도

빈틈이 없고 관찰력이 뛰어나다. 사소한 것도 놓치지 않고 빠르게 인식하며, 예리한 직관으로 본질을 정확하게 꿰뚫어 본다. 누구보다 상황을 빠르게 읽어내고 사람들의 감정을 섬세하게 포착하지만, 그 사실을 쉽게 드러내지는 않는다. 해맑고 순수한 편이고 비밀스럽고 신비한 분위기가 있다. 자신의 생각과 감정을 좀처럼 드러내지 않지만, 필요할 때는 칼날 같은 예리함으로 상대의 폐부를 찌른다. 전달력이 뛰어나 간단하고 정확하게 핵심을 표현한다. 고독을 두려워하지 않는다. 오히려 혼자 있는 시간을 즐기는 편이다. 현실 세상과 접촉하기보다 멀찌감치 떨어진 곳에서 바라보며 상상하기를 좋아한다. 여러 가지 아이디어를 가지고 골몰히 생각하는 시간이 많고, 음악이나 미술, 문학이나 영화 등 예술 활동에 관심이 많다.

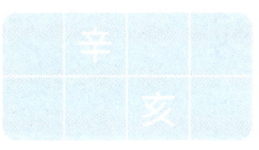

　신辛 일간이 해亥월에 태어난 사람에게 행운의 글자는 병丙 또는 정丁이다. 미시적이고 사소한 데 집착하는 경향이 있는데, 사주의 다른 자리에 병丙이나 정丁이 있다면 거시적인 그림도 그릴 줄 알아 생각의 폭이 넓고 풍부해진다. 무戊나 기己도 좋은 글자다. 여리고 섬세해 현실을 혹독하게 받아들이는 편이라 도망치거나 숨는 경향이 있는데, 무戊나 기己가 있다면 마음의 중심이 튼튼해 현실을 헤쳐 나갈 힘이 생긴다.

　다른 자리에 임壬이나 계癸가 하나 있으면 개성이 뚜렷한 정도지만, 둘 이상 있다면 주변 사람들에게 지나치게 예민하고 날카롭게 대하지 않도록 조심해야 한다. 예리함이 날카로움으로, 섬세함이 예민함으로 변질되지 않도록 틈틈이 무뎌지는 연습을 할 필요가 있다.

행운의 글자	병丙 · 정丁
주의할 글자	임壬 · 계癸
행운의 색	빨강
행운의 방향	남쪽

11. 자子월생

E	10	9	8	7	6	5	4	3	2	1	1	2	3	4	5	6	7	8	9	10	I
S	10	9	8	7	6	5	4	3	2	1	1	2	3	4	5	6	7	8	9	10	N
T	10	9	8	7	6	5	4	3	2	1	1	2	3	4	5	6	7	8	9	10	F
P	10	9	8	7	6	5	4	3	2	1	1	2	3	4	5	6	7	8	9	10	J

(INTP)　(식食기질)

비판적 사고와 정밀한 분석

기존의 지식이나 권위에 맹목적으로 의존하지 않는다. 어떤 주장이나 정보를 받아들일 때 무작정 받아들이는 법이 없다. 항상 의심을 품고 근거를 찾아 의문을 제기한다. 논리적이고 합리적인 근거가 있어야 하고 과학적으로 인과관계가 분명해야 받아들인다. 주어진 정보가 복잡하고 방대해도 핵심적인 패턴을 찾아내고 숨겨진 의미를 파악할 수 있다. 모순이나 불일치도 본능적으로 알아챈다. 세밀하게 관찰하고 정밀하게 분석하고 비판적으로 사고해, 자로 잰 듯 정확한 결론을 도출해 낸다. 감정이나 의지와 같은 주관적 요소를 배제하고 사실과 증거와 같은 객관적 기준으로 판단하기 때문에 냉정하고 삭막하다는 말을 듣기도 한다.

신辛 일간이 자子월에 태어난 사람에게 행운의 글자는 병丙 또

는 정丁이다. 속으로 깊게 파고드는 성향이 있어 외연을 넓히는 데는 소질이 없는 편인데, 사주의 다른 자리에 병丙이나 정丁이 있다면 외향성과 사교성을 갖춰 타고난 잠재력을 사회적으로 실현할 수 있다. 무戊나 기己도 좋은 글자다. 논리와 인과를 중시해 다른 사람과 마찰이 생기기도 하는데, 무戊나 기己가 있다면 우호성과 친화력도 갖춰 조화로운 인간관계를 유지해 나갈 수 있다.

다른 자리에 임壬이나 계癸가 하나 있다면 개성이 뚜렷한 정도지만, 둘 이상 있다면 너무 경직된 태도로 일관하지 않는지 때때로 살펴보아야 한다. 감정이나 정서에는 정확하다거나 옳다는 기준이 없다. 타인의 정서나 감정을 판단하지 말고 흐름에 맞추려는 노력이 필요하다.

행운의 글자	병丙 · 정丁
주의할 글자	임壬 · 계癸
행운의 색	빨강
행운의 방향	남쪽

12. 축표월생

E	10	9	8	7	6	5	4	3	2	1	1	2	3	4	5	6	7	8	9	10	I
S	10	9	8	7	6	5	4	3	2	1	1	2	3	4	5	6	7	8	9	10	N
T	10	9	8	7	6	5	4	3	2	1	1	2	3	4	5	6	7	8	9	10	F
P	10	9	8	7	6	5	4	3	2	1	1	2	3	4	5	6	7	8	9	10	J

(INTP) (식食기질)

독특한 직관과 높은 자기 주도 능력

섬세하고 예민하고 심미적이다. 같은 그림, 같은 음악, 같은 글을 보더라도 이상하게 남과 다른 독특한 느낌을 받는다. 꼬리에 꼬리를 무는 연상 능력이 뛰어나고, 여러 주제 사이를 뛰어다니며 연결하는 것을 좋아해, 머릿속으로는 천년 왕국도 거뜬히 만들어낸다. 자신의 생각과 감정을 좀처럼 표현하지 않아 평소에는 조용하고 과묵한 편이지만, 한 번씩 폭발해서 주변 사람들을 어리둥절하게 만들기도 한다. 대체로 세상과 사람을 불신한다. 세상은 정의롭지 않고 사람들은 너무 이기적이라 협력과 우호를 기대하기 어렵다고 생각한다. 외부에 의존하지 않고 자신의 판단과 힘으로 문제를 해결한다. 끈기가 있고 몰입 능력이 강해 한번 시작하면 끝까지 파고들어 결과를 낸다.

신辛 일간이 축丑월에 태어난 사람에게 행운의 글자는 병丙 또는 정丁이다. 샘처럼 솟아나는 상상력과 창의력을 머릿속에 가두고만 있어 스트레스나 불안이 심해질 수 있는데, 사주의 다른 자리에 병丙이나 정丁이 있다면 적절한 사교적 표현 능력도 갖춰 사람들과 소통하며 마음의 안정을 얻을 수 있다. 무戊나 기己도 좋은 글자다. 독립심이 강해 지나치게 홀로 분투하는 경향이 있는데, 무戊나 기己가 있다면 적절한 협력과 우호를 요청할 수 있어 자신의 능력을 사회적으로 실현할 수 있다.

　　다른 자리에 임壬이나 계癸가 하나 있다면 개성이 뚜렷한 정도지만, 둘 이상 있다면 사회로부터 스스로를 고립시키지 않도록 주의해야 한다. 아무리 옳고 참된 것이라 하더라도 타인과 소통하지 않고 자기 안에서만 맴돌면 스트레스의 원인이 된다. 틈틈이 세상과 협상하는 연습을 해 세상과 접촉하는 면을 넓혀나가야 한다.

행운의 글자	병丙 · 정丁
주의할 글자	임壬 · 계癸
행운의 색	빨강
행운의 방향	남쪽

IX

임壬 일간

1. 인寅월생

E	10	9	8	7	6	5	4	3	2	1	1	2	3	4	5	6	7	8	9	10	I
S	10	9	8	7	6	5	4	3	2	1	1	2	3	4	5	6	7	8	9	10	N
T	10	9	8	7	6	5	4	3	2	1	1	2	3	4	5	6	7	8	9	10	F
P	10	9	8	7	6	5	4	3	2	1	1	2	3	4	5	6	7	8	9	10	J

(INTP) (식食기질)

웅장한 포부와 대담한 추진력

사고방식이나 행동의 규모가 크다. 크게 보고 넓게 생각한다. 단순한 인생 목표가 아니라 세상을 바꾸는 원대한 꿈을 꾼다. 풀 한 포기, 나무 한 그루보다는 전체적인 숲을 보고, 눈앞의 소소한 이익보다는 잠재적이지만 먼 미래의 커다란 이익에 더욱 관심이 많다. 흥미와 관심의 범위가 넓고, 모험적이고 대담하다. 세상에 친화적이고 미래에 낙관적이다. 다소 충동적이고 순발력이 좋아 어떤 생각이 떠오르면 벌써 실행하고 있다. 추진력이 있어 빠르게 결정하고 행동으로 옮긴다. 위험을 무릅쓰는 행동을 즐기고 스릴 넘치는 일에서 만족감을 느낀다. 새로운 가능성에 도전하는 것을 좋아하고 불확실하거나 어려움이 예상되어도 적극적으로 일을 추진한다.

임壬 일간이 인寅월에 태어난 사람에게 행운의 글자는 병丙 또

는 정丁이다. 순발력이 뛰어난 만큼 인내심이나 꾸준함은 부족한 편인데, 사주의 다른 자리에 병丙이나 정丁이 있다면 자기 수양과 단련에도 힘을 써, 재미있는 성향에 깊이를 더한다. 여기에 경庚이나 신辛이 있으면 더욱 좋다. 잠시도 가만히 있지 못하고 에너지가 분산되어 좌충우돌하는 경향이 있는데, 경庚이나 신辛이 있다면 이리저리 튀는 에너지를 집중력으로 전환해 성취를 위한 기반을 쌓을 수 있다.

다른 자리에 갑甲이나 을乙이 하나 있으면 개성이 뚜렷한 정도지만, 둘 이상 있다면 과잉 행동을 조심해야 한다. 아이디어가 떠오른다고 바로바로 실행하면 부주의와 실수만 가득해지고, 사회로부터 점차 신뢰를 잃을 가능성이 있다.

행운의 글자	병丙 · 정丁
주의할 글자	갑甲 · 을乙
행운의 색	빨강
행운의 방향	남쪽

2. 묘卯월생

E	10	9	8	7	6	5	4	3	2	1	1	2	3	4	5	6	7	8	9	10	I
S	10	9	8	7	6	5	4	3	2	1	1	2	3	4	5	6	7	8	9	10	N
T	10	9	8	7	6	5	4	3	2	1	1	2	3	4	5	6	7	8	9	10	F
P	10	9	8	7	6	5	4	3	2	1	1	2	3	4	5	6	7	8	9	10	J

(ENTP) (식食기질)

남다른 호기심, 풍부한 상상력

뻔하고 익숙한 것에 쉽게 흥미를 잃고 지루해한다. 새롭거나 낯선 환경에 남다른 호기심이 있어 호기롭고 적극적으로 탐험한다. 앞으로 무슨 일이 일어날지 모르는 역동적이고 아슬아슬한 일을 즐긴다. 다른 사람들은 시간 낭비라고 생각하는 일이라도 새롭다면 재미삼아 꼭 해본다. 낙천적이고 자유분방하며, 순발력이 있고 상상력이 풍부하다. 평범한 일이나 상황에서도 새로운 아이디어를 떠올린다. 고정관념에 얽매이지 않고, 이미 정해진 사고방식이 아닌 새롭고 창의적인 방식으로 자유롭게 생각한다. '만약에?'라는 가정을 연결해, 상상의 세계를 만드는 데 능통하다. 남다른 호기심으로 세상을 즐기고, 풍부한 상상력으로 새로운 가능성을 창조한다.

    임壬 일간이 묘卯월에 태어난 사람에게 행운의 글자는 경庚 또는 신辛이다. 매사에 긍정적이고 낙천적으로만 생각하다가 세심한 주의가 필요한 일에서 실수를 범하기도 하는데, 사주의 다른 자리에 경庚이나 신辛이 있다면 신중하고 철저하게 주의를 기울일 수도 있어 실수가 줄어든다. 무戊나 기己도 좋은 글자다. 다소 즉흥적이고 충동적인 성향이 있어 일을 차분하고 꾸준하게 지속하는 면이 부족할 수 있는데, 무戊나 기己가 있다면 계획적이고 체계적인 행동이 가능해진다.

    다른 자리에 갑甲이나 을乙이 하나 있으면 개성이 뚜렷한 정도지만, 둘 이상 있다면 급한 마음에 원칙 없이 맹목적으로 행동하는 것을 주의할 필요가 있다. 행동이 앞서면 성과도 빠르지만, 수습해야 할 후과도 만만치 않다.

행운의 글자	경庚 · 신辛
주의할 글자	갑甲 · 을乙
행운의 색	하양
행운의 방향	서쪽

3. 진辰월생

E	10	9	8	7	6	5	4	3	2	1	1	2	3	4	5	6	7	8	9	10	I
S	10	9	8	7	6	5	4	3	2	1	1	2	3	4	5	6	7	8	9	10	N
T	10	9	8	7	6	5	4	3	2	1	1	2	3	4	5	6	7	8	9	10	F
P	10	9	8	7	6	5	4	3	2	1	1	2	3	4	5	6	7	8	9	10	J

(ENTP)　(식食기질)

뜨거운 용기와 의연한 의지

생각도 많고 감정도 많다. 비교적 유쾌하고 긍정적이며 밝고 활기차지만, 반항적 기질이 있어 세상의 규율과 관습에 쉽게 순응하지 않는다. 불합리하다고 생각하는 일에는 단호히 맞서고 주저 없이 반기를 든다. 위험과 실패의 가능성을 알면서도 과감하게 도전한다. 두려움을 모르는 것이 아니라, 두려움을 알지만 피하는 법은 모르기 때문이다. 삶을 피할 수 없다는 것을 잘 안다. 눈앞에 놓인 장애물이 아무리 커도 물러서지 않고 정면으로 맞선다. 전투력이 좋다. 목표를 정하면 머뭇거리지 않고 곧바로 행동으로 옮기고, 중요한 순간에 망설이지 않고 결정을 내릴 수 있는 카리스마가 있다. 위기 속에서는 상황을 냉정하게 판단하고 감정에 휘둘리지 않고 의연하게 대처한다.

임壬 일간이 진辰월에 태어난 사람에게 행운의 글자는 경庚 또는 신辛이다. 진취적이고 과감해 행동을 앞세우는 편이라 위험이나 손실을 초래할 수 있는데, 사주의 다른 자리에 경庚이나 신辛이 있다면 신중하고 꼼꼼하게 미리 준비해 제대로 결실을 볼 수 있다. 무戊나 기己도 좋은 글자다. 현안에 집중하느라 원칙과 기강에 소홀해질 수 있는데, 무戊나 기己가 있다면 중심을 잡고 체계적이고 일관성 있게 행동할 수 있다.

다른 자리에 갑甲이나 을乙이 하나 있으면 개성이 뚜렷한 정도지만, 둘 이상 있다면 지나치게 반항적으로 굴지는 않는지 돌아볼 필요가 있다. 규율과 관습은 오랜 시간 동안 시행착오를 거쳐 만들어진 사회적 합의인 경우가 많다. 시간과 다양한 사람들에 대한 존중이 필요하다.

행운의 글자	경庚 · 신辛
주의할 글자	갑甲 · 을乙
행운의 색	하양
행운의 방향	서쪽

4. 사巳월생

E	10	9	8	7	6	5	4	3	2	1	1	2	3	4	5	6	7	8	9	10	I
S	10	9	8	7	6	5	4	3	2	1	1	2	3	4	5	6	7	8	9	10	N
T	10	9	8	7	6	5	4	3	2	1	1	2	3	4	5	6	7	8	9	10	F
P	10	9	8	7	6	5	4	3	2	1	1	2	3	4	5	6	7	8	9	10	J

(ESTP) (재財기질)

지적이고 균형감 있는 현실주의자

겉으로는 예의 바르고 공손하지만 내면으로는 야심만만하고 자신감이 넘친다. 목표가 명확해지면 이를 성취하기 위해 강한 결단력과 단호한 태도를 보인다. 유능감과 효용감을 중시하며, 이기려는 마음이 강하다. 관심 분야에서는 최고의 전문가를 지향하며 열과 성을 다해 노력하는 한편, 폭 넓은 교양을 쌓기 위해 다양한 분야의 지식에 대한 공부도 게을리하지 않는다. 논리적이고 균형 잡힌 시각으로 세상을 바라보고, 감정적 호소보다는 사실과 논리에 근거한 분석과 합리적 추론으로 설득하고 설득된다. 불필요한 감정적 표현이 드물고, 꾸밈이나 과장 없이 명확하고 조리 있게 생각하고 말한다. 꿈과 희망보다는 현실을 우선하고 충실하다.

임壬 일간이 사巳월에 태어난 사람에게 행운의 글자는 임壬 또

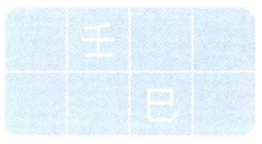

는 계癸이다. 승부에 몰입해 때때로 억지를 쓰고 물의를 빚는 경우가 있는데, 사주의 다른 자리에 임壬이나 계癸가 있다면 자신을 성찰하고 양보하고 타협할 수 있는 여유가 있어, 일을 물 흐르듯이 자연스럽게 진행할 수 있다. 경庚이나 신辛도 좋은 글자다. 의무감이나 책임감이 지나쳐 타인의 감성이나 감정을 무시하는 경향이 있는데, 경庚이나 신辛이 있다면 친밀하고 우호적인 태도로 상대방을 진심으로 존중할 수 있게 된다.

다른 자리에 병丙이나 정丁이 하나 있으면 개성이 뚜렷한 정도지만, 둘 이상 있다면 광적인 열정을 조심할 필요가 있다. 하고 싶은 일이 생기면 자신에게 필요한 일인지, 일을 진행할 만한 조건과 환경이 되는지 먼저 생각하고, 자제심을 발휘하는 연습을 게을리하지 않아야 한다.

행운의 글자	임壬 · 계癸
주의할 글자	병丙 · 정丁
행운의 색	검정
행운의 방향	북쪽

5. 오午월생

E	10	9	8	7	6	5	4	3	2	1	1	2	3	4	5	6	7	8	9	10	I
S	10	9	8	7	6	5	4	3	2	1	1	2	3	4	5	6	7	8	9	10	N
T	10	9	8	7	6	5	4	3	2	1	1	2	3	4	5	6	7	8	9	10	F
P	10	9	8	7	6	5	4	3	2	1	1	2	3	4	5	6	7	8	9	10	J

(ESTJ) (재財기질)

남다른 의욕, 현실적 야망

자신이 원하는 바를 분명히 알고, 헛된 희망을 품는 대신 실현 가능한 목표를 단계적으로 세운다. 목표를 세우면 머뭇거리지 않고, 필요한 내적, 외적 자원을 총 동원해 빠르게 실행한다. 목표를 이루기 위해 마지막까지 지치지 않고 최선을 다해 노력한다. 몰입감과 집중력, 완성에 대한 의지가 높아 일상에서 시간을 다투는 긴박한 상황에 처할 때가 많다. 아침에 일어나서 밤늦게 쓰러져 잘 때까지 항상 뭔가를 하고 있다. 놀고 있으면 삶을 허비하는 느낌이 든다. 재미없고 밋밋한 시간을 유달리 견디지 못한다. 사람들과 어울리는 것을 좋아하고, 많은 사람들과 활발하게 교류한다. 열정이 넘치고 낙천적이며, 친근한 재담과 독특한 유머로 사람들에게 인기가 많다.

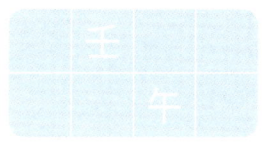

임壬 일간이 오午월에 태어난 사람에게 행운의 글자는 임壬 또는 계癸이다. 강한 의지와 투지로 심신이 지치는 줄도 모르고 달리기만 하는데, 사주의 다른 자리에 임壬이나 계癸가 있다면 충전할 시간도 충분히 챙겨서 보다 높은 목표를 달성할 수 있다. 경庚이나 신辛도 좋은 글자다. 경쟁심이 강한 편이라 지나치게 긴장하거나 예민해져 신경질적으로 굴 때가 있는데, 경庚이나 신辛이 있다면 내적으로 자신을 든든히 지원하고 응원하는 마음도 있어 안정감이 생긴다.

다른 자리에 병丙이나 정丁이 하나 있다면 개성이 뚜렷한 정도지만, 둘 이상 있다면 도박이나 투기 등 사행 심리를 조심해야 한다. 긴장감과 쾌감을 지나치게 좇다가 자멸할 위험이 있다. 승부욕은 생산적인 곳에서 발휘해야 한다는 것을 명심할 필요가 있다.

행운의 글자	임壬 · 계癸
주의할 글자	병丙 · 정丁
행운의 색	검정
행운의 방향	북쪽

6. 미未월생

E	10	9	8	7	6	5	4	3	2	1	1	2	3	4	5	6	7	8	9	10	I
S	10	9	8	7	6	5	4	3	2	1	1	2	3	4	5	6	7	8	9	10	N
T	10	9	8	7	6	5	4	3	2	1	1	2	3	4	5	6	7	8	9	10	F
P	10	9	8	7	6	5	4	3	2	1	1	2	3	4	5	6	7	8	9	10	J

(**ESFJ**)　(관官기질)

꼼꼼하고 철저한 강박적 완벽주의

준비가 철저하고 계획적이다. 세부 사항도 놓치지 않고 꼼꼼하게 준비하며, 중요도와 순서에 따라 세밀하게 계획한다. 일을 진행할 때는 계획대로 정확하게 수행하려 한다. 완벽을 단순한 목표가 아니라, 의무이자 책임으로 여긴다. 실수가 있거나 예상치 못한 변수로 계획대로 일이 진행되지 않으면 의무와 책임을 다하지 못한 것처럼 심하게 자책한다. 심한 경우에는 죄책감을 느끼기도 한다. 느슨함과 방만함을 혐오하며, 긴장도가 높고 엄격한 편이다. 원칙과 신념이 뚜렷하고, 목표 달성 의지가 강하다. 원하는 목표를 이룰 때까지 타협하지 않고 끈질기게 몰입한다. 효율이나 가성비를 따지지 않고, 시간과 노력을 아끼지 않고, 최선을 다해 노력한다.

임壬 일간이 미未월에 태어난 사람에게 행운의 글자는 경庚 또

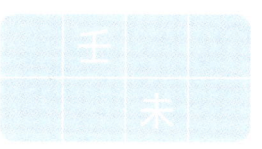

는 신辛이다. 타협을 나약함이나 실패로 여겨 때때로 고집을 피우고 외부와의 소통을 스스로 차단하려는 성향이 있는데, 사주의 다른 자리에 경庚이나 신辛이 있다면 우호적이고 친화적인 소양도 갖춰 협력을 통해 보다 높은 이상을 실현할 수 있다. 여기에 갑甲이나 을乙이 있으면 더욱 좋다. 갑작스러운 변화나 계획에 없던 일이 생기면 적절히 대응하지 못하고 스트레스에 시달리기도 하는데, 갑甲이나 을乙이 있다면 순발력과 융통성을 갖춰 부드럽고 탄력적으로 대응할 수 있다.

다른 자리에 무戊나 기己가 하나 있으면 개성이 뚜렷한 정도지만, 둘 이상 있다면 완벽하게 준비하고 철저하게 계획하느라 아무것도 시작하지 못하는 성향을 경계할 필요가 있다. 세상의 무궁무진한 가능성에 비해 개인의 인식과 판단에는 한계가 있다. 자신을 믿고 과감하게 행동에 나서는 용기가 필요하다.

행운의 글자	경庚 · 신辛
주의할 글자	무戊 · 기己
행운의 색	하양
행운의 방향	서쪽

7. 신甲월생

E	10	9	8	7	6	5	4	3	2	1	1	2	3	4	5	6	7	8	9	10	I
S	10	9	8	7	6	5	4	3	2	1	1	2	3	4	5	6	7	8	9	10	N
T	10	9	8	7	6	5	4	3	2	1	1	2	3	4	5	6	7	8	9	10	F
P	10	9	8	7	6	5	4	3	2	1	1	2	3	4	5	6	7	8	9	10	J

(ENFJ) (인印기질)

도덕적 직관과 굳센 기개

복잡한 논리적 근거나 규칙에 의존하지 않고도 어떤 행위가 옳고 그른지 즉시 판단할 수 있다. 약자를 향한 조롱을 보면 바로 얼굴이 구겨지며, 사람이 쓰러져 있으면 머뭇거리거나 주저하지 않고 바로 달려가 손을 내민다. 공정하지 못한 상황을 겪거나 부당한 대접을 받으면 즉시 불편함과 분노를 표현한다. 양심과 원칙에 충실하고 외부의 압력이나 유혹에 흔들리지 않는 강한 정신력을 타고났다. 다소 보수적이라 전통과 관습을 유지하려는 성향이 있고, 자기 관리에 철저한 편이다. 말과 행동이 일치하고 겉과 속이 다르지 않다. 조용하고 은근한 자신감이 있고, 의연하고 단호한 면이 있어 타협할 수 있는 부분과 결코 양보할 수 없는 경계를 분명히 한다.

　임壬 일간이 신申월에 태어난 사람에게 행운의 글자는 병丙 또는 정丁이다. 자기 통제가 강해 다소 경직되고 진지한 편인데, 사주의 다른 자리에 병丙이나 정丁이 있다면 유연하고 자유로운 태도를 갖춰, 자신에게도 타인에게도 너그러움을 발휘할 수 있다. 갑甲이나 을乙도 좋은 글자다. 전통과 관습을 지키려는 태도가 지나쳐 시대의 흐름을 거부하고 고루해지는 경향이 있는데, 갑甲이나 을乙이 있다면 변화와 개선을 받아들일 수 있는 적응력도 생긴다.

　다른 자리에 경庚이나 신辛이 하나 있으면 개성이 뚜렷한 정도지만, 둘 이상 있다면 지나치게 보수적이고 관습적인 성향을 경계할 필요가 있다. 도전이나 시도를 꺼리고 안주하기만 하면 많은 성장의 기회를 놓칠 수 있다.

행운의 글자	병丙 · 정丁
주의할 글자	경庚 · 신辛
행운의 색	빨강
행운의 방향	남쪽

8. 유酉월생

E	10	9	8	7	6	5	4	3	2	1	1	2	3	4	5	6	7	8	9	10	I
S	10	9	8	7	6	5	4	3	2	1	1	2	3	4	5	6	7	8	9	10	N
T	10	9	8	7	6	5	4	3	2	1	1	2	3	4	5	6	7	8	9	10	F
P	10	9	8	7	6	5	4	3	2	1	1	2	3	4	5	6	7	8	9	10	J

(INFJ) (인印기질)

신중한 태도, 섬세한 완벽주의

말수가 적고 조용한 편이다. 감수성이 풍부해 다양한 감정을 민감하고 섬세하게 느끼지만, 원만한 인간관계와 사회생활을 위해 직접적이고 노골적으로 표현하는 경우는 드물다. 말과 행동에 앞서 충분히 생각하고 판단을 점검한다. 다양한 가능성을 신중하게 검토한 후, 서두르거나 조급해하지 않고 천천히 결정을 내린다. 느긋하고 여유롭고 자상하고 배려심도 많아 푸근하고 강해 보이지만, 내면에는 지극히 섬세한 면이 있다. 감각이 예민하고 정서적으로 세밀하다. 잘하려는 수준을 넘어 작은 차이와 미묘한 부분까지 신경을 쓰며 높은 완성도를 추구하려는 성향이 강하다. 실수나 오류를 극도로 싫어하고, 순간적인 욕망이나 충동으로 행동하는 경우가 극히 드물다.

　임壬 일간이 유酉월에 태어난 사람에게 행운의 글자는 병丙 또는 정丁이다. 신중하고 조심스러워 결정을 내리기 힘들어하는 편인데, 사주의 다른 자리에 병丙이나 정丁이 있다면 결단력도 있어 좋은 기회나 타이밍을 놓쳐 손해를 보는 일이 줄어든다. 갑甲이나 을乙도 좋은 글자다. 실수나 오류를 용납 못해서 긴장과 불안이 큰데, 갑甲이나 을乙이 있다면 자신에 대한 너그러움과 사고의 유연성도 갖춰 마음의 평화를 이룰 수 있다.

　다른 자리에 경庚이나 신辛이 하나 있다면 개성이 뚜렷한 정도지만, 둘 이상 있다면 지나친 완벽주의를 경계할 필요가 있다. 완벽하게 해낼 자신이 없으면 시작도 하지 않는 성향이 있는데, 그러면 결국 아무것도 하지 못하는 상태에 빠질 수 있다. 시작이 중요하다. 어떤 결과물들은 일단 세상에 내놓은 후에 피드백을 받아 계속해서 수정하는 것으로 개선된다는 사실을 알아둘 필요가 있다.

행운의 글자	병丙 · 정丁
주의할 글자	경庚 · 신辛
행운의 색	빨강
행운의 방향	남쪽

9. 술戌월생

E	10	9	8	7	6	5	4	3	2	1	1	2	3	4	5	6	7	8	9	10	I
S	10	9	8	7	6	5	4	3	2	1	1	2	3	4	5	6	7	8	9	10	N
T	10	9	8	7	6	5	4	3	2	1	1	2	3	4	5	6	7	8	9	10	F
P	10	9	8	7	6	5	4	3	2	1	1	2	3	4	5	6	7	8	9	10	J

(INFJ) (인印기질)

총명함과 대범함, 냉정한 카리스마

지적이고 통찰력이 있어 탐구와 사유를 통해 사물의 본질을 꿰뚫는다. 다소 거창하게 생각하는 편이며, 행동에 규모가 있다. 정보 수집과 판단에 능하고, 목적 달성을 위해 필요한 방법이나 기술, 책략을 중심으로 생각하는 전략적 사고가 가능하다. 신념과 의지가 강해 비타협적이라는 평을 듣기도 한다. 염세적이고 냉소적인 편이라 자신의 감정을 생동감 있게 표현하지 못하고, 정감 있고 따뜻한 감정을 드러내는 것에 서툴러, 속을 알 수 없는 사람으로 비치기도 한다. 결단력이 있어서 필요하다면 머뭇거리거나 주저하지 않고 대범하게 일을 추진해 나간다. 절제된 위엄, 냉정한 카리스마가 있어 말보다는 태도로 납득시키는 편이다.

임壬 일간이 술戌월에 태어난 사람에게 행운의 글자는 병丙 또

는 정丁이다. 성정이 차고 냉정한 편이라 타인과 일정한 심리적 거리를 두어 사교 활동이 쉽지 않은데, 사주의 다른 자리에 병丙이나 정丁이 있다면 보다 활기차고 부드러운 인간관계를 쌓을 수 있다. 갑甲이나 을乙도 좋은 글자다. 다소 권위적이고 통제적인 성향이 있는데, 갑甲이나 을乙이 있다면 각자의 방식이나 창의성도 인정해 상호 존중하는 인간관계를 맺을 수 있다.

다른 자리에 경庚이나 신辛이 하나 있다면 개성이 뚜렷한 정도지만, 둘 이상 있다면 지나치게 염세적이고 냉소적으로 굴지 않도록 주의할 필요가 있다. 세상은 암담하면서도 찬란하고, 삶은 잔인하면서도 아름답다는 어느 소설가의 수상 소감을 되뇌며, 세상과 삶의 가치를 인정하는 연습을 할 필요가 있다.

행운의 글자	병丙 · 정丁
주의할 글자	경庚 · 신辛
행운의 색	빨강
행운의 방향	남쪽

10. 해亥월생

E	10	9	8	7	6	5	4	3	2	1	1	2	3	4	5	6	7	8	9	10	I
S	10	9	8	7	6	5	4	3	2	1	1	2	3	4	5	6	7	8	9	10	N
T	10	9	8	7	6	5	4	3	2	1	1	2	3	4	5	6	7	8	9	10	F
P	10	9	8	7	6	5	4	3	2	1	1	2	3	4	5	6	7	8	9	10	J

(INTJ) (비비기질)

탐구하고 사유하는 이상주의자

막연한 두려움과 공포심이 있다. 다양하고 복잡한 현실을 파헤쳐 본질을 파악하고, 철학적 질문을 던져가며 내면을 다진다. 완벽한 정의나 바람직한 아름다움 같은, 구체적이기보다는 추상적이고 현실적이기보다는 이념적인 이상을 추구한다. 몸은 가만히 있지만 정신은 잠시도 가만히 있지 못하고, 정신적인 자극을 받지 못하면 쉽게 지루함을 느낀다. 사고의 지평을 넓히기 위해 갖가지 정신적 활동을 즐기고, 하나씩 차근차근 쌓아나가며 발전하는 것을 좋아한다. 꿈이 원대하고 꽤나 야심적이다. 크고 넓게 생각하므로 자잘하고 파편적인 일상에 관심을 두지 않는 경향이 있다. 심지어 남들에게 거절을 당하거나 모욕을 당해도 둔감하고 무심하다. 곤란하거나 긴장된 상황에서도 자신의 일을 침착하고 꾸준히

지속하는 힘이 있다.

임壬 일간이 해亥월에 태어난 사람에게 행운의 글자는 병丙 또는 정丁이다. 다소 비밀스럽고 폐쇄적인 성향이 있는데, 사주의 다른 자리에 병丙이나 정丁이 있다면 세상과 적극적으로 소통해 큰 그림을 현실에서 구체적으로 실현할 수 있다. 무戊나 기己도 좋은 글자다. 어떤 상황에 대해 생각하기 시작하면 현실을 잊고 지나치게 이념적으로 치달을 수 있는데, 무戊나 기己가 있다면 적절하게 생각을 제어해 현실적으로 정리할 수 있다.

다른 자리에 임壬이나 계癸가 하나 있다면 개성이 뚜렷한 정도지만, 둘 이상 있다면 지나치게 근엄하고 진지하지 않은지 돌아보아야 한다. 그냥 넘어갈 일에 일일이 의미를 찾지 말고 가볍고 유쾌하게, 흐름대로 넘어가는 훈련을 반복적으로 할 필요가 있다.

행운의 글자	병丙 · 정丁
주의할 글자	임壬 · 계癸
행운의 색	빨강
행운의 방향	남쪽

11. 자구월생

E	10	9	8	7	6	5	4	3	2	1	1	2	3	4	5	6	7	8	9	10	I
S	10	9	8	7	6	5	4	3	2	1	1	2	3	4	5	6	7	8	9	10	N
T	10	9	8	7	6	5	4	3	2	1	1	2	3	4	5	6	7	8	9	10	F
P	10	9	8	7	6	5	4	3	2	1	1	2	3	4	5	6	7	8	9	10	J

(INTP) (비쁘기질)

거대한 야망, 슬픔과 공감

고귀하고 숭고한 이상을 실현하고자 하는 거대한 야망이 있다. 매사 장기적인 안목으로 대하므로 일희일비하지 않는다. 손해를 보는 것이 자명한 경우에도 장기적으로 자신의 이상을 실현하는 데 필요하다면 과감히 투자하고 손해를 감수한다. 때로는 독단적이고 독선적으로 보일 만큼 의지가 굳고, 과시적으로 보일 만큼 자신감이 넘친다. 이러한 강인한 면모에 가려 잘 드러나지는 않지만, 감수성이 깊고 풍부하다. 대체로 슬픔이나 우울과 같은 부정적인 감정이 많은데, 휘둘리지 않고 잘 다스린다. 친화적이고 이해심도 많다. 특히 다른 사람의 고통과 슬픔에 깊이 공감하고 진심으로 함께 아파한다. 여러 사람이 모여 서로 터놓고 사귀는 것보다 개인적인 비밀을 나누며 친밀하게 교류하는 것을 즐긴다.

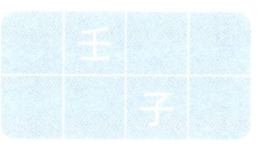

    임壬 일간이 자子월에 태어난 사람에게 행운의 글자는 병丙 또는 정丁이다. 다소 어둡고 우울한 정서가 있는데, 사주의 다른 자리에 병丙이나 정丁이 있다면 밝고 따뜻한 기운이 조화롭게 보완되어 마음이 마냥 가라앉지는 않는다. 무戊나 기己도 좋은 글자다. 거대한 야망과 풍부한 감성의 모순으로 불안정한 상태가 계속되기도 하는데, 무戊나 기己가 있다면 야망과 감성에 흐름과 균형을 잡아줘 커다란 성취를 이룰 수 있다.

    다른 자리에 임壬이나 계癸가 하나 있다면 개성이 뚜렷한 정도지만, 둘 이상 있다면 내면으로 지나치게 침잠하거나 침울해지지 않도록 몸을 쉬지 않고 움직일 필요가 있다. 머리와 마음을 쓰지 않고 오로지 몸만 쓰면 되는 단순 노동이나 운동을 일부러 시간을 내어서라도 할 필요가 있다.

행운의 글자	병丙 · 정丁
주의할 글자	임壬 · 계癸
행운의 색	빨강
행운의 방향	남쪽

12. 축丑월생

E	10	9	8	7	6	5	4	3	2	1	1	2	3	4	5	6	7	8	9	10	I
S	10	9	8	7	6	5	4	3	2	1	1	2	3	4	5	6	7	8	9	10	N
T	10	9	8	7	6	5	4	3	2	1	1	2	3	4	5	6	7	8	9	10	F
P	10	9	8	7	6	5	4	3	2	1	1	2	3	4	5	6	7	8	9	10	J

(**INTP**)　(비匕기질)

탁월한 잠재력과 강한 아우라

수동적이고 낯선 사람과의 관계를 꺼린다. 생각이나 감정을 겉으로 드러내지 않고 속에 담아두는 경향이 있다. 자신의 행동이 마찰이나 갈등을 일으키지 않을까 조심하고 삼가 말수가 적다. 사람들과 어울리기보다 혼자 사색하는 것을 좋아한다. 쉽게 행동하지 않고 때를 기다리며 지식과 지혜를 탐구함으로써 내면을 키워나간다. 가치 있는 것을 알아보는 혜안이 있고 상황 판단이 정확해, 때가 되면 결단력과 강한 의지로 사태를 장악한다. 예상치 못한 어려운 상황을 맞닥뜨려도 감정에 휩쓸리지 않고 냉정하고 침착하게 대처한다. 기존의 틀을 깨는 신선한 접근 방식과 절제된 표현과 행동으로, 사람들에게 큰 영감을 주고 동기를 부여한다.

임壬 일간이 축丑월에 태어난 사람에게 행운의 글자는 병丙 또는 정丁이다. 생각을 속으로 다지기만 하고 표현하지 않아 감정이 쌓이고 예민해지는데, 사주의 다른 자리에 병丙이나 정丁이 있다면 적절하게 표현하고 소통해 마음이 한결 가벼워진다. 무戊나 기己도 좋은 글자다. 밀어내고 외면하는 경향이 있는데 무戊나 기己가 있다면 포용하고 감싸는 정서가 보완되어 조화로운 인간관계를 이룰 수 있다.

다른 자리에 임壬이나 계癸가 하나 있다면 개성이 뚜렷한 정도지만, 둘 이상 있다면 다른 사람의 조언을 비난으로 받아들이지 않도록 마음을 열어 둘 필요가 있다. 한두 명이라도 항상 자신의 생각과 감정을 나눌 상대가 필요하다. 생각과 감정이 칡넝쿨처럼 얽혀 어디서부터 풀어야 할지 모를 때까지 그냥 두어서는 안 된다.

행운의 글자	병丙 · 정丁
주의할 글자	임壬 · 계癸
행운의 색	빨강
행운의 방향	남쪽

X

계癸

일간

X. 계癸 일간

1. 인寅월생

E	10	9	8	7	6	5	4	3	2	1	1	2	3	4	5	6	7	8	9	10	I
S	10	9	8	7	6	5	4	3	2	1	1	2	3	4	5	6	7	8	9	10	N
T	10	9	8	7	6	5	4	3	2	1	1	2	3	4	5	6	7	8	9	10	F
P	10	9	8	7	6	5	4	3	2	1	1	2	3	4	5	6	7	8	9	10	J

(INTP) (식食기질)

긍정적 태도와 독창적 표현

매사 긍정적이고 희망적이다. 세상에 대한 호기심이 많아 끊임없이 배우고 새로운 경험을 즐긴다. 미지의 새로운 영역을 개척하고 탐험하는 데 주저하지 않는다. 직관과 영감이 뛰어나고 다소 충동적이고 즉흥적으로 행동하는 경향이 있다. 감정을 억누르지 않고 자연스럽게 표현하고, 솔직하고 진지한 소통을 좋아한다. 자신의 생각이나 느낌을 마음속에 담아두는 능력이 약해 즉시 표현하는 편이다. 때로는 깊이 성찰할 기회를 놓치지만 솔직하고 자발적인 소통 능력으로 주변과 빠르게 어울린다. 세상을 독창적인 시선으로 바라보고 상상력이 풍부해 자신만의 창의적인 방법으로 표현할 수 있다.

계癸 일간이 인寅월에 태어난 사람에게 행운의 글자는 병丙 또

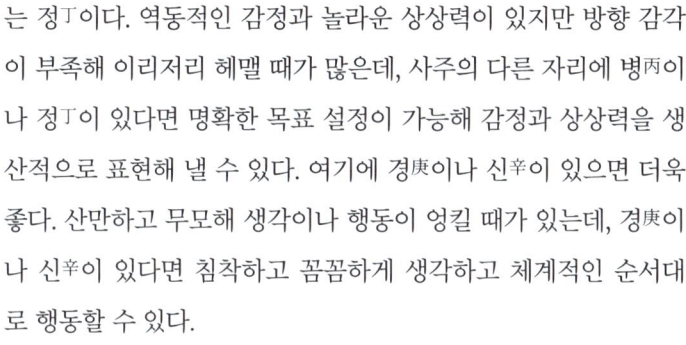

는 정丁이다. 역동적인 감정과 놀라운 상상력이 있지만 방향 감각이 부족해 이리저리 헤맬 때가 많은데, 사주의 다른 자리에 병丙이나 정丁이 있다면 명확한 목표 설정이 가능해 감정과 상상력을 생산적으로 표현해 낼 수 있다. 여기에 경庚이나 신辛이 있으면 더욱 좋다. 산만하고 무모해 생각이나 행동이 엉킬 때가 있는데, 경庚이나 신辛이 있다면 침착하고 꼼꼼하게 생각하고 체계적인 순서대로 행동할 수 있다.

다른 자리에 갑甲이나 을乙이 하나 있으면 개성이 뚜렷한 정도지만, 둘 이상 있다면 성급하게 몰두하다가 쉽게 싫증을 내고 흥미를 잃어버리는 성향을 경계해야 한다. 느낌대로 판단하고 행동하기 전에 돌다리도 두드려보고, 주변 사람들과 충분히 의논할 필요가 있다.

행운의 글자	병丙 · 정丁
주의할 글자	갑甲 · 을乙
행운의 색	빨강
행운의 방향	남쪽

2. 묘卯월생

E	10	9	8	7	6	5	4	3	2	1	1	2	3	4	5	6	7	8	9	10	I
S	10	9	8	7	6	5	4	3	2	1	1	2	3	4	5	6	7	8	9	10	N
T	10	9	8	7	6	5	4	3	2	1	1	2	3	4	5	6	7	8	9	10	F
P	10	9	8	7	6	5	4	3	2	1	1	2	3	4	5	6	7	8	9	10	J

(**ENTP**) (식食기질)

총명한 두뇌, 발랄한 행동주의

번개처럼 빠른 직관과 바람처럼 빠른 행동력이 있다. 사소한 단서만으로 본질을 꿰뚫고 날카로운 통찰력으로 숨은 의미까지 파악해 큰 그림을 그릴 줄 안다. 머리로 생각하는 동시에 손발이 움직이고 있다. 머릿속으로 고민만 하지 않고 일단 실행하고 실천한다. 익숙한 것보다는 처음 보는 것에 관심이 많고, 잘 모르거나 어려운 일이라도 빨리 시작해 보려고 한다. 몸으로 부딪치며 직접 겪은 경험을 소중하게 여긴다. 자신만의 경험과 지식을 표현하고 남들과 나누는 것을 좋아한다. 남들이 생각하지 못한 아이디어를 곧잘 떠올려 그 아이디어를 현실로 만들어내는 데 능하다. 생기발랄하고 명랑해 어디서든 분위기를 주도하는 편이고, 재미있는 사람이라는 평을 듣는다.

　계癸 일간이 묘卯월에 태어난 사람에게 행운의 글자는 경庚 또는 신辛이다. 신중한 검토나 계획이 필요할 때도 순발력과 추진력으로 막 밀어붙이려는 성향이 있는데, 사주의 다른 자리에 경庚이나 신辛이 있다면 구체적이고 세부적인 사항도 꼼꼼히 검토하고 계획해 사려 깊게 추진해 나갈 수 있다. 무戊나 기己도 좋은 글자다. 자유분방한 사고와 행동이 지나쳐 규칙이나 규범을 잘 지키지 않는 경우가 있는데, 무戊나 기己가 있다면 책임감과 의무감이 조화롭게 보완되어 단정하고 깔끔한 사고와 행동을 할 수 있다.

　다른 자리에 갑甲이나 을乙이 하나 있으면 개성이 뚜렷한 정도지만, 둘 이상 있다면 적극적인 태도가 지나쳐서 독단이 되지 않도록 주의할 필요가 있다. 비록 옳은 방향이라 하더라도 속도에 가치를 두지 않는 사람에게는 압박이나 강요로 느껴질 수 있다.

행운의 글자	경庚 · 신辛
주의할 글자	갑甲 · 을乙
행운의 색	하양
행운의 방향	서쪽

3. 진辰월생

E	10	9	8	7	6	5	4	3	2	1	1	2	3	4	5	6	7	8	9	10	I
S	10	9	8	7	6	5	4	3	2	1	1	2	3	4	5	6	7	8	9	10	N
T	10	9	8	7	6	5	4	3	2	1	1	2	3	4	5	6	7	8	9	10	F
P	10	9	8	7	6	5	4	3	2	1	1	2	3	4	5	6	7	8	9	10	J

(ENTP) (식食기질)

명랑하고 유머 있는 트렌드 세터

언제 어디서나 긍정적인 에너지를 발산해 유쾌한 농담과 재치 있는 말솜씨로 주변을 밝게 만든다. 욕심 없이 순수한 마음이 있고 생동감이 넘친다. 한번 신명이 나면 멈추기 힘들고, 여럿이 있을 때 더하다. 익숙한 것보다 새로운 것을 좋아한다. 반복적인 일을 견디기 힘들어하고 계속되는 변화를 추구한다. 본질을 파악하는 직관력과 사리를 분별하는 이해력을 갖추고 있어, 새로운 대상을 접하거나 낯선 상황을 겪더라도 그 구조를 비교적 빠르고 정확하게 파악한다. 열린 마음과 사유하는 힘이 있어, 트렌드를 파악하는 것을 넘어 자신만의 감각으로 개성 넘치는 트렌드를 재창조한다.

    계癸 일간이 진辰월에 태어난 사람에게 행운의 글자는 경庚 또는 신辛이다. 긍정 에너지가 지나쳐 예상치 못한 문제나 난관이 발

생할 수 있는데, 사주의 다른 자리에 경庚이나 신辛이 있다면 신중하고 세심하게 미리 준비하고 대비하는 성향을 갖춰 큰 어려움에 처하지 않는다. 무戊나 기己도 좋은 글자다. 머릿속에 아이디어가 가득하지만 질서가 없는데, 무戊나 기己가 있다면 구조적이고 체계적인 사고가 가능해 아이디어를 꿰어 결실을 맺을 수 있다.

다른 자리에 갑甲이나 을乙이 하나 있으면 개성이 뚜렷한 정도지만, 둘 이상 있다면 너무 들뜬 마음에 혼자만 기분을 내고 있지 않는지 조심할 필요가 있다. 잠시라도 혼자만의 공간에서 사색과 수양의 시간을 보내며, 마음을 가라앉히는 연습이 필요하다.

행운의 글자	경庚 · 신辛
주의할 글자	갑甲 · 을乙
행운의 색	하양
행운의 방향	서쪽

4. 사四월생

E	10	9	8	7	6	5	4	3	2	1	1	2	3	4	5	6	7	8	9	10	I
S	10	9	8	7	6	5	4	3	2	1	1	2	3	4	5	6	7	8	9	10	N
T	10	9	8	7	6	5	4	3	2	1	1	2	3	4	5	6	7	8	9	10	F
P	10	9	8	7	6	5	4	3	2	1	1	2	3	4	5	6	7	8	9	10	J

(ESTP) (재財기질)

자신감 있고 노력하는 행동주의자

긍정적인 마음으로 세상을 바라본다. 매사 당당하고 자신감이 넘친다. 좋은 때가 오기만을 마냥 기다리지 않는다. 어느 것 하나 저절로 이루어지는 것은 없으므로, 무언가를 이루기 위해 끊임없이 노력한다. 결단력이 있어 확신이 서면 강렬한 리더십을 행사하며, 자신의 생각에 강한 신념과 열정을 보인다. 머뭇거리지 않고 빠르게 결정하고 빠르게 행동한다. 강한 실천력에 따라오는 실수와 오류에 유연하게 대처하는 능력이 있고, 실패나 좌절을 겪어도 다시 일어서는 회복 탄력성이 높다. 현실적이어서 희망이나 감정보다는 철저히 사실과 논리를 기반으로 판단한다. 사교적이어서 사람들과 어울리는 것을 좋아하고, 사람들을 상대하는 능력이 뛰어나다. 활동적이라 항상 바쁘게 사는 것을 즐긴다.

계癸 일간이 사巳월에 태어난 사람에게 행운의 글자는 임壬 또는 계癸이다. 항상 무언가를 하거나 해야 하며, 쫓기듯이 사는 경향이 있는데, 사주의 다른 자리에 임壬이나 계癸가 있다면 조용하고 차분한 성찰과 수양으로 자신을 되돌아볼 수 있어 보다 장기적이고 높은 경지의 성취를 이룰 수 있다. 경庚이나 신辛도 좋은 글자다. 조급하고 성급해서 실수를 하는 경우가 더러 있는데, 경庚이나 신辛이 있다면 꼼꼼함과 세심함으로 강한 행동력을 제어해 실수가 줄어든다.

다른 자리에 병丙이나 정丁이 하나 있으면 개성이 뚜렷한 정도지만, 둘 이상 있다면 자신의 속도나 의지를 따라오지 못하는 사람에 대한 고압적인 자세를 지양해야 한다. 설득이 안 되므로 억지로 해결하려 하는데, 감당해야 할 부작용이 만만치 않다.

행운의 글자	임壬 · 계癸
주의할 글자	병丙 · 정丁
행운의 색	검정
행운의 방향	북쪽

5. 오뚝월생

E	10	9	8	7	6	5	4	3	2	1	1	2	3	4	5	6	7	8	9	10	I
S	10	9	8	7	6	5	4	3	2	1	1	2	3	4	5	6	7	8	9	10	N
T	10	9	8	7	6	5	4	3	2	1	1	2	3	4	5	6	7	8	9	10	F
P	10	9	8	7	6	5	4	3	2	1	1	2	3	4	5	6	7	8	9	10	J

(ESTJ) (재財기질)

뛰어난 사교 능력과 미적 감각

어떤 자리에서도 분위기와 맥락을 빠르게 읽고 적절한 말과 행동을 할 줄 안다. 상대방이 부담 없이 대화에 참여할 수 있도록 자연스럽게 관심을 유도한다. 세련된 안목과 소통 능력이 있고, 사람들과의 조화로운 관계에서 성취감을 느낀다. 아이 같이 천진난만한 데가 있어 만만해 보이기도 하지만 보기에 비해 노련하다. 인과나 서사보다는 감각이나 이미지를 중시한다. 예를 들어 영화를 볼 때 반전과 동시에 깨달음을 주는 잘 짜인 스토리보다 아름답고 강렬한 미장센이 있는 어느 한 장면에 더욱 감동을 받는다. 부지런하고 성실하며 열정적이다. 조화와 균형을 중요하게 여기며, 자신만의 세련된 스타일을 추구한다. 인생의 재미와 아름다움을 즐길 줄 안다.

계癸 일간이 오午월에 태어난 사람에게 행운의 글자는 임壬 또는 계癸이다. 완벽함과 세부적인 부분에 집착해 시간에 쫓기듯 사는 경우가 많은데, 사주의 다른 자리에 임壬이나 계癸가 있다면 기본과 중요도를 따져 순서대로 집중해 시간을 효율적으로 관리할 수 있다. 경庚이나 신辛도 좋은 글자다. 다른 사람의 요구에 부응하는 협조적인 성향이라 실속이 없는 경우가 많은데, 경庚이나 신辛이 있다면 자신의 독립적인 판단과 결정에 따라 행동함으로써 자기를 위한 소신과 실리를 갖출 수 있다.

다른 자리에 병丙이나 정丁이 하나 있으면 개성이 뚜렷한 정도지만, 둘 이상 있다면 할 수 있는 한 더 잘하려고 자신을 몰아붙이는 성향을 경계해야 한다. 평소에 자잘한 일부터 안 되는 것은 안 된다는 것을 알고 깨끗이 돌아서는 연습을 할 필요가 있다.

행운의 글자	임壬 · 계癸
주의할 글자	병丙 · 정丁
행운의 색	검정
행운의 방향	북쪽

6. 미추월생

E	10	9	8	7	6	5	4	3	2	1	1	2	3	4	5	6	7	8	9	10	I
S	10	9	8	7	6	5	4	3	2	1	1	2	3	4	5	6	7	8	9	10	N
T	10	9	8	7	6	5	4	3	2	1	1	2	3	4	5	6	7	8	9	10	F
P	10	9	8	7	6	5	4	3	2	1	1	2	3	4	5	6	7	8	9	10	J

(ESFJ) (관官기질)

높은 주의력, 차분한 진정성

매사에 삼가고 조심스러운 편이다. 많은 것을 보고 들을 수 있는 눈과 귀를 가졌지만, 말이나 행동은 자제하는 편이다. 기억력과 암기력이 좋으며, 학습 능력이 뛰어나다. 규칙적으로 생활하고, 규범이나 예절을 잘 지킨다. 반복적인 일과나 사소한 일에도 주의가 흐트러지지 않는다. 자신이 하고 싶은 일을 선택할 자유를 가지기보다 자신에게 맡겨진 일을 철저하고 완벽하게 해내는 것을 더욱 좋아한다. 끈기가 있어 목표를 향해 꾸준히 전진하고, 높은 주의력으로 단련된 저력이 있어 난관을 극복해 낸다. 체계가 잘 갖춰진 곳에서 일을 맡을 경우 믿음직스럽고 착실하게 능력을 발휘한다. 거짓이나 과장이 거의 없고 진실되고 참되어, 일관된 태도와 조용한 자신감으로 사람들에게 신뢰감을 준다.

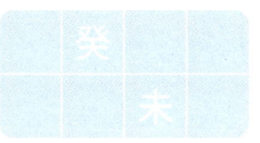

    계癸 일간이 미未월에 태어난 사람에게 행운의 글자는 경庚 또는 신辛이다. 늘 모범이 되려는 압박 때문에 자기 검열이 심해 스트레스가 있는 편인데, 사주의 다른 자리에 경庚이나 신辛이 있다면 자신의 생각과 감정, 실수와 결점을 있는 그대로 받아들일 수 있는 안정감이 생긴다. 여기에 갑甲이나 을乙이 있으면 더욱 좋다. 질서와 체계를 중시해 변화하는 상황에 유연하게 대처하는 능력이 약한 편인데, 갑甲이나 을乙이 있다면 필요할 때는 틀을 벗어나 창의적으로 대처할 수 있는 힘이 생긴다.

    다른 자리에 무戊 또는 기己가 하나 있으면 개성이 뚜렷한 정도지만, 둘 이상 있다면 억누름에 폭발해 사소한 자극에도 지나치게 과격해지는 순간을 경계해야 한다. 평소 다른 사람의 시선이나 비판을 의식하지 않고 자신의 생각이나 감정을 솔직하게 표현해 감정이 쌓이지 않도록 노력할 필요가 있다.

행운의 글자	경庚 · 신辛
주의할 글자	무戊 · 기己
행운의 색	하양
행운의 방향	서쪽

7. 신申월생

E	10	9	8	7	6	5	4	3	2	1	1	2	3	4	5	6	7	8	9	10	I
S	10	9	8	7	6	5	4	3	2	1	1	2	3	4	5	6	7	8	9	10	N
T	10	9	8	7	6	5	4	3	2	1	1	2	3	4	5	6	7	8	9	10	F
P	10	9	8	7	6	5	4	3	2	1	1	2	3	4	5	6	7	8	9	10	J

(ENFJ) (인印기질)

외유내강, 체계적이고 계획적인 전략가

말이나 행동이 수선스럽지 않고, 조용하고 얌전하다. 차분하고 꼼꼼하고 자상한 편이다. 부드럽고 순해 보이지만 속에는 누구보다 단단한 심지가 있다. 위기 속에서도 쉽게 흔들리지 않으며 허둥대지 않고 침착하게 다음 수를 계산한다. 정신력과 신념이 강하다. 철저하게 준비하고 계산한 후 신중하게 움직인다. 최대한 많은 정보를 수집하고, 정보를 통해 흐름을 예측하고 주도하려는 전략가 성향이 있다. 준비가 끝나면 재빠르게 행동하지만 빈틈이나 실수는 거의 없다. 즉흥적이고 충동적인 행동은 좀처럼 하지 않는다. 체계와 질서가 잡힌 사회를 선호한다. 규칙과 절차에 잘 순응하고, 지나친 자율보다는 전체적인 조화를 더 중요하게 생각한다.

계癸 일간이 신申월에 태어난 사람에게 행운의 글자는 병丙 또

는 정丁이다. 다소 무미건조해 재미가 없는 경향이 있는데, 사주의 다른 자리에 병丙이나 정丁이 있다면 사소하고 의미 없지만 생활의 윤활유가 되는 일상의 자잘한 일도 능숙하게 처리해, 보다 입체적인 매력을 발할 수 있다. 갑甲이나 을乙도 좋은 글자다. 보수적이고 규범적이라 변수나 사고에 대처하는 능력이 약한 편인데, 갑甲이나 을乙이 있다면 순발력과 즉흥성이 조화롭게 보완되어 임기응변을 발휘할 수 있다.

다른 자리에 경庚이나 신辛이 하나 있으면 개성이 뚜렷한 정도지만, 둘 이상 있다면 스스로 만든 규범과 체계 속에 갇히지 않도록 주의해야 한다. 세상에는 다양한 시각과 새로운 관점이 수두룩하다. 자신만의 틀에 갇혀 고립되지 않도록 늘 소통하고 교류하는 데 힘써야 한다.

행운의 글자	병丙 · 정丁
주의할 글자	경庚 · 신辛
행운의 색	빨강
행운의 방향	남쪽

8. 유酉월생

E	10	9	8	7	6	5	4	3	2	1	1	2	3	4	5	6	7	8	9	10	I
S	10	9	8	7	6	5	4	3	2	1	1	2	3	4	5	6	7	8	9	10	N
T	10	9	8	7	6	5	4	3	2	1	1	2	3	4	5	6	7	8	9	10	F
P	10	9	8	7	6	5	4	3	2	1	1	2	3	4	5	6	7	8	9	10	J

(INFJ)　(인印기질)

풍부한 감성, 예리한 통찰

말하는 것보다 듣는 것을 좋아하고, 해석하는 것보다 관찰하는 것을 좋아한다. 말보다는 분위기나 미묘한 표정, 몸짓에서 상대방의 감정을 풍부하게 느끼고 공감한다. 눈앞에 보이는 것도 꼼꼼하게 관찰하지만 숨어 있는 작용이나 전체적인 체계도 놓치지 않는다. 꾸밈이나 가식을 싫어하고, 손해를 보더라도 솔직하고 정직한 편을 택한다. 쉽게 감동하고 슬퍼하는, 꽤나 감성적인 사람이지만, 감상에만 빠지지 않고 날카로운 깨달음과 통찰로 이어간다. 사람들의 관계나 세상의 흐름을 꿰뚫는 시선을 지니고 있고 감성과 이성의 균형 안에서 진실을 직시할 수 있다. 함축적이고 간결한 것을 선호하고, 복잡한 것을 단순하게 정리하는 능력이 탁월하다.

계癸 일간이 유酉월에 태어난 사람에게 행운의 글자는 병丙 또

는 정丁이다. 우울하고 침잠하는 정서가 있는데, 사주의 다른 자리에 병丙이나 정丁이 있다면 생동감이나 활기가 조화롭게 보완되어 마냥 무겁게 가라앉지만은 않는다. 갑甲이나 을乙도 좋은 글자다. 걱정이 많고 불안이 있는 편인데, 갑甲이나 을乙이 있다면 긍정적인 사고와 미래에 대한 희망도 갖춰 내면의 평화를 얻을 수 있다.

다른 자리에 경庚이나 신辛이 하나 있으면 개성이 뚜렷한 정도지만, 둘 이상 있다면 통찰력이 통제력이 되지 않도록 늘 경계해야 한다. 다른 사람에게 조언하는 것을 넘어 간섭하거나 통제하려 하면, 의도와는 반대로 불신과 불화만 조성되고 진정한 신뢰 관계를 이룰 수 없다.

행운의 글자	병丙 · 정丁
주의할 글자	경庚 · 신辛
행운의 색	빨강
행운의 방향	남쪽

# 9. 술戌월생

E	10	9	8	7	6	5	4	3	2	1	1	2	3	4	5	6	7	8	9	10	I
S	10	9	8	7	6	5	4	3	2	1	1	2	3	4	5	6	7	8	9	10	N
T	10	9	8	7	6	5	4	3	2	1	1	2	3	4	5	6	7	8	9	10	F
P	10	9	8	7	6	5	4	3	2	1	1	2	3	4	5	6	7	8	9	10	J

(INFJ) (인印기질)

정서적 중립, 가치 중시

크게 기대하지도 않고, 크게 실망하지도 않는다. 나무가 바람을 탓하지 않듯 세상을 담담하게 받아들이고 삶을 있는 그대로 수용한다. 희망도 두려움도 없어 순리에 몸과 마음을 맡긴다. 기쁘거나 슬프더라도 감정에 압도되지 않고 의식적으로 거리를 둔다. 감정의 기복이 적어 안정적인 태도를 유지한다. 마치 감정은 감정대로, 판단은 판단대로 독립적으로 작용하는 듯 보인다. 갈등이나 위기 상황이 생겨도 흥분하거나 당황하지 않고 침착하게 대처할 수 있다. 직관이 강하고 생각과 행동에 스케일이 크다. 맑고 순수하고 사심이 없어 언제나 대의와 가치를 추구한다. 명상에 잠겨 사색하기를 좋아하고 예술적이고 심미적인 경험을 소중하게 여긴다.

계癸 일간이 술戌월에 태어난 사람에게 행운의 글자는 병丙 또

는 정丁이다. 체념과 절망의 정서가 있어 욕망과 의지가 약한 편인데, 사주의 다른 자리에 병丙이나 정丁이 있다면 명확한 목적의식을 가지고 흔들림 없이 전진할 수 있다. 갑甲이나 을乙도 좋은 글자다. 타인과 감정적으로 거리를 두는 편인데, 갑甲이나 을乙이 있다면 인간적인 정감이 느껴지는 따뜻한 감정을 표현할 수 있어 친밀감과 신뢰를 쌓을 수 있다.

다른 자리에 경庚이나 신辛이 하나 있으면 개성이 뚜렷한 정도지만, 둘 이상 있다면 지나치게 염세적이고 냉소적인 태도를 보이지 않도록 주의해야 한다. 자신만의 공간에서 벗어나 일부러 세상과 사람들과 부대끼며 시간을 보낼 필요가 있다. 세상을 암담하고 괴로운 것으로만 여기면 심한 무력감과 좌절감만 남는다.

행운의 글자	병丙 · 정丁
주의할 글자	경庚 · 신辛
행운의 색	빨강
행운의 방향	남쪽

× . 계癸 일간

10. 해亥월생

E	10	9	8	7	6	5	4	3	2	1	1	2	3	4	5	6	7	8	9	10	I
S	10	9	8	7	6	5	4	3	2	1	1	2	3	4	5	6	7	8	9	10	N
T	10	9	8	7	6	5	4	3	2	1	1	2	3	4	5	6	7	8	9	10	F
P	10	9	8	7	6	5	4	3	2	1	1	2	3	4	5	6	7	8	9	10	J

(INTJ) (비뚜기질)

강한 정신력과 깊은 통찰력

한 줄기 빛 이전에 어둠이 있었고, 한 점 물질 이전에 공허가 있었다. 이러한 근원적인 어둠과 공허에서 비롯된 깊은 적막감과 어떠한 현실로도 흐려지지 않는 순수함이 있다. 고요와 평온을 견딜 수 있는 남다른 정신력과 선험적 수양을 통해 얻은 깊은 통찰력이 있다. 별다른 정보나 논리적 이유가 없어도 복잡한 상황이나 다양한 행동의 핵심을 정확히 꿰뚫어 본다. 타인의 감정과 욕망을 너무 잘 이해해, 감당하기 버거운 공감 능력이 있다. 너무 잘 보이기 때문에 세상과 사람에 대한 신비감이나 환상은 없지만, 인정이 많고 아량이 넓다. 문제를 분석하고 핵심을 파악하며 냉정하게 해결책을 제시하는 능력이 뛰어나, 어떤 분야에 있더라도 전략가나 기획자의 역할을 톡톡히 해낸다.

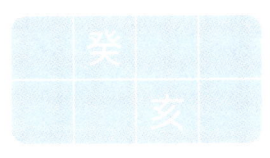

계癸 일간이 해亥월에 태어난 사람에게 행운의 글자는 병丙 또는 정丁이다. 순수함과 정직함이 지나쳐 실속이 없는 경우가 많은데, 사주의 다른 자리에 능동적이고 적극적인 병丙이나 정丁이 있다면 타고난 정신력과 통찰력에 수완을 더해 큰일을 해낼 수 있다. 무戊나 기己도 좋은 글자다. 깊은 심연에서 비롯한 외로움과 고독이 있는데, 무戊나 기己가 있다면 중심을 잡고 적절히 제어하며 균형감과 안정감을 찾을 수 있다.

다른 자리에 임壬이나 계癸가 하나 있으면 개성이 뚜렷한 정도지만, 둘 이상 있다면 너무 자신 안으로 파고들지 않도록 밖으로 에너지를 발산하는 연습을 해야 한다. 몸을 움직이는 운동이나, 정열을 쏟아 즐길 수 있는 적극적인 취미 생활이 꼭 필요하다.

행운의 글자	병丙 · 정丁
주의할 글자	임壬 · 계癸
행운의 색	빨강
행운의 방향	남쪽

11. 자구월생

E	10	9	8	7	6	5	4	3	2	1	1	2	3	4	5	6	7	8	9	10	I
S	10	9	8	7	6	5	4	3	2	1	1	2	3	4	5	6	7	8	9	10	N
T	10	9	8	7	6	5	4	3	2	1	1	2	3	4	5	6	7	8	9	10	F
P	10	9	8	7	6	5	4	3	2	1	1	2	3	4	5	6	7	8	9	10	J

(INTP)　(비뜨기질)

풍부한 감수성과 몽환적 상상력

주변의 일에 특별히 이렇다 저렇다 하지 않아 무심한 듯 보이지만, 타인의 감정이나 욕망을 섬세하게 느끼고 이해하는 공감 능력이 뛰어나다. 자신의 감정도 풍부히 느끼고 이를 표현하는 데도 능숙하다. 다소 비현실적이고 몽환적인 데가 있어 가끔씩 다른 세계에 있는 것처럼 보일 때가 있다. 이러한 특별한 감수성과 상상력에 잔잔한 오라까지 더해져 독특한 매력을 발산한다. 내면 세계가 풍부하고 자신의 생각과 감정에 많은 시간을 투자한다. 몽환적인 분위기나 환상적인 요소를 좋아한다. 자신과 타인을 넘어 인류와 자연까지 관통하는 높은 경지의 초연함이 있다. 발산하는 감정보다 머무르는 감정에 더욱 끌리고, 가장 근원적인 감정인 슬픔의 아름다움을 안다. 미술, 음악, 문학에 관심이 많고 조예가 깊다.

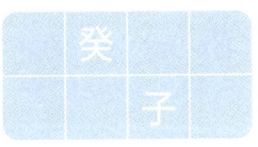

계癸 일간이 자子월에 태어난 사람에게 행운의 글자는 병丙 또는 정丁이다. 나를 감도는 음울하고 부정적인 정서가 있는데, 사주의 다른 자리에 병丙이나 정丁이 있다면 밝고 화사함으로 조화롭게 보완해 차가움과 따뜻함이 공존하는 입체적인 매력을 지닐 수 있다. 무戊나 기己도 좋은 글자다. 세상에 발산하지 않고 자기 내면으로 파고들어 현실과 동떨어질 때가 많은데, 무戊나 기己가 있다면 나의 생각과 신념을 세상에서 실현할 수 있도록 최선을 다해 노력할 수 있다.

다른 자리에 임壬이나 계癸가 하나 있다면 개성이 뚜렷한 정도지만, 둘 이상 있다면 술이나 담배 등 파괴적인 취미에 빠져들지 않도록 주의해야 한다. 욕망이 많아 도전적이고, 현실감각이 출중한 사람들을 주변에 두고, 늘 그들과 함께 어울릴 수 있도록 노력해야 한다.

행운의 글자	병丙 · 정丁
주의할 글자	임壬 · 계癸
행운의 색	빨강
행운의 방향	남쪽

12. 축표월생

E	10	9	8	7	6	5	4	3	2	1	1	2	3	4	5	6	7	8	9	10	I
S	10	9	8	7	6	5	4	3	2	1	1	2	3	4	5	6	7	8	9	10	N
T	10	9	8	7	6	5	4	3	2	1	1	2	3	4	5	6	7	8	9	10	F
P	10	9	8	7	6	5	4	3	2	1	1	2	3	4	5	6	7	8	9	10	J

(INTP)　(비ㄸ기질)

타고난 인내심과 강력한 잠재력

세상일을 어렵고 심각하게 받아들인다. 쉽게 생각하고 가볍게 행동하지 못한다. 머릿속에서 모든 경우의 시뮬레이션이 끝나 분명한 판단을 내리기 전까지는 좀처럼 행동에 나서지 않는다. 그래서 무슨 일이든 시작할 엄두를 못 내서 질질 끌고, 대개는 꼭 해야 할 일만 마지못해 하는 것처럼 보이기도 한다. 온갖 번민이 나의 발목을 잡는 동안 생각하는 힘이 강해져 정신적으로 무장하고 있다. 포부가 크고 호흡이 길어 참고 견디는 인내심도 강하다. 소위 늦된 사람에 해당하는데, 마음먹은 일은 시간이 한참 걸리더라도 반드시 이루어낼 수 있는 능력과 체력이 있다. 이른 봄 차가운 빛 속에서 눈을 뚫고 피어오르는 꽃처럼, 오랜 시간 다져진 잠재력이 때를 만나 폭발하면 대단한 일을 해낼 수 있다.

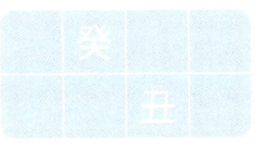

　계癸 일간이 축丑월에 태어난 사람에게 행운의 글자는 병丙 또는 정丁이다. 생각만 하고 행동하지 않아 답답할 때가 많은데, 사주의 다른 자리에 병丙이나 정丁이 있다면 마음의 빗장을 열고 행동으로 성큼 나아갈 수 있다. 무戊나 기己도 좋은 글자다. 나 자신 속에 내가 너무도 많아 타인과의 소통과 교류에 어려움을 느낄 때가 있는데, 무戊나 기己가 있다면 사회나 관계 속에서 나를 의식하고 관리해 보다 성공 가능성을 높일 수 있다.

　다른 자리에 임壬이나 계癸가 하나 있으면 개성이 뚜렷한 정도지만, 둘 이상 있다면 매사 지나치게 무겁고 진지하게 생각하는 것은 아닌지 점검할 필요가 있다. 때로는 가벼운 농담이나 위트 있는 유머가 열렬한 웅변보다 더 설득력 있다는 점을 명심할 필요가 있다.

행운의 글자	병丙 · 정丁
주의할 글자	임壬 · 계癸
행운의 색	빨강
행운의 방향	남쪽

나가는 글

 세상의 시작부터 120가지 성격 유형까지, 기나긴 여정이었다. 빠듯한 주머니 사정과 저질 체력에도 무리한 일정으로 여행을 다녀온 듯, 책 곳곳에 아쉬움이 남는다. 하지만 다시 여행을 가더라도 이 이상을 못했을 것이라 스스로 위로하며 이제 책을 마무리한다.

 추상은 빛처럼 단순해 바로 눈에 들어오지만 그 속에 삶의 무게를 온전히 싣기엔 부족하고, 구체는 삶의 결까지 드러내지만 그 세밀함으로 오히려 전체의 윤곽을 흐려놓는다. 사주 여덟 자가 뜻하는 추상과 구체, 개별과 전체의 줄다리기에 팽팽한 균형을 잡기는 쉽지 않았다. 하지만 명리학의 가장 근본적인 뼈대로 사람의 태도와 심리를 구성했다고 자부한다.

 이 책을 쓰면서 많은 제자, 내담자, 지인을 만났다. 그들에게 자신이 해당하는 부분을 들려줬다. 대부분 성격 설명에 수긍하고 재미있어했다. 특히 자신의 성향과 반대인 배우자, 자녀 또는 동료, 지인의 성향을 발견하고 놀라워했다. 지금까지 알 수 없던 그들의 행동을 조금은 이해할 수 있게 되었다며 안도했다. 이 책의 의의도 이런 지점에 있다. 나를 알고 상대를 알면 백 번 싸워도 위태롭지 않다는 옛 성현의 말씀은 전쟁에만 적용되는 것이 아니다. 나를 알고 상대를 알면 백 번 마주해도 불안하지 않다.

밤하늘에서 빛나는 별들처럼 수많은 다른 사람들이 있다. 모두 다른 각자가 가지고 태어난 그만의 개성을 인정해 주는 것이 이해의 첫걸음이다. 각자 타고난 저마다의 소질과 능력을 바탕으로 이해하고 이해받아야 한다. 여리고 가녀린 진달래꽃에게 호연지기를 운운해서는 안 된다. 진달래꽃에게는 진달래꽃만이 지닌 의미가 있다.

하나의 나무에서 나고 자란 나뭇잎이 모두 다르게 생긴 이유는 나무 전체의 조화와 균형을 위해서다. 각기 다른 모양과 자세를 지닌 잎들이 모여 하나의 나무를 이루듯, 나의 삶도 서로 다른 정서와 기질을 가진 이들이 함께할 때 더욱 풍성해질 수 있다. 다양함은 조화의 또 다른 이름이다. 이 책을 마무리하면서 다름 속에서 조화를 발견하고, 그 조화 속에서 삶의 깊이를 다시 한번 발견한다.

여기까지 여정을 함께해 준 독자 여러분의 일상이 조금 더 편안하고 조금 더 풍성해지기를 빌며.

2025. 11. 19.
청룡산 자락에서
글쓴이 허은경